W

Wir danken...

... Claudia und Jeanette, die wie immer kritisch und zuverlässig das Manuskript inhaltlich komplett auseinander genommen hat und viele gute Hinweise gegeben hat. Martins Eltern, die mit Ihrem kritischen Lektorat das Manuskript gesellschaftsfähig gemacht haben und auch dir Padre, für den süßen kleinen „Schlaubi". Des Weiteren haben wir wertvolle Anregungen und Unterstützung von Klaus aus Oxford, Marco aus El Salvador und Amelia Fu aus London, Leif aus Beijing, Jen-Ny aus Köln, Jasmin aus Salzburg und Daniel aus dem Ruhrpott erhalten.

Wir danken Tobias für seinen Reisebericht. Und natürlich all denjenigen, die wir vergessen haben.

Stephan möchte darüber hinaus die Gelegenheit nutzen, sich bei seiner Familie und Freunden aus Deutschland und China für die Unterstützung zu bedanken – und sich beim Bundesland Bayern für die Seitenhiebe zu entschuldigen.

Wir danken des weiteren Herrn Schmid vom Wiesenburgverlag für die unkomplizierte Zusammenarbeit und vor allem für das Vertrauen und das Sie nicht von unserem Manuskript abgeschreckt waren – obwohl wir Ihnen die frechsten Kapitel fairerweise zuerst geschickt hatten...

Teilen Sie uns gern Ihre Meinung zum Buch mit:
Feedback@china-unzensiert.de

Besuchen Sie Bitte auch unsere Webseite:
www.china-unzensiert.de

Stephan Karg
Martin Krengel

China unzensiert
Der alternative Einblick in das Reich der Mitte

Wiesenburg Verlag

Bibliographische Information der Deutschen Nationalbibliothek:

Die Deutsche Nationalbibliothek verzeichnet diese Publikation
in der Deutschen Nationalbibliographie;
detaillierte bibliographische Daten sind im Internet
über http://dnb.ddb.de abrufbar.
1. Auflage 2008
Wiesenburg Verlag
Postfach 4410 · 97412 Schweinfurt
www.wiesenburgverlag.de

Umschlagbild: Stephan Karg
Umschlaggestaltung: Stephan Karg
Graphiken Umschlag: Stephan Karg
Abbildungen im Text und Layout: Stephan Karg und Martin Krengel

Herstellung: AALEXX - Das Buch Druck Haus
Kokenhorststraße 22 · D-30938 Großburgwedel

© Wiesenburg Verlag
ISBN 978-3-940756-10-7

"Man kann dem Leben nicht mehr Tage geben, aber den Tagen mehr Leben"

Für Jeanette und Claudia

Inhaltsverzeichnis

Der Chinesische Traum
Ich geh nach China Wie erklärt man es den Verwandten? 12
Der erste Eindruck Ein Amerika mit Schriftzeichen 16
Hongkong Gut zum Einstieg denn diese Stadt vereint Welten 22
Top: Die große Mauer Groß, größer... verdammt groß! 25
Flop: Shanghai Auf der Suche nach den schönen Seiten 30

Essen und Trinken
Nahrungsaufnahme So wird man gastronomisch abgehärtet 39
Vege-was? Vegetarier haben die Diät ihres Lebens 48
Traditionsgetränk Schlürfen bis zum Exzess 51
Alkohol So kippt man sich weg ohne sein Gesicht zu verlieren 54
Tischsitten Diskjockeys mit Stäbchen 57

Mühsame Fortbewegung
Transrapid auf Abwegen Shanghai schwebt ins 21. Jahrhundert 64
Busfahren Nestwärme für 10 Cent 66
Mit dem Fahrrad unterwegs Nicht nur die Räder drehen hier durch 70
Im Zug Die wunderbare Welt eines chinesischen Nachtzuges 74
Fliegen Gurt anlegen, zurücklehnen und beten 76
Taxis Russisches Roulette für 3 Euro 78
Zu Fuß Warum rückwärtslaufende Chinesen oft in Gullis fallen 87
Schilderwahnsinn China Ein kleiner Exkurs in eine faszinierende Welt 90

(Über-)leben im Alltag
Sprach- und Orientierungsprobleme Man versteht nicht mal Bahnhof 92
Die Essenz eines Kulturschocks Wenn um einen herum eine
Glasmauer ist 95
Im Supermarkt Tierhandlung und Massagesalon in einem 99
Geld Dagobert Duck – die reichste Pekingente der Welt 104
Wohnen Fließend Wasser und Strom: Chinesischer Luxus! 106
Europäerbonus Einmal Superstar und zurück 111
Toiletten Von Schnellscheißerhosen und Raketenstartrampen 115
Verhandlungstricks So werden Sie nicht übers Ohr gehauen 120

Freizeit
Chinesisches Fernsehen Propaganda und „China sucht den
Superstar" 128
Schlafen Das chinesische Credo: Augen zu und durch! 131

Spielsucht Auf das ihr miteinander spielet bis der Tod euch scheidet 135
Karaoke Strapazieren Sie Ihre Stimmbänder.. 137
Sport Sport ist Mord – Marathon in Sandalen.. 141
Nachtleben in China Wanna Fucki Fucki? 144
Gartenkunst Der grüne (gelbe) Daumen 148

Kultur und Mentalität
Leben an und auf der Straße Die zwei Gesichter von Pudong 155
Spuckende Schlitzaugen Was ist dran? Typische Vorurteile 157
Umweltsch(m)utz Umweltzerstörung mit System............................... 161
Schönheitswahn Von Bleichemittel bis Wassermelonengesicht 166
Festivitäten Chinesisches Neujahr und kopiertes Weihnachten 170
Handywahnsinn Sie werden es hören – Garantiert! 176
Kleidungsstil Bauchfrei im Schlafanzug... 178
Aberglaube GZSZ auf Chinesisch (gute Zahlen, schlechte Zahlen)........ 181
Chinesische Medizin Rücken-Massaker und Aku(er)pressur................. 183
Kunstbanausen Was zählt mehr: Die Malerei oder die Kunst andere
übers Ohr zu hauen? 185

Wirtschaft, Entwicklung, Politik
Seien Sie auf der Hut Gewinne bekommen und Nerven verlieren.......... 188
Personal Effizienzverluste 190
Der Chinesische Geschäftssinn Ein Vergleich zur dt. Bürokratie......... 194
Geschäfte machen in China Reich werden – zumindest an Erfahrung .. 195
List und Tücke Wie man anderen richtig ans Bein pinkelt 199
Kopier-Mentalität Wenn die Putzfrau Gucci trägt 201
Marketing Wie übersetzt man „Lindt Sprüngli" auf Chinesisch?............. 205
Wohin führt Chinas Entwicklung? Überlegungen zur Zukunft 208
Kommunismus, wo bist du geblieben? Eine Spurensuche 214
Visitenkarten Man fühlt sich nackt ohne... 217
Special: Olympia So macht sich Peking fit für die Olympiade................ 218

Sonderteil: Tibet
Tibet halbzensiert Auf dem Dach der Welt.. 223
Das Mount Everest Base Camp Das absolute "High"light 232
Es fährt ein Zug nach Nirgendwo Transchinesische Eisenbahn:
Ein Segen oder ein Fluch?.. 242

Resumé.. 246
20 Anzeichen dafür, dass Sie ein richtiger Chinese
geworden sind 255

Auf ins Abenteuer!

China boomt. Wahrscheinlich vergeht keine Woche, in der Sie nicht über dieses ferne und noch fremde Land diskutieren. Nun haben Sie dieses Buch zur Hand genommen, weil sie

...an dem Land und seiner Mentalität interessiert sind,

...beim nächsten Smalltalk in der Kantine mit witzigen Anekdoten glänzen wollen, oder

...für ihre China-Reise noch eine Vorbereitung brauchen.

Dann sind Sie bei uns ganz an der richtigen Adresse. Wir wollten wissen wie es ist, im Schlund des chinesischen Draches zu *leben*. Wir begaben uns abseits der Touristenpfade und schauten hinter die Kulissen, die derzeit für die olympischen Spiele errichtet werden. Damit wollen wir Ihnen das China näher bringen, wie Sie es jeden Tag live erleben können, nicht wie es im Buche steht. Deswegen war es unser Ziel, Ihnen die **einfachste Einführung in das Leben und Überleben in China** zu bieten:

Leben in China: Wir bringen Ihnen verschiedene Aspekte der Kultur und Mentalität des Landes näher.

Überleben in China: Wir schildern lebhaft, wie es sich anfühlt, als Westeuropäer tatsächlich vor Ort zu sein.

Wir präsentieren ihnen das tägliche Leben in China. **Ungeschminkt. Unverblümt. Unzensiert.** Das „unzensiert" bezeichnet dabei unsere Gedanken und Gefühle. Jede Begegnung zwischen zwei Kulturen erzeugt Erstaunen und Faszination als auch Missverständnisse, verblüffende oder gar schockierende Erlebnisse. Wir wollten Ihnen diese ersten Eindrücke möglichst authentisch präsentieren, zumal China von beiden Extremen –vom „Erstaunen" als auch vom „Entsetzen" besonders viel bietet.
Dabei sollten wir hervorheben, dass jede Beschreibung einer Kultur notwendiger Weise subjektiv und vereinfachend ist. Das

heißt aber nicht, dass wir nur an der Oberfläche kratzen. Viele Oberflächenphänomene sind Ergebnisse einer darunter liegenden Struktur. Jedes Erlebnis und jede Beobachtung ist Teil eines riesigen kulturellen Puzzles. Dort, wo diese Verbindungen zur Mentalität und zu den kulturellen Fundamenten der chinesischen Zivilisation besonders deutlich werden, weisen wir darauf hin.

Die Perspektive der Kulturgeschockten fanden wir besonders reizvoll und so berichten wir aus der Sicht zweier noch nie in Asien gewesener Mitteleuropäer. Es handelt sich dabei um Stephan, der aus einer kleinen, beschaulichen Allgäu-Idylle (um nicht Kaff zu sagen) stammt und zu einem Arbeitsaufenthalt in den 12 Millionen Moloch Peking katapultiert wurde und Martin, seines Zeichens bekennender Ossi, der aus Neugier (und Neid) dieses Land bereiste, weil er zweistelliges Wachstum mit eigenen Augen sehen wollte.

Sie müssen uns Buch nicht am Schreibtisch studieren, sondern können es zum Frühstück, in der Badewanne oder im Flieger nach China entspannt durchschmökern. Lehnen Sie sich zurück und lachen, wundern, staunen, rätseln oder fluchen Sie mit uns auf dem Streifzug durch verschiedene Aspekte des Alltags, der Kultur und des Wirtschaftslebens. Das Buch ist kein reiner Reisebericht, es ist vielmehr gespickt mit Aha-Effekten, Fakten, Reflexionen und Hintergründen, die als Sahnehäubchen zur ironisch-flunkernen Schreibweise Ihnen „Kulturerfahrung light" mit auf dem Weg geben sollen. So können Sie schmunzelnd eine erste Begegnung mit dem „Drachen" machen – ein faszinierendes Geschöpf, anmutig und schön – aber eben auch verdammt groß und manchmal feuerspuckend...

Wir würden uns freuen, wenn Sie ihr Lesevergnügen mit anderen teilen. Erzählen Sie unsere Anekdoten - auch wenn diese ironisch sind, so glauben wir, dass dies Neugier erzeugt und letztendlich der Verständigung dient.

Warnung!

Bitte Betrachten Sie unsere Sprache mit einem Augenzwinkern: Wenn das, was wir schreiben schockierend ist, ist es weil wir schockiert waren. Sind unsere Worte manchmal hart, so ist dies weil unsere erste Empfindung so war. Wir möchten Sie möglichst dicht heranführen an das wahre (Er)Leben Chinas. Betrachten Sie daher unsere spitze Zunge als Teil unseres aufgewühlten Gefühlslebens, wir wollen gewiss niemanden beleidigen. Doch zugegeben: Manchmal ist schon ein kleiner Rachefeldzug im Spiel - für die vielen Nerven, die wir im Stau, während dem verzweifelten Versuch der Verständigung oder bei der Suche auf genießbares Essen gelassen haben...

Wir konzipierten dieses Buch als unterhaltsamen Einstieg in die Gegenwartskultur Chinas und als mentale Reisevorbereitung (bzw. als Trostpflaster wenn Sie schon dort leben). Das Buch ist nicht als Wertung oder politische Aussage zu missverstehen. Wenn wir humorvoll sind, dann deshalb, weil es unsere Art ist, mit den kulturellen Unterschieden umzugehen. Wenn man lacht, lebt und reist es sich nun mal leichter. Wir haben unseren Aufenthalt in China sehr genossen, und schreiben, weil uns das Schreiben Spaß gemacht hat. Wir hoffen, dass Ihnen das Lesen ebenso viel Eindrücke und Freude bereitet, wie uns unser Aufenthalt in China beschert hat,

Ihr Stephan Karg & Martin Krengel

Wenn Sie Fragen oder Anregungen haben, oder einfach ihr Entsetzen über unser unverschämtes Buch kundtun wollen, können Sie das gern unter: *Feedback@China-unzensiert.de*

Kapitel 1

Auf und davon…
Der Chinesische Traum

Ich geh nach China

Wie erklärt man das den Verwandten, ohne enterbt zu werden?

Viel wird in den Medien über China berichtet: Hier würden Urheber- als auch Menschenrechte gleichermaßen verletzt, man freut sich über das Wirtschaftswachstum, weil es die Börsen nach oben treibt. Gleichzeitig fürchtet man diese rasante Entwicklung. Man glaubt am Ende doch der Verlierer zu sein. Sprit und Milch über 2 Euro der Liter? Unerhört. „Diese verdammten Chinesen!" heißt es. „Was, du hast deinen Arbeitsplatz verloren? – Such ihn jetzt in China!" Chinesen sind schnell der Sündenbock. Jedoch wollen sie doch auch nur ein wenig vom Wohlstand partizipieren.

Es wird viel diskutiert über das Land, das so weit weg ist und doch seine Schatten so deutlich auf Europa fallen lässt. Man sollte statt „diskutieren" lieber spekulieren sagen. In unserem urdeutschen Verein diskutierte letztens die Rentner-Fussball-Lobby angeregt: „...als ich zur Schule ging (Anm. vor ca. mehr als 50 Jahren!) da waren das noch 750.000 (!) Chinesen." „...ja, ja die leben immer noch wie die Hunde...", „...und essen sie auch noch". Au weia, bloß weg hier. Szenenwechsel. Omas plauschen auf der Parkbank, es ist schwer sie nicht zu belauschen - da sie ihr Hörgerät schlecht eingestellt haben, brüllen sie regelrecht: „Die sind doch alle gleich, China, Japan (erzählen Sie das mal einem Chinesen), Afghanistan und wie sie alle heißen!" - „Das sind doch alles Schurkenstaaten", krächzt die andere resolut.

Man weiß nicht, wie man mit dieser 1,4 Milliarden Bombe China umgehen soll. Keiner weiß Bescheid, doch alle reden sie mit. Es gibt zu viel Unbekanntes und irgendwie weiß man nicht, wie man das Land noch einordnen soll. Und dann passiert es: Einer aus dem Verwandtenkreis möchte dorthin. Stille.

Alle gehen nach China. Oder nicht?

Warum gehen Sie eigentlich (nicht) nach China? Fassen Sie sich mal an die eigene Nase. Hat es berufliche Gründe? Möchten Sie den Sprung nach vorne schaffen? Teil der Globalisierung werden? Den eigenen Lebenslauf mit einem Hauch von Abenteuerlust und interkultureller Kompetenz ausschmücken? Oder können Sie es nicht ertragen wenn Ihnen Ihr schwergewichtiger Nachbar als erstes Hochglanzfotos von der fernen Welt unter die Nase reibt? Inge und Horst vor der Chinesischen Mauer! - Sie und Ihre Geliebte haben dagegen nur unterbelichtete Abzüge vom Greifswalder Bodden?

Uns trieb in erster Linie die Neugier in das Land. Wenn so viel von China berichtet wird wollen wir es natürlich sehen. Wenn das Land so rasant wächst, wollen wir uns natürlich schon zeitig auf die Zukunft einstellen – schon mal ein paar Kontakte sammeln, falls uns in Deutschland die Rente doch noch komplett gestrichen wird. Ist doch legitim, oder? Martin hatte übrigens noch einen anderen Grund, ausgerechnet nach China zu gehen. Er lebte schon einige Male im Ausland: USA, England, Schweiz, Italien und sogar Bochum (ein richtiger Exil-Ossi also) – aber das war immer westlich und die Aufenthalte waren immer angenehm und fast erholsam. Von den ganzen Kulturschocktheorien und Verständigungsproblemen, die er in der Kulturpsychologie gelernt hatte, bisher kaum eine Spur. Er wollte einfach wissen, wie es sich anfühlt, wenn die Welt wirklich Kopf steht. Soviel sei jetzt schon verraten: Er hat bekommen was er wollte, lesen Sie dazu mehr in Kapitel 4.

Egal was *Sie* in die Ferne verschlägt – Sie werden auf neugierige Zustimmung, aber auch auf eine reservierte Haltung treffen. Stephan hat in seinem Allgäuer Idyll einiges an Reservationen nach Bekanntgabe seines Vorhabens für ein Jahr nach China zu gehen, erfahren: Dem Opa röteten sich die Augen, als er erfuhr, wo er - der „kleine Enkel" - hin möchte. „China? Warum nicht ins Nachbardorf, nach Nonnenhorn, da ist´s doch so nett. Vielleicht nach Isenbretshofen oder auch nach Österreich – aber in Gottes Namen: Warum ausgerechnet China? Dagegen war die gute Mama eigentlich recht gelassen. Außer dass ihr ein wenig die

Luft wegblieb und Sie Ihrem Sohnemann die ganze Bandbreite an Souvenir-Krankheiten bis hin zu SARS, Gelbfieber und Hühnerpest als „ja, aber's" aufzählte. So ein wenig kam das Gefühl auf, dass es 100%ig sicher ist, dass Stephan mit Frau und Kind zurückkäme (sofern er die ganzen Krankheiten überlebt). Doch kommt man aus einem Ort, in dem mehr Kühe als Einwohner vor sich hin bimmeln, kann man schnell Ortsgespräch Nummer 1 werden - dicht gefolgt von der neuen Haarfrisur der Bürgermeister-Gattin. Er wurde vermehrt von unbekannten Leuten auf der Straße angesprochen. Das passierte ihm vorher nur von besorgt dreinschauenden Frauenpärchen mit so komischen „Wachturm-Heftchen" in der Hand.

Es gab aber auch positive Reaktionen: Plötzlich meldeten sich alte Freunde, von denen man seit Jahren nix gehört hat. Aber, was nur wollen Sie? Lebewohl sagen? Einen letzten würdevollen Abschied erweisen? Oder geht es Ihnen nur um die vorderen Plätze für die Mitbringsel-Warteliste für die neue „Friends"-DVD-Staffel? Oder wollen sie nur die Stereoanlage abstauben, wenn es heißt „Stephan bleibt für immer in China"? Hmm. So ganz ist das bis heute nicht klar. Wahrscheinlich wollten Sie sich einfach nur versichern, dass Stephan seinen Verstand doch nicht beim letzten Kneipenbesuch zwischen Feigling und „Allgäuer Fürtabt Kristallweizen" verloren hat.

Doch lassen Sie sich von uns bestärken: Gleich wie die Leute auf ihr Vorhaben reagieren mögen, lassen Sie sich nicht davon abbringen! Ihre Oma glaubt, dass Sie dort Katzenpfoten essen werden? Warum denn nicht? Die haben zartes Fleisch und viel Proteine. Und: Nach ihrer Rückkehr sind Sie mit Ihren Erlebnisberichten definitiv der Mittelpunkt jeder noch so tristen Party. Katzenallergiker werden Sie lieben, und Ihnen Nachbars Katze schmackhaft machen. Und falls jemand fragt: Ja, heiraten werden Sie natürlich auch! Mehrmals. Sie werden mit 10 schwarzhaarigen Kindern zurückkehren. Das stärkt die deutsche Rentenkasse! Und freuen Sie sich auf die neidischen Blicke der Kollegen im Büro, die mit 2 Wochen am Ballermann sprachlos blei-

ben, wenn Sie auch nur von einer Nacht in Pekings Nachtleben berichten.

Blicken Sie selbst hinter die Kulissen, lassen Sie Vorurteile hinter sich und tauchen Sie ein in die Welt Chinas! Egal ob Sie im Reich der Mitte arbeiten und vor Ort einen Trostspender brauchen, sich auf Ihre Reise seelisch und moralisch vorbereiten wollen oder einfach nur bequem von zu Hause aus mehr über China erfahren wollen - Lassen Se sich nun von uns in eine Abenteuerreise durch das Alltagsleben in China entführen...

Der erste Eindruck

Ein Amerika mit Schriftzeichen

Man hat so seine romantischen Vorstellungen von China: Man denkt an lächelnde mandeläugige Mädels in braven Schuluniformen und an säbelfuchtelnde Shaolin-Mönche, die die Terrakotta Armee bekämpfen...

... ohne auch nur eine Sekunde in den Reisführer geschaut zu haben, steigen wir mit diesen Gedanken und dickem Schädel aus dem Flieger und folgen stumpf dem Trott der Massen zur Passkontrolle. Kurz bevor man endgültig das Reich der Mitte betreten darf, müssen noch diverse Einreisedokumente ausgefüllt werden. 1. Der obligatorische Krankheits-Check. Frage: Haben Sie AIDS, Ebola, Malaria oder die Spielsucht ? Wir stellten uns die Frage, ob es wirklich Leute gibt, die diese Kästchen ankreuzen? Was würde passieren? Vielleicht würden Sie an die kasachische Grenze verschleppt, um dort für die nächsten drei Jahre im Arbeitslager mit Politdilettanten Spielzeugkleber herzustellen. Oder Sie werden als Schutzschild gegen die jährlichen Sandstürme aus der Mongolei eingesetzt. Wollen wir mal lieber nicht das Schlimmste annehmen. - Wir ackern also diese endlose Liste mit sonderbaren Krankheiten durch und fühlen uns plötzlich unglaublich gesund. Endlich ist das letzte Kreuz gemacht. Es folgt die nächste Liste. Diesmal geht es ums Gepäck. Nein, wir schmuggeln keine Drogen, nein auch keine Blutkonserven. Essen, Tiere? Nein. Bionade? Auch nicht.

Eine Stunde und ein paar falsch ausgefüllte Formulare später sind wir endlich in der Olympiastadt: Wir werden zu den gut organisierten Taxiständen getrieben (oha, da hat sich jemand vorbereitet).

Unsere Wohnung ist am Stadtrand in der Nähe der Firma gelegen, was Stephan täglich 1½ Stunden Pendelstau erspart. Martin ist zunächst für eine Konferenz der Harvard Universität hier, die stilecht im Grand Hyatt gehalten wird. Das Hotel ist zwar inmitten der Innenstadt, doch scheinbar fernab von typisch-„chinesischen" Attraktionen. So lernte Martin im Pendelverkehr der ersten Woche das wahre Peking kennen: Sein erster Eindruck: **„Ein Amerika mit Schriftzeichen"**: 8-spurige Highways mit riesigen Reklametafeln am Straßenrand, die sich endlos durch die Häuserschluchten ziehen. Der Unterschied ist nur, dass man nichts lesen kann und dass die Stadtbauweise genau verkehrt herum ist: Während bei den Amis Downtown durch die Hochhäuser gekennzeichnet ist und rundherum Vororte den Weg in die Innenstadt leiten, ist hier in der Mitte, im Stadtkern, ein riesiges Loch in dem noch riesigerem Teppich an Hochhäusern, die sich ringförmig um die letzten Hutongs (die traditionellen einstöckigen Behausungen) der Innenstadt ziehen. Man bekommt den Eindruck, man sei in einem gigantischen Schachbrett – nur dass sich hier zwei Dutzend Bauern ein einziges Spielfeld teilen müssen!

Peking und Los Angeles: "Same same, but different"?

Um die Stadt zu charakterisieren bietet sich ein Vergleich mit einer Metropole an, eine von der man denkt, man könne sie nie in einem Atemzug mit Peking erwähnen: Los Angeles.

Martin, der vor Jahren ein Semester an der University of California studierte, wurde mehrmals vor Los Angeles gewarnt, weil es so zergliedert und anonym ist. Doch wenigstens kann man in L.A. mehrere Subzentren identifizieren: Da gibt es Downtown, South Central, Westwood. Nicht so in Peking: Ob nun Chaoyang oder Guomao, hier verschwimmt das Häusermeer in einem einzigen Stahlbrei. Man weiß die ersten Wochen nicht, ob man im Norden, Süden oder Westen ist und ob man sich auf dem 3., 4. oder 5. Stadtautobahnring befindet, die sich wie die Lebensringe eines Baumes um die Verbotene Stadt schlängeln. Nur ab und an sieht man ein bekanntes Gebäude. Oder war es vielleicht doch etwas anderes?

Von Los Angeles sagt man, es sei brutal und gesetzlos. In Peking dagegen wohnt und arbeitet das "Gesetz", die Partei. Die

Unsere allererste Begegnung mit 5000 Jahren Hochkultur: Der tägliche Verkehrsinfarkt in China

allgegenwärtige Polizei- oder Militärpräsenz (so genau konnten wir das nicht auseinander halten) hier ist überwältigend. Und im Olympia-Vorzeigeort verschwindet derzeit so einiges, was man sonst zu gern kritisieren könnte/möchte. Ja, wir haben tatsächlich regelmäßig blauen Himmel gesehen. Als wir herkamen, war er an besten Tagen grau-blau gefärbt und man konnte die Position der Sonne nur erahnen. Der Smog, dem man früher London nachgesagt hat, war inzwischen typisch für Peking geworden. Doch wo ist er hin? Neben der Begrünung einiger Flächen und der Schließung der übelsten Fabriken, werden alte Fahrzeuge und besonders die stinkenden Busse aus dem Verkehr genommen. Nein, nicht verschrottet. Das wäre gegen das pragmatische Denken der Chinesen. Sie werden einfach im Hinterland (also anderen Millionenstädten) wo kein Tourist sich verirrt, wieder eingesetzt. Und dort gibt es dann definitiv kein natürliches Tageslicht mehr.

Doch nicht nur miefige Fahrzeuge verschwinden hier einfach über Nacht. Es ist schon merkwürdig, dass man in Shanghai und anderen Städten allerlei sozial Erschreckendes auf den Straßen herum vegetieren und betteln sieht, aber nicht (mehr) in Peking. Nicht nur, dass der Anblick dieser Gestalten einem bis in die hinterste Niere und drum herum geht, das Schlimmste ist das lähmende Gefühl, das man hat, wenn man solche armen Menschen sieht. Wie war das noch einmal mit dem Sozialstaat? - Sozialstaat? China? – Sie wissen schon. Wer hier überleben will, den zieht es in das Leben. Dorthin wo neureiche Chinesen westliche Ware kaufen und altkluge Touristen Fotos von „typischen" (frisch gestrichenen) chinesischen Palästen machen. Genau dort versuchen Sie ihr Glück – auf der Jagd nach Wechselgeld und einem kleinen Brösel vom großen Kuchen der Globalisierung. Doch der Platz des himmlischen Friedens in Peking ist himmlisch friedlich. Keine Panzer und auch keiner, der einen ständig bettelnd mit seinem Geldbeutel anklappert und die heile Touristenwelt erschüttert. Vor dem Lama-Tempel keine Fußlahmen, im Trendkunstviertel 798 keine hungernden Künstler. Irgendwie komisch.

Während LA sich zurückentwickelt und ganze Stadtgebiete verwahrlosen, so werden in Peking verwahrloste Gebiete komplett platt gemacht. Weil man wohl sonst keine Ideen hat, baut man

Peking - Das El Dorado für Architekten: Nirgendwo sonst kann man sich so hemmungslos austoben

dort halt noch ein Hochhaus. Und noch eins. Und weil's so schön war... Jedem Architekten zittern die Hände wenn er den Namen Peking hört. Hier wird noch richtig gebaut! Von der riesigen Stadtfläche Pekings sind wohl derzeit (2007) ganze 15% Baufläche! Manchmal fährt man durch die Häusermeere und blickt in fertige Büros in den unteren Stockwerken während die oberen erst noch gebaut werden! Krass. Während man in Deutschland froh darüber ist, einen neuen U-Bahnhof in 3 Jahren zu projektieren, entstehen hier 3 ganze U-Bahnlinien bis 2008. Und: Das mit der Ideenlosigkeit war wirklich gelogen. Peking ist ein wahres El Dorado für Architekten. Hier dürfen Sie sich so richtig austoben. Ob Vogelnest, Watercube, China World Trade Center oder schlauchförmiger CCTV-Tower: Alles ist erlaubt, die Schwerkraft scheinbar außer Kraft gesetzt.

Last but not least bleibt natürlich zu sagen, dass nicht nur Peking, sondern ganz China unzählige Sehens(un)würdigkeiten besitzt. Da wir jedoch keinen Reiseführer schreiben möchten, haben wir uns beispielhaft auf drei bekannte Sehenswürdigkeiten beschränkt, die uns tatsächlich auch besonders im Gedächtnis haften geblieben sind: Hongkong, die große Mauer und Shanghai. (Die wirklichen Insider-Tipps haben wir gemeiner Weise im Buch weiter hinten versteckt.) Wir beginnen mit einer faszinierenden Stadt, die sich perfekt als Einstieg in das Reich der Mitte anbietet, weil Sie am Rand dessen liegt und eine Brücke zwischen westlicher und chinesischer Kultur schlägt: Nicht schwer zu erraten, es geht um Hongkong.

Hongkong

Gut zum Einstieg denn diese Stadt vereint Welten

Hongkong ist nicht China", sagte einst ein Arbeitskollege zu uns: Es ist sauber, es ist ordentlich, die Natur ist echt, kein Smog, fast keine Staus und die Einwohner sprechen fließend Englisch. Somit könnte er wirklich recht haben. Für all diejenigen, auf welche der Gang nach Fest-Festland-China etwas abschreckend wirken mag, dem bietet Hongkong die „Chinalight" - Variante an. Beim Betreten der Stadt fühlt man sich auf Anhieb wohl. Alles wirkt so vertraut westlich. Hongkong war bis 1997 noch eine britische Kronkolonie und der

Irgendwann ist Hongkong vielleicht gar keine Insel mehr, so fleißig wie hier neues Land aufgeschüttet wird...

westliche Einfluss ist bis heute deutlich spürbar. Nun gehört Hongkong wieder zu China, wenn auch in Form einer Sonderverwaltungszone. Im Rahmes der von Deng Xiaoping entwickelten Doktrin „Ein Land, zwei Systeme" bleibt das ursprünglich „demokratisch" marktwirtschaftliche System Hongkongs mindestens 50 Jahre neben dem kommunistischen System der Volksrepublik China bestehen. Deswegen hat Hongkong eigene Gesetze, eigene Zölle und sogar eine eigene Währung (den Hongkong-Dollar).

Hongkong ist eine gigantische Stadt. Es ist eine der beeindruckendsten Städte (neben Saarbrücken und Kiel) die wir je besuchen durften: Stadtviertel mit gigantischen Hochhäusern liegen dicht neben teilweise heruntergekommenen Straßenzügen. Auf den Gehsteigen werden kulinarische Köstlichkeiten von einfachen Straßenhändlern verkauft und schon ein paar Straßenzüge weiter tummeln sich internationale Geschäftsleute mit Anzug und feiner Seidenkrawatte auf der längsten Rolltreppe der Welt, das die Laufarbeit an den steilen Berghängen im Schweiß treibenden subtropischen Klima stark vereinfacht.

Läuft man durch die Straßenschluchten der Metropole auf Hongkong Island, so kommt man sich ziemlich verloren und klein vor. Überall glitzerte es und die gigantischen Hochhäuser, wie z.B. das Financial Center oder das HSBC Bankgebäude sorgen für offene Mäuler. Hongkong ist drittgrößte Metropolregion Chinas und zählt zu den dicht besiedelten Gebieten der Welt. Die durchschnittliche Bevölkerungsdichte liegt bei ca. 6.700 Personen pro km². Wer schnell Platzangst bekommt, sollte besser woanders Urlaub machen - steht man in den Häuserschluchten, so weiß man auch weshalb. Um dem Platzproblem entgegenzuwirken, gewinnt man dem Perlfluss Kubikmeter für Kubikmeter wertvolles Land ab. Bei den horrenden Grundstückspreisen ist das kein Wunder!

Vom „Peak" aus – dem Hausberg von Hongkong – bietet sich ein fantastischer Anblick auf Hongkong, der sich vor allem nachts in ein fulminantes Lichtermeer verwandelt. Und dieser Anblick war einer, den wir niemals mehr vergessen werden: Millionen von Lichtern, die Silhouetten von Schiffen, die sich auf dem Meer spiegelten und einfach dieser schiere Gigantismus den Hongkong verkörpert. Auf „der anderen Seite" ist Hongkong allerdings auch Natur pur. Nur wenige Autokilometer von der Hauptinsel kann man auf Bergen spazieren und auf moderat bevölkerten Stränden die Seele baumeln lassen.

Dies sind nur ein paar Gründe, warum wir Hongkong als Einstiegsstadt empfehlen. Es ist ein perfekter Ort, um sich erst mal zu akklimatisieren und sanft in der chinesischen Kultur zu landen. Zudem kann man sich hier wesentlich schneller und günstiger ein Visum für die Volksrepublik China besorgen. Gern hätten wir das vorher gewusst!

Top: Die große Mauer

Groß, größer... verdammt groß!

Endlich! Wir haben uns lange auf diesen Moment gefreut! Stephan wollte unbedingt mal wieder seine Kondition durch einen „Geheimtipp" prüfen und auf der Großen Mauer wandern. Martin hatte nach dem Fall der Berliner Mauer ein wenig Sehnsucht nach klaren Strukturen und wollte das Bauwerk sehen, dass man aus dem Weltraum mit bloßen Augen sehen kann. Die SED-Kader hätten geschwärmt von dieser technischen Meisterleistung und haben sich vielleicht auch damals beim Mauerbau von dem berühmten Vorgänger inspirieren lassen, welcher schon seit der 2. Hälfte des 5. Jahrhunderts v. Chr. als Grenzbefestigung gebaut wurde. Wenn man die Mongolen damit vom Leib halten kann, funktioniert das vielleicht auch mit den Amerikanern...

Doch kommen wir zurück zu unserer Mission: Dem Anblick und dem Wandern auf der Großen Mauer. Dafür gibt es von Peking aus drei Optionen: Der berühmteste Teil ist **Badaling**. Doch da gehen alle hin! Touristen über Touristen. Das hat den Charme von Disneyland und trägt dem Weltwunder überhaupt keine Rechnung (ja zugegeben, mit einem Besuch waren wir mal da, als wir keine Lust hatten, so weit raus zu fahren). Dann gibt es noch **Mutianyu** (versuchen Sie es erst gar nicht auszusprechen), dass etwas weiter entfernt ist. Dort sind auch viel weniger Touristen und die Mauer ist so wie man sie sich vorstellt. Und dann gibt es noch den totalen Insidertipp: **Jinshanling / Simatai**. Das ist ein Abschnitt an der Mauer, ca. 160 km entfernt von Beijing. Dorthin verirren sich nur ganz wenige Touristen. Klar, dass wir dorthin wollten! Tatsächlich ist das so abgelegen, dass wir selbst dem Taxifahrer dreimal erklären mussten, dass es das gibt! (Fragen Sie nicht wie wir das geschafft haben – wundern sollte es Sie aber schon, dass wir für 160km über drei Stunden gebraucht haben...).

Wir haben viele, sehr viele schöne Orte auf dieser Welt gesehen. Doch keiner hat uns bisher mehr beeindruckt wie die chinesische Mauer. Man steht da, sprachlos... einfach nur sprachlos. Es ist unmöglich dieses Bauwerk, diese Meisterleistung der Menschheit, auch nur annähernd zu begreifen. Es ist wie eine Perlenkette (Turm - Mauer - Turm), die auf die Bergketten gelegt wurde. Und so schlängelt sie sich durch ganz China, über 5300 km (Hauptstück) oder 7300km (mit allen Abzweigungen) ist sie das größte Bauwerk, dass jemals auf dieser Erde gebaut wurde. Genützt hat es zwar leider nix (die Mongolen kamen trotzdem nach China). Aber die Urahnen verschafften damit den heutigen Chinesen damit eine schöne Touristenattraktion und ein gewaltiges Protz-Objekt.

Zeitweise glich das Wandern auf der Mauer einem Hindernissparkurs in „Takeshi´s Castle": Die Anstiege mörderisch steil, und ab und an surft man auf einem losen Stein bergab, der einen eigentlich Halt beim Abstieg geben sollte. Das größte Hindernis waren jedoch die vielen chinesischen ICH-AG´s: Hartnäckige und aufdringliche Verkäufer von Wasser, Cola, Bier und doofen „Ich-war-auf-der-großen-Mauer"-Shirts. Herrje. Genau vor solchem Touristenquatsch wollten wir fliehen. Doch selbst den konnte man am entlegensten Ort der Mauer nicht vermeiden. Die

Grenzsoldaten der DDR haben den Flüchtlingen doch schließlich auch kein Popcorn verkauft! Martin war entsetzt. Doch der chinesische Freund, der uns bei der Wanderung begleitet, Ji Wei, hatte ein weiches Herz. Das spürte der Inhaber der „Wasserflaschen & Tourist-Shirt Ich-AG" intuitiv und begleitete diesen auf der Hälfte der Strecke.

Diesen bezirzte er ununterbrochen. Auf steilen Stücken nahm er sogar seine Hand (hach wie süß) und half ihm beim Laufen. Das

**Man lebt nicht in den Momenten in denen man atmet.
Es sind diejenigen, die einem den Atem rauben…**

nenn ich mal Kundeneinsatz. Bei einem ganz steilen Stück schob er ihn sogar von unten nach oben hinauf, sprich, Hände an den Hintern und kräftig drücken. Was Menschen für Geld nicht alles machen. Nach ein paar Kilometern mit seinem neuen (augenscheinlich schwulen) Freund wurde Ji Wei dann schwach und kaufte ihm einen Bilderband über die Mauer ab. Und siehe da, kaum hatte der Kerl das Geld, schon war er schwupp di wupp verschwunden. War eben doch nur geldgierig. Und wir haben schon gedacht, dass es bei Ji Wei und dem Flaschenbubi die Liebe des Lebens würde.

Vier Stunden und 8 Kilometer später kamen wir plötzlich zu einer Art Grenzkontrolle: Man verlässt Jinshanling und betritt das Gebiet Simatai. Nun muss man entweder nochmals ein paar Euro berappen oder darf gleich wieder umdrehen. Da wir uns nach 8 Kilometern bergauf und bergab alles andere als zum Handeln zumute war, zahlten wir kurzerhand den gewünschten Preis. Es ging zum letzten Mauerabschnitt dieser Wanderstrecke: Nun hatte man die Wahl: Entweder noch ein langer Fußmarsch ins Tal (auf keinen Fall noch mehr laufen!) oder: Ab auf eine abenteuerliche Seilbahn die statt einer Gondel nur eine „Laufkatze" hatte, in die man mit einem Geschirr eingehängt wurde. Was aussah wie der Notausstieg aus einer Seilbahn und in einem James Bond Film gespielt haben könnte, war hier tatsächlich ein regulärer Abstieg von der Mauer! Natürlich wieder nur gegen einen kleinen Obolus von 4 Euro(!), um den die fiesen geschäftstüchtigen Chinesen den vollkommen erschöpften und daher immens zahlungsbereiten Touristen freundlicher Weise erleichterten.

Nun rasten wir also an einem Stahlseil den Berg hinunter. Das war schon ein Erlebnis, so in 40 Metern Höhe alleine über einem Stausee zu fliegen. Zeit-weise hatten wir ein wenig Muffensausen. Das lag aber weniger an der Höhe sondern vielmehr an unserem mangelnden Vertrauen in die Sicherheit von chinesischer Technik, nachdem die letzte China-Uhr gerade mal 2 Tage gelebt hatte. Nun war man aber mindestens in 80 Metern Höhe. Anstatt unseres bisherigen Lebens raste jedoch nur der Berghang unter uns vorbei. Nochmals gut gegangen! Trotzdem war es ein unvergesslicher Abgang.

Indiana Jones in China

Flop: Shanghai

Auf der Suche nach den schönen Seiten von Shanghai

Shanghai ist in aller Munde. Was haben wir nicht alles vorher über diese Stadt am Huangpu-Fluss gehört. Schon in den Dreißigern war Shanghai als Paris des Ostens bekannt, bis die Stadt den Hass der Kulturrevolution zu spüren bekam: Bourgeois und weltoffen wie sie war, war sie zu dekadent für Mao. Die Entwicklung kam zum Stillstand. Seit aber Deng Xiaoping das Land öffnete, waren die Shanghai-ianer die Ersten die davon profitierten. Die Stadt boomte und neue Gebäude schossen wie Pilze aus den ehemaligen Sumpfgebieten. Nun wollten wir schnell hin bevor alles Chinesische weg ist und nur noch der Kapitalismus herrscht. Doch lehrte uns das Leben einmal mehr, dass man nicht alles Glauben sollte was man so liest und hört. Hätten wir

uns ja denken können. Gut das wir uns persönlich ein Bild gemacht haben. Nun aber mal schön der Reihe nach...
Geschockt waren wir von der Fülle der touristischen Attraktionen
in dieser Millionenstadt. Wir zählten, überlegten und prüften es
nochmals. Wir waren richtig erstaunt über das Ergebnis, nachdem wir auf den Shanghai-Hype reingefallen waren: Wir kommen auf zwei. Richtig, nur zwei Sehenswürdigkeiten. Vergessen
Sie das Shanghai-Museum, vergessen Sie die austauschbaren
endlosen Einkaufszentren. Auch die sagenumwobene Nanjing-
Road kam uns ziemlich blass vor und zeigte nachts ihr wahres
Gesicht: Jeder zweite Pizza-Laden dort hatte einen „Animator",
der einen freundlich auf die Speisekarte hinwies und dann fragte:
„You wanna Pizza or fucki fucki?" Aha. Ein Laden in dem man
nicht nur was zwischen die Zähne, sondern auch noch was zwischen die Beine bekommt. Toll!

Eigentlich suchten wir in Shanghai chinesische Authentizität und
nicht Geschlechtsverkehr. Vielleicht könnte man die Blumenpa-
gode und das alte Ming-Architekturviertel zu den Sehenswürdigkeiten dazurechnen. Aber nur wen man neu in China ist. So richtig können wir nur zwei Dinge als wirklich „sehenswert" einstufen:
Da war zum einem der überteuerte Oriental Pearl Tower. Sie
wissen schon, der Turm mit den Murmeln dran. Für schlappe 8
Euro können Sie hoch fahren. 8 Euro! Dafür können Sie in China

**Wem es bei dieser Aussicht schlecht wird, der
übergibt sich über 30 Stockwerke in eine Hotellobby**

Ihr Kind für eine Woche ernähren und dazu ein Seil kaufen um den Turm selber hochzukraxeln! Dennoch: Stephan ist ein paar mal auf dem Turm gewesen und war jedes Mal begeistert: Man ist weit über 300 Meter über der Stadt und wenn man Glück hat, kann man - einen smogfreien Tag vorausgesetzt - sogar bis auf das andere Ufer schauen! Martin bleibt dagegen skeptisch und hat eine andere Idee: Suchen Sie anstelle des Oriental Pearl Towers lieber eine der stilvollen Hotel-Cocktailbars im Zentrum der Stadt auf. Diese liegen in den oberen Etagen der „gehobenen" Hotels und sind für jedermann zugänglich. Für 8 Euro bekommen Sie dort einen Cocktail, der die Stadtansicht um Sie herum rotieren lässt wie die sich drehende Gaststätte auf dem Berliner Fernsehturm! So können Sie den Tag bei phänomenaler Aussicht gemütlich im Sessel ausklingen lassen.

Die zweite Sehenswürdigkeit ist der Bund. Viele von Ihnen werden jetzt vielleicht sagen, „Moment, beim Bund war ich doch schon. Da bin ich 9 Monate lang durch den Schlamm gerobbt", aber der Bund in Shanghai bezeichnet etwas anderes: Das ist eine Reihe von alten Kolonialbauten (bzw. die Uferpromenade davor), die Shanghai wohl Ihren Ruf als Paris des Ostens gegeben hat. Schön am Huangpu Fluss gelegen (der nichts mit WinniePu dem Bären zu tun hat, außer das er manchmal genauso stinkt), bietet sie einen Blick auf den futuristischen Stadtteil Pudong. Na ja. Das spannende daran ist, dass man sich plötzlich wieder ein wenig wie daheim fühlt. Alles was ein wenig europäisch anmutet, tröstet jeden mit ein wenig Heimweh. Ansonsten vergeben wir die Note: „befriedigend". Zugegeben, Leute die auf Star Trek stehen, werden beim Anblick von Pudong einen intergalaktischen Orgasmus bekommen: Gigantische Hochhäuser ragen mit ihren Glasfassaden in den Himmel. Überall blinkt und blitzt es wie in einem Vergnügungspark. Jedoch hinter der nächsten glitzernden Ecke ist Shanghai im Endeffekt auch nur eine typische chinesische Stadt: Schmutzig, laut und mit Leuten, die sich vor der Haustüre mit einem Kübel Wasser das Gesicht rasieren. (Dazu an späterer Stelle mehr).

Groß angepriesen wurde uns das Shanghai-Museum! Pah! Wir hätten uns lieber mit einem Reiswein in der Sonne wegkippen sollen, denn das Museum war so interessant wie die Programmvorschau von 3Sat. Nein, wir waren sehr ernüchtert – doch fairerweise muss man sagen, dass das Shanghai Museum nur die Spitze des Eisbergs war.

Nach dem Trip geht Martin sicher in kein Museum mehr, denn überall werden dieselben sterbenslangweiligen Dinge ausgestellt: Töpferwaren, altes Geld und Vasen, die im Endeffekt wie ein Sangria-Eimer aussehen – selbst wenn sie aus teurem Porzellan sind. Klar, die Sachen waren wertvoll und

Damit können Sie sich keinen Blumenstrauß mehr kaufen!

haltbar. Doch das ist noch lange kein Grund, heute Touristen damit zu langweilen! Es gibt doch sooo viele Dinge, die sooo viel interessanter, lebhafter, hilfreicher zum Verständnis einer Kultur wären als altertümlicher Haushaltskrempel: Eine spannend erzählte Geschichte des Volkes. Eine kleine Zeitreise, mit Bildern und Relikten. Eine Rekonstruktion des Lebensstils. Der Spiele, die sie spielten, wenn der Tag zu Ende ging. Ihrer Küche, in der sie gekocht oder Ihres Bettes in dem sie (miteinander) geschlafen haben.

Aber nein, überall stehen dieselben Infos: Wer's gebaut hat, warum, mit wem, wann es restauriert wurde und...? Sehen Sie, diese belanglosen Details kann man sich wirklich nicht merken, da man schon beim Lesen in Totenstarre gefallen ist. Unser Fazit: Die Welt hat zwei Kulturbanausen mehr – uns! Trotzdem haben wir nicht das Gefühl, einen herben Verlust zu erleiden. Wir vertrauen lieber unseren Augen und dem Verstand, um uns eine Meinung über das Land zu bilden. Und dennoch: Ein Hauch ist schon da, von dem sagenumwobenen Shanghai. Manchmal wirkt die Stadt tatsächlich wie eine wahr gewordene Zukunftsvi-

Höher, schneller, weiter - nicht mehr „dabei sein ist alles" ist das neue olympische Motto Chinas

sion. Man kann sich die Nachtzugreise von Peking nach Shanghai wie eine kleine Zeitreise vorstellen, bei der man 15 Jahre in der Zukunft aufwacht. Überall glitzert die Neonreklame und der Oriental Pearl Tower in Shanghai wirkt mehr wie ein NASA Kontrollzentrum als wie ein gewöhnlicher Funkturm. Auch besitzt Shanghai als einzige Stadt der Welt bisher den Transrapid als Verkehrsmittel. Interessant ist übrigens, dass Shanghai vor 10 Jahren gerade mal eine Handvoll Hochhäuser hatte. Heute sind es längst weit über 5.000. Tendenz: Stark ansteigend! Irrwitzige Ideen werden hier scheinbar einfach realisiert. Getreu der Devise: Je spektakulärer, desto besser! Und so verwundert es auch nicht, dass das neu gebaute Shanghai World Financial Center mit ca. 550m (noch) das höchste Gebäude der Welt ist.

Wenn man diesen puren Gigantismus sieht, den Shanghai zunehmend verkörpert, dann fragt man sich, ob nicht manchmal etwas auf der Strecke bleibt. Man kann aus ehemaligen einfachen Reisbauern schließlich nicht einfach ein zukunftsträchtiges Volk des 21. Jahrhunderts machen. Das wäre als steckt man Bauer Horst in eine Millionenmetropole und sagt: „Da, guckst du! Alles neu, alles super! Basst scho, gell! Nun leb dich schnell ein.

Der Blick hinüber zur anderen Straßenseite

Und blickt man hinter die scheinende Glitzerwelt, so kann man noch das wahre, ursprüngliche Shanghai entdecken. Dieses liegt manchmal nur ein paar Straßenzüge entfernt, was aber dennoch eine Welt bedeuten kann. Kleine verwinkelte Gassen in denen Händler ihre Ware feilbieten und heruntergekommene kleine

Häuserfassaden in deren Front Hausfrauen in Kübeln ihre Wäsche waschen und ein kleinen Plausch halten.

Wir haben inmitten eines Trendviertels einen älteren Herren spazieren gesehen - wohlgemerkt im verwaschenen Schlafanzug neben Geschäftsleuten. Und keinen von Beiden schien das zu stören. Genau das ist der krasse Gegensatz, der uns an dieser Stadt dann wieder doch so faszinierte. Während all die Metropolen der heutigen Zeit über Jahrhunderte entstand (London, Tokyo, Paris) so ist Shanghai quasi über Nacht zur Weltstadt geworden und weiß immer noch nicht so recht, wieso eigentlich.

Man sagt in der heutigen Zeit, Shanghai wäre die westlichste aller chinesischen Städte (Honkong ausgeschlossen). Doch hier, offenbarte sich tatsächlich das wahre Gesicht des chinesischen Lebens: Während Peking und Hong Kong oftmals schon recht "sauber" sind (durch welche Maßnahmen auch immer) tummelt sich hier in der Stadt, am Ufer und vor U-Bahnstationen so ziemlich all das, was man sonst nicht sehen kann und nicht sehen will. Nein ehrlich, wenn einem schlecht wird, weil man einen Menschen sieht, dann ist das schockierend!

Während wir in Europa uns - wenn nun fast vollkommen institutionalisiert - um Alte, Arme, Kranke und frustrierte SPD Wähler kümmern, so gibt es hier kein Auffangbecken: Und so sollten Leute mit eine schwachen Galle lieber die Stadt meiden – oder sich gut hinterm Regenschirm ihres Reiseführers verstecken: Hier haben wir die

Wer sich schon immer gefragt hat, wie die Chinesen nur so schnell ihre Hochhäuser bauen können – hier die Antwort!

bedauernswertesten Geschöpfe gesehen, die man sich vorstellen kann: Ein Männchen (oder Weibchen) ohne Gliedmaßen und mit verstümmelten Oberkörper (in Fakt war der Kopf größer als der gesamte Rest des Körpers) und alle Arten von anderen Mißbildungen... Autsch. Auch in anderen Teilen Asiens ist dieses Elend auffällig: Allem voran natürlich Vietnam und Kambodscha, wo sich die Landminenopfer häufen. Martin hat eine Frau (?) im Rollstuhl gesehen: Die Haut sah so verschoben aus wie das Atlas-Gebirge aus dem Weltall. Die Augen waren heraus gefetzt. Stellen Sie sich das BITTE NICHT bildlich vor: Heraus *gefetzt*! Sehen sie, man kann sich so etwas nicht „nicht" vorstellen. Wenn man es einmal gesehen hat, so bleibt dieser Eindruck still und tief im Mark sitzen. Von China hatten wir etwas anderes erwartet. Sie etwa nicht? Aber zeigt uns das nicht, dass wir in Deutschland die wahren Informationen auch nur gefiltert erhalten? Oder haben wir schlichtweg nur gelernt wegzusehen?

Als Europäer fühlt man sich in so einem Umfeld wie gelähmt. Wir beschweren und streiken ja schon, wenn wir mit unserem Lohn um 0,3% der Inflation hinterher hinken oder nicht mehr 3x im Jahr in den Urlaub fahren können. Währenddessen ist man in China für jeden Cent, mit dem man das Hungerloch stopfen kann, dankbar. Wir rennen mit Husten gleich zum Doktor und lassen uns krank schreiben, während hier gearbeitet wird, selbst wenn der Arm schon fast abgefallen ist. In China haben Menschen verkrüppelte Gliedmaßen, schlichtweg weil sich viele von ihnen bei einem Bruch keinen Arzt bzw. OP leisten können. Wir verkriechen uns im Sofa und zappen weg, sobald wir etwas sehen, was wir nicht sehen wollen. Schöne Welt, nicht wahr? Hier ist es nicht eine Gestalt im Fernsehen die leidet, sondern womöglich Ihr Nachbar.

Willkommen in einer Stadt, die uns zeigt, wie für unzählige Menschen das 21. Jahrhundert *wirklich* aussieht.

Willkommen in Shanghai... der Stadt der Gegensätze.

Kapitel 2

Na Prost! Mahlzeit!
Essen & Trinken

Nahrungsaufnahme
So wird man gastronomisch abgehärtet

Sie halten sich selbst für jemanden, den absolut nichts mehr schocken kann? Fallschirmsprung, Wanderurlaub mit der Schwiegermutter und drei Bälger unbeschadet überstanden? Gut. Dann sollten Sie mal die chinesische Küche kennen lernen. Dabei meinen wir aber nicht das Bami Goreng aus der Aldi-Tiefkühltruhe und auch nicht die Ente süß-sauer vom Restaurant um die Ecke (das eigentlich von einem Koreaner betrieben wird, er es aber aus Marketinggründen „chinesisch" nennt). Selbst die Glasnudeln, die man hierzulande an nahezu jedem Asia-Snack bekommen kann, haben mit authentischen Geschmack ungefähr soviel zu tun wie Angela Merkel mit Sex-Appeal.

Speisen in chinesischen Restaurants ist eine Erfahrung für sich. Für nur wenige Euro sind sie dabei. Ein 3-Gänge-Menü kostet selten über 10 Euro. Ja richtig gelesen. Aber es geht noch günstiger. Die wirklichen „Deals" finden Sie jedoch in der Straßenküche – ein Essen für 1 Euro dort? Kein Problem. Doch wenn wir von Abenteuerurlaub Gastronomie sprechen, so wäre diese Straßenverpflegung eine Extremreise.

„In China isst man alles was Beine hat, aber kein Tisch ist, was Flügel hat, aber kein Flugzeug ist und was schwimmt, solange dies unter Wasser passiert."
(Die Offenbahrung eines chinesischen Freundes)

Trotz aller Warnungen, haben wir uns diesen Spruch zu Herzen (bzw. Magen) genommen und uns querbeet durchgefuttert. Von feurig scharfer Sichuan-Küche über kantonesische Speisen, vom östlichen McDoof bis zum westlichen Upper Class Restaurant. Dazwischen lagen einige kulinarische Nahtoderlebnisse.

Als rationale und in Prozessen denkende Vollblutökonomen haben wir den Weg zum gastronomischen Olymp (ein stilles Örtchen in einem Hinterhof) raffiniert in sechs Stufen beschrieben:

Stufe 1: Training daheim

Als angenehme Einstiegsvariante empfehlen wir australische Restaurants. Der Vorteil: Die gibt es auch in Deutschland und so kann man sich in Düsseldorf und Dresden schon einmal den Verdauungstrakt trainieren und findet in Suzhou und Shanghai den Einstieg leichter. Sie sind ja so niedlich! Doch wenn Sie einmal auf den Teller gehüpft sind, stellt man fest, dass Kängururus angenehm zart schmecken und man kann anschließend sogar den Känguru-Beutel als Tragetasche für die Essensreste dazubestellen. Erzählen Sie das mal zuhause. Ihre Cousine wird aufschreien: „Ohhhhh... das arme kleine süße Känguru... – Du Schurke, wie konntest du das nur tun?" Warum sind Frauen eigentlich immer gleich so sensibel? Wenn Ihnen dieser Vorabtest im Verwandtenkreis also schon Probleme bereitet, sollten Sie über das kommende Kapitel nach Ihrer Rückkehr besser schweigen. Dem Familienfrieden zuliebe.

Känguru? Ausgehüpft!

Stufe 2: „Westliche" Restaurants vor Ort

Suchen Sie in einer Provinzstadt oder im schäbigsten chinesischen Stadtviertel Ihrer Stadt ein kleines Restaurant auf. Schließlich wollen Sie sich doch als Kenner der gastronomischen Vielfalt positionieren. Allein in Peking stehen Ihnen dafür über 60.000 Restaurants zur Verfügung. Dabei sind die unzähligen inoffiziellen Gourmettempel noch nicht mitgezählt: Straßenimbisse auf Fahrrädern, Grills in rostigen Dachrinnen und Frittiertes aus dem Hinterhof. Stephan besuchte ein Provinzrestaurant, welches bei den hochklassigen Restaurants eine Spitzenreiterposition einnehmen würde - vorausgesetzt man startet bei den hinteren Plätzen. Es handelte sich um ein italienisches Restaurant namens „Pizza Sorrento". Der Name war jedoch das Einzige, was im Nachhinein an diesem Restaurant mit Italien assoziiert werden konnte.

Als Vorspeise gab es keine Antipasti oder leckeren Parmaschinken auf Melone sondern – alle Italiener dürfen nun laut Mamma Mia schreien – Popcorn. Jawohl! Goldgelb, aromatisch duftend und mit einem Hauch von Salz. Eine Weinkarte suchte man vergebens. Wein? WEIN??? Was ist das? Selbst als er mit dem Finger auf die Weinflaschen im nahen Regal zeigte, so wurde ihm schnell bewusst, dass diese wohl nur zur Dekoration im Restaurant stehen. Nach einigem Gestikulieren hatte die Bedienung immerhin verstanden, dass dieser komische Europäer vor der Theke gerne vergorenen Traubensaft zu seinem italienischen Popcorn möchte. Das versetzte sie in mittlere Panik. Sie rief ihren Chef an um sich zu versichern, dass das auch so in Ordnung geht. Dann wurde tatsächlich Wein serviert. Erst wurde dieser in einem verdächtig an eine Blumenvase erinnerndes Gefäß dekantiert, um ihn dann stilecht in IKEA Saftgläser zu servieren. Die aufgewärmte Tiefkühlpizza von vorgestern und amerikanische Hardrocklieder aus dem Lautsprecher rundeten die romantische italienische Stimmung dann vollends ab. Mamma Mia!

Stufe 3: Scharfes

Der Test von wirklich scharfen Gerichten bildet die dritte Stufe in Ihrer Ausbildung zum gastronomischen Elitesoldaten, den nichts mehr schocken kann. Vorsicht. Gehen Sie diesen Schritt erst wirklich dann, wenn Sie bereit dafür sind. Das ist tendenziell später, als man denkt. Die chinesische Küche kann sehr hinterlistig sein. Ein Trugschluss ist es die Currywurst mit Chilisoße bei „Helga´s Dicke Fritten“ – Schnellimbiss als scharf zu klassifizieren! Fiese Fallen lauern hier überall – übrigens nicht nur beim Chinesen: In koreanischen Restaurants werden als Vorspeise gerne Finger Foods gereicht, welche wie geschnittene Paprika aussehen. Hungrig wie man ist, stopft man gleich das ganze saftige Stück in den Mund. Was dann passiert, ist wie im Comic: Plötzlich wird es still, ihre Augen werden riesig groß und sie schauen verdutzt aus dem Bild – denn nun sind ihre Sinnesempfindungen Ihrer Zunge in Ihrem Kopf angekommen. Dumm nur, wenn die Gier schneller als die langsame Reiz-Leitungsgeschwindigkeit vom Gaumen zum Gehirn war: Nun wird Ihnen bewusst, dass diese keine Paprika aus Holland war, sondern eine riesige Chilischote aus Kolumbien! Was nun tun? Ihr Rachen brennt nun heftiger als die kalifornischen Wälder im August, nur haben Sie keinen starken Arnold zu Seite, der das für sie regelt. Zum Glück gab es vor Urzeiten Deutsche im Land, die das Bier (samt Reinheitsgebot) hier etabliert haben. Der halbe Liter „Tsingtao" ist schneller geleert als ein Porsche von Null auf Hundert beschleunigen kann.

Der mongolische Feuertopf hat brutal zugeschlagen

Werden wir wieder ein wenig „chinesischer". Der Mongolische Feuertopf ist besonders in Nordchina sehr beliebt. Meist wird er einfach „Hot Pot" genannt und trägt seinen Namen nicht umsonst. „Hot" ist ja bekanntlich das englische Wort für „scharf". Und glauben Sie uns: Nicht nur barbusige Blondinen, sondern auch andere Fleischstückchen können verdammt scharf sein! Ähnlich dem europäischen Fondue werden hier Fleischbrocken in einer kochenden Brühe versenkt um sie danach wieder ungeschickt herauszuangeln. Wir haben es nicht abschließend analysieren können, doch diese Brühe hatte einen gefühlten PH-Wert von 1,5 (Salzsäure hat 1). Das würde auch erklären, warum man gut die Hälfte der Fleischstückchen, die man in diesen großen Topf getunkt hat, nie wieder findet: Weggeätzt! Jedenfalls ist das Zeug derart scharf, dass Sie es noch nach drei Tagen bei Ihrer Morgentoilette spüren werden. Das gute daran: Ihre Porzellanschüssel bleibt frei von Kalk!

Vorsicht ätzend!

Stufe 4: Chinesische Delikatessen

Die vierte Stufe zur kulinarischen Erleuchtung hat man erreicht, wenn man das erste Mal Hühnerfüße vor sich stehen hat. Hierbei handelt es sich nicht um die gute alte Hähnchenkeule, sondern um die Krallen. Stephan war beim ersten Mal geschockt, als er bei einem Geschäftsessen einen Teller voller Hühnerkrallen vor sich hingestellt bekommen hat. Was sollte er in der Situation anderes machen als zu probieren? Als Stephan meinte, dass die Krallen ganz schön schwer zu beißen seien, erntete er lautes Gelächter von seinen chinesischen Kollegen. Opfer solch eines Fettnäpfchens wird man nicht, wenn man weiß, dass eigentlich nur die frittierte Haut der Krallen gegessen wird. Trotzdem alle Achtung denjenigen, die davor trotzdem nicht zurückschrecken. Stephan jedenfalls hat es den Magen zweimal umgedreht. Ähnlich muss es einem Versicherungs-Manager in Korea gegangen sein, der lebendige Mini-Tintenfische aus Höflichkeit verschlang, wie er Martin einmal erzählte. Ebenso aus „Höflichkeit" hat er alle aufgegessen, wonach ihm ein noch größerer Topf gebracht wurde (Tipp: In vielen asiatischen Ländern ist aufessen eine Beleidigung, weil es signalisiert, dass der Gastgeber zu wenig portioniert hat. Deswegen wird dann nochmals ordentlich nachgeschenkt.) Erst später sagte man Ihm, dass das Gericht auch dort „Geschmackssache" gewesen ist und man nicht erwartet hätte, dass er das isst. Was lernen wir daraus? Man sollte nicht versuchen, sich zu 100% einer Gastkultur anzupassen und dass vorher fragen oftmals eine sehr hilfreiche Strategie im Leben ist!

Stufe 5: Straßenimbiss

Inzwischen sind Sie ein echter Kerl / eine gestandene Frau und haben wie unser Jugendheld aus Sat1 „Alf" (der kleine Außerirrische) *acht* Mägen zur Verdauung und futtern alles weg, was mindestens zwei Augen hat bzw. hatte. Froschschenkel als Vorspeise, Straußenfilet zum Hauptgericht und Entenköpfe mit Wachteleiern zum Nachtisch sind inzwischen in der kosmopolitischen Küche Shanghais zu Ihrem Lieblingsessen geworden? Na fein, dann pilgern Sie mal zu einem der vielen Straßenimbisse oder Hinterhofmärkte. Nicht nur der „Wanfujing Nachtmarkt" in Peking wird dafür gerühmt, dass man dort eigentlich alles zum Essen bekommen kann, was Mutter Natur in ihrer Evolution jemals hervorgebracht hat: Seidenraupen, frittierte Seepferdchen, Spatzen, Seesterne, Schlangen und Skorpione sind erst der Anfang – sie wissen ja wie viele Buchstaben das Alphabet hat...

Nur Ratte-am-Spieß haben wir nicht gefunden, die hat Martin erst später in Kambodscha gesehen, doch das ist eine andere Geschichte. Diese Geschichte handelt von Stephan und seinem Entschluss, einmal einen sehr ungewöhnlichen Snack zu probieren: So einen frittierten Skorpion isst man schließlich nicht alle Tage! Im Moment der Wahrheit hilft nur eins: Augen schließen, Mund auf, tief durchatmen und rein mit ihm – am Besten als Ganzes! Das Dschungelcamp wird plötzlich Realität – nur dass man hier nicht in der Wildnis, sondern einer internationalen Metropole wie Hongkong ist. Deswegen ein Vorschlag an die Chefetage von RTL: Machen Sie doch mal ein „UrbanCamp": Nehmen Sie den Touristen ihre China-Reiseführer weg und filmen

Sie diese in einer chinesischen Kleinstadt (<5 Mio. Einwohner) auf Nahrungssuche. Ziehen Sie Teenager die in rechten Kreisen sehr beliebten „Londsdale"-Klamotten an und schicken Sie diese zu einem Orientierungslauf in New York nach Harlem oder in die nächtliche Bronx. Oder schicken Sie einen Prominenten mit einem Bayern München Schal durch die Fußgängerzone von Gelsenkirchen! Die Einschaltquoten sprechen dann sicher für sich. Und hey – wir wollen an der Sendung beteiligt werden, dann müssen wir keine Bücher mehr schreiben, um für unseren Lebensunterhalt zu sorgen!

Wir sind abgedriftet. Wir sind immer noch im Wanfujing-Markt bei Stephan und leiden solidarisch mit ihm, während der Verkäufer ihm versichert, dass das Frittieren das Gift im Stachel des Skorpions vernichtet. OK, dann muss man sich ja keine Sorgen mehr machen, oder? Wir wären lieber unwissend gestorben, denn so eindeutig war die Interpretation der gebrochenen „chenglischen" Worte des Verkäufers bei weitem nicht. Mut machte der Gedanke, dass das Zeug nicht tödlich sein kann, sonst gebe es ja nicht 1.348.984.943,43 Chinesen auf der Welt. Also rein damit. Nun los! ... Ein paar Ekelschauer und Würgeanfälle später sieht Stephan wieder ganz fröhlich aus. **Fazit:** Ein Fan von frittierten Skorpionen ist er nicht geworden, jedoch stirbt man auch nicht davon. Zudem knacken sie so herrlich schön beim Kauen. Da kommt der „Knack-Keks" von Leibnitz mit seinen 52 Zähnen bei weitem nicht ran!

Die höchste Stufe: Undenkbares

Die höchste kulinarische Überwindung bietet schließlich Nachbars Katze oder Hund. Diese Art von Fleisch findet man zwar nicht unbedingt in normalen Restaurants, jedoch bieten auch hier die diversen Märkte und Straßenimbisse Abhilfe. Stephan zögerte auch hier nicht und wurde Stück für Stück zum Katzenfreund – zumindest im übertragenen Sinne. Mit dem englischen Wort für Katze konnte der Marktverkäufer anfangs zwar nichts anfangen. Nachdem Stephan jedoch den Finger hob und laute Katzengeräusche nachahmte, so sagte der Verkäufer lachend „ok-la!" und verschwand hinter der nächstbesten Ecke. Eine Minute später

kam er wieder zum Vorschein, präsentierte eine kleine Plastik-
box mit Fleischbrocken und sagte grinsend: „Miao"! Es gibt in
China eben nichts, was es nicht gibt.

Seepferdchen und getrocknete
Wasserschlangen bekommen
Sie nicht einmal bei Nordsee!

Mit der Zeit stellt man sich
jedoch die Frage: Woher
kommt eigentlich Chinas
unheimlicher Hunger auf
alles was irgendwie orga-
nisch ist? Nun, es ist eine
einfache Rechungen:
Während es ¼ der Welt-
bevölkerung stellt, hat
China nur 1/10 der welt-
weiten Anbauflächen. Zu-
dem war das Land durch
extreme Armut geprägt. In
der Not frisst halt nicht nur
der Teufel Fliegen! Und
wer jetzt die Nase rümpft,
dem sei erinnert, dass
auch bei uns die Nah-
rungsmittel einmal knapp
waren. So berichtete der
aus Ostpreußen stam-
mende Nachbar von Mar-
tin einmal, dass er in Po-
len einmal Hundefleisch nach dem zweiten Weltkrieg gegessen
hätte. Und es hätte sehr gut geschmeckt! Fiffi, der StraGraMi
(Straßengraben-Mischling) von Martin, der gemütlich vorm Ka-
min lag und zuhörte, verdrehte plötzlich die Augen, klappte die
Ohren an, zog den Schwanz ein und kroch hinter Martins Sitz.
Manchmal hat man echt das Gefühl, dass diese Tiere intelligen-
ter sind als sie uns vorgaukeln...

In Summe hat Martin im Land der unbegrenzten geschmackli-
chen Möglichkeiten (im Vergleich zum Land des McDonalds)
auch so einiges verschlungen: Seealgen, Entenköpfe, Hai-

Seepferdchen und getrocknete Wasserschlangen bekommen Sie nicht einmal bei Nordsee!

fischflossen (sagen Sie dass aber bitte nicht Mama-Hai weiter, denn Martin surft zu gern). Doch er ist irgendwann zwischen Stufe 2 und 3 ausgestiegen. Stephan hat das Spiel gewonnen und hat den gastronomischen „Allesfresser"-Orden überreicht bekommen. Fairerweise muss man hier aber noch einmal betonen, dass Stephan ein Bayer ist, und so schon einiges abartiges Essen gewohnt ist! Wer isst schon Weißwurst – geschweige denn zum Frühstück. Ein Preuße könnte da ... – sie wissen schon. Wir wollen ne ordentliche Schrippe, keine Germknödel oder „Obatzter" (was so appetitlich wie „Maggis Würstchenpfanne" klingt)! Eines jedoch hat Stephan nicht verkraftet: Bier trinkt man in China gern wohl temperiert, sprich, auf lauwarme Körpertemperatur erwärmt. Gerade Stephan, der schon Weizenbier aus der Mutterbrust genippelt hat, zählt dies eindeutig in die Gruppe „kulinarischer Vergewaltigungen" höchster Stufe! Als er den Tränen nahe den Ober nach einem kalten Bier fragte, so bekam er es kurz darauf auch - in vorheriger Form mit der Dreingabe von unzähligen Eiswürfeln.

Schlaubi's Small-Talk-Fakt

Auch wenn es tatsächlich an einigen Orten noch Katzen und Hunde zum Kauen gibt – die meisten Chinesen finden auch die Vorstellung verpönt, das man diese Viecher, die man eben noch gekrault hat, jetzt im Magen verdaut. Lediglich in der kantonesischen Provinz im Süden Chinas trifft man Hunde(fleisch)liebhaber.

Vege-was?

Vegetarier haben es nicht leicht, aber die Diät ihres Lebens

Zum Thema Gastronomiekultur müssen wir noch eins drauf setzen: Unser Gewissen würde es nicht zulassen, dass wird Sie ins Land der Reisschüssel reisen lassen ohne Sie vorher zu warnen, dass die Reisschüssel selten ohne eine Zutat gefüllt wird, die nicht mindestens zwei Beine hat. Als Vegetarier sollten sie unter Umständen in Erwägung ziehen, für Ihre Tour 30 mit Käsestullen gefüllte Tupperware-Dosen mitzunehmen oder gleich in ein anderes Land zu gehen. Warum? „Vegetarier" ist ein unbekanntes Konzept in China! Während von Wanne-Eickel bis Wernigerode „vegetarisch essen" als neues Lebensgefühl gepriesen wird, als alternativer Konsum, der sich in phosphatfreien Waschmittel, Bambus-Hüftgelenken und Recycling-Klopapier in einer proökologischen Haltung manifestiert, ist Fleisch in China das prägende Statussymbol. Damit ist nicht der Vorbau der chinesischen Gattin gemeint. Die Gleichung lautet vielmehr: Wer sich Fleisch leisten kann, der is(s)t was!

Versuchen Sie einmal, im Supermarkt ein Stückchen Käse zu ergattern. Das wir schwierig, denn nachdem Sie sich durch drei ellenlange Wurstregale gekämpft haben, finden Sie in einer kleinen Ecke nur eine mickrige Auswahl an Milchprodukten mit chinesischen Camembert-Imitat, Ziegenkäse und ein wenig Jogurt, Butter, Milch. Diese Dinge sind wie man so schön sagt „Geschmackssache" und schmecken definitiv nicht nach dem, was man hierzulande als Milchprodukte definieren würde. Auch in vielen Restaurants werden Sie Ihre Sorge haben, etwas brauchbar Vegetarisches zu essen zu finden. Zum Glück gibt es ja Fisch. Natürlich ist das eine Option. Vorausgesetzt, Sie mögen Ihren Fisch komplett von Kopf bis zur Schwanzflosse. Forelle „Müllerin Art" suchen Sie vergeblich: Fisch wird meist in eine braune Brühe hereingerührt. Übrigens ist es im geteilten Dinieren eine Ehre, den Kopf, das beste Stück, dem Gast zu überlassen. Der darf dann die Augen essen und die Fischbacken auslutschen. Na, haben Sie noch Appetit auf Fisch?

Eine Freundin von uns, Claudia, hat es tatsächlich geschafft, sich ein halbes Jahr ohne Fleisch zu ernähren, ohne vom selbigen zu fallen. Zunächst fielen Ihre chinesischen Kolleginnen aus den Wolken: „Wie? Du als Westler isst kein Fleisch? Wie sollst du denn durch den Winter kommen?" Dass man aber trotzdem Fisch isst, wird dann noch unbegreiflicher! Schließlich ist es doch dasselbe, nur unter anstatt über dem Wasser.

Claudia bekam einst ein Geschenk gereicht, ein buntes Bonbon, das sie gleich auspackte und das kleine Glibberding genüsslich in Ihrem Mund verschwinden lies. Doch nach ein paar Sekunden verdrehte sie die Augen, aber versuchte sich nichts Anmerken zu lassen. Sie entschuldigte sich höfflich, lief eiligen Schrittes zur Toilette um das Ding mit deutlichem Würgereiz auszuspucken. Was zum Teufel war das? Ein Fleischbonbon! Bonbons gibt es in China nämlich in allen erdenklichen Sorten: Rind, Schwein, Huhn. Sie werden gern mal zwischendurch gelutscht. Na Prost Mahlzeit. Noch zwei Wochen nach dem Verzehr riecht man aus dem Mund wie eine Dose Chappi.

Wie kommen Sie aus der Misere wieder raus? Sagen Sie, Sie seien Buddhist. Doch das heißt dann gleich, dass sie Veganer sind. Das ist sicher eine Nummer zu hoch gegriffen und sie werden außer purem Reis, Wasser und ein paar Bananen kaum noch etwas Essbares finden. Allerdings gibt es in manchen Großstädten auch vegetarische Restaurants. Doch dort werden Fleischgerichte mit dem Geschmack und Aussehen durch pflanzliche Zutaten wie Tofu oder anderes Glibberzeugs nachgeahmt. Nicht einmal „fleischlos" kann man in China denken, ohne doch wieder an Fleisch zu denken! Deswegen gibt es in China so wenig Vegetarier: Sie geben einfach hungrig auf.

 ## Schlaubi's Small-Talk-Fakt
Das berühmte Tsingtao Qualitätsbier ist ein Relikt einer deutschen Kolonie im Südosten von Peking. Noch heute gibt es im Ursprungsort Qingdao eine typische bayrische Kirche und ein jährliches Oktoberfest.

Traditionsgetränk Tee
Schlürfen bis zum Exzess

China ist das Land des Tees. Die Teehandlungen sehen aus wie ein botanischer Garten und allein an Grüntee gibt es schätzungsweise über 100 Sorten. Tee wird in China nicht nur aus Blättern gemacht. Hier kann wohl alles als Tee getrunken werden, dass auch die Farbe des Wassers nur annäherungsweise wechselt (Toilettensteine ausgenommen). Viele der Grünteesorten sind für den Durchschnittsdeutschen sehr bitter – es sei denn er lebt schon eine Weile in China und hatte Gelegenheit dazu, die Geschmacksknospen mit allerhand Chili und Sichuan-Küchengerichten abzutöten.

Überall sieht man die durchsichtigen Tee-flaschen. Martin wunderte sich, was es mit der grün-gelben Blürre auf sich hatte, die, neben dem Handy, das meistgesehene Accessoire am gemeinen Chinesen war und aussah, als sei es ein Pipi-Katheter für Inkontinente. Es hätte alles sein können. Aber Tee? Hmm… Während wir

In manchen Teehäusern sieht es aus wie in einem kolumbianischen Drogenlager

unseren Tee jungfräulich, zart und klar bevorzugen und das Aroma in Teebeuteln einsperren, werden hier einfach ein paar große Teeblätter genommen, in das Fläschchen geschmissen, Wasser drauf und schon ist der Wegbegleiter für die nächsten Stunden fertig. Abgegossen und gefiltert wird er meistens nicht und so hat jedes Fläschchen ein biologisches Eigenleben, das an ein Aquarium erinnert. Nur dass kein Fisch im herben Grüntee schwimmen möchte...

Jasmintee: Anstatt Blumen auf den Tisch zu stellen, spart man sich die Vase und tunkt das Zeug gleich ganz in die Tasse

Ein Chinese versteht übrigens meistens nicht, wie man sich als Europäer so viel Kaffee rein schütten kann: Die braune Brühe sei ja so ungesund. Wir verstehen nicht, wie man sich von früh bis Abend nur mit grünem Tee betäuben kann. Das Zeug kann nämlich ganz schön Energie spenden und für schwache Herzen wie Martin eines hat (das bei einem Cappuccino schon doppelt so schnell pumpt) kam der Selbstversuch, einen Tag lang nur Grüntee zu trinken so vor, als wäre er auf Aufputschdrogen, wie ein Technojünger auf der Loveparade. Das kann doch auch nicht gut sein, oder? Bedenkt man, dass Chinesen überall und immer schlafen können fragen wir uns, wie die Arbeitsproduktivität in diesem Land ohne den Grüntee-RedBull aussehen würde. Wahrscheinlich wie das italienische Liebesleben ohne den Chianti: Ziemlich abgeschlafft.

Die einzelnen Provinzen bieten natürlich regionale Teevariationen an. Stephan wurde während seiner Reise nach Tibet bei einer einheimischen Familie in einem Vorort der Hauptstadt Lhasa zu einem nachmittäglichen Umtrunk eingeladen. Nachbarn kamen zu Besuch und die Hausfrau kochte Wasser auf und stellte eine Schale mit Yak-Butter auf den Tisch. Stephan vermutete einen Brotaufstrich, obwohl ihn der Hunger bei dem Geruch ziemlich schnell verlassen hatte. Die Dame löste jedoch kurzerhand einen beachtlichen Brocken dieser müffelnden Yak-Butter im heißen Wasser auf und reichte die Tasse anschließend dem Gast. Hm, ist das nun zum trinken oder ein traditionelles Erbrechmittel? Nachdem Stephan mit unterdrücktem Würgereiz das milchige Etwas auf einen Schluck hinunter leerte, um diese Tortur möglichst schnell zu beenden, goss die Herzensgute (*grrr!) gleich wieder nach. Stephan mühte sich ein gequältes

Lächeln von den Lippen ab, öffnete diese wieder um das stinkende Höllenzeug wie eine Medizin hinter zu würgen. Nach drei weiteren Tassen wurde er erlöst. Wie kam es dazu? In Tibet lässt man immer einen Rest Tee in der Tasse. Dies signalisiert nicht nur „Hey, ich hab die Schnauze voll von dem Gesöff" (im wahrsten Sinne des Wortes), sondern zeigt als nette Geste, dass man eines Tages nochmals zurückkehren möchte. (Wohl nicht um den Tee dann auszutrinken - sondern eher im übertragenen Sinne).

Zum Thema Tee noch eine kleine Anekdote: Wir blicken zurück auf das Jahr 2007. Stephan war in touristischer Mission unterwegs und sah mit seinen Gästen ein nett aussehendes Teehaus. Cool, denkt er sich, da können wir mal ordentlich die Karte hoch und runter verkosten – „kost´ ja eh nix". Schließlich ist es ja nur Tee, oder? Ein wenig Teeblätter, etwas warmes Wasser und fertig… Wird schon nicht teuer sein. Mit dieser Annahme interessierte die Reisetruppe keine Speisekarte mehr, man schritt gleich zur Verköstigung. Gemeinsam nahmen sie in einem Separee ihre Plätze ein und eine traditionell gekleidete Dame richtete mit Showeinlagen, Tam Tam und Perlweißgrinsen die einzelnen Tees an. Durstig von den Strapazen des Tages schlürften alle das wohltuende Getränk in sich hinein. Jeder einzelne Tee hatte eine bestimmte Geschichte und so erinnert der Phönix-Tee an das fliegende Fabelwesen, welches die morgendlichen Tautropfen an Blüten sammelt um dem Kaiser daraus Tee zuzubereiten. Die Gruppe mochte die Geschichten und leerte Becher für Becher.

Ein beiläufiges Lachen ging durch den nichts ahnenden deutschen Haufen als die Dame daraufhin wies, dass man an solch einer Zeremonie nur alle drei Jahre teilnehmen darf. Nachdem am Ende der ganzen Show die Rechnung für jeweils 9 Tassen Tee präsentiert wurde, wussten auch alle weshalb: Die Rechnung betrug 540 Euro! Das Lachen fiel den vier Jungs schnell aus dem Gesicht. Stattdessen rann nun der eben verschlungene Tee in Form von Schweißperlen wieder die Wangen herunter. #%$"§* EURO? Nein, man hatte nicht falsch umgerechnet. Man hatte nicht damit gerechnet, dass in China mancher Tee exklusiver ist als ein 72´er Cabernet Souvignon. Ein wenig Verhandlungsgeschick, der Stornierung sämtlicher bereits verpackter Geschenktees und eine Portion Mitleid führten dazu, dass die Rechnung auf 320 Euro gesenkt werden konnte. Die Moral der Geschicht': Exklusiver Tee und sanftes Licht, sind für arme Europäer nicht!

Alkohol
So kippt man sich weg, ohne sein Gesicht zu verlieren

Alkohol und Chinesen ist ein leidiges aber hochinteressantes Thema. Ziemlich jeder wird die Ansicht vertreten, dass die Chinesen bereits nach einem halben Bierchen benommen unter der nächsten Parkbank liegen? Findet man in Zukunft gar unter den Biertischen des Oktoberfests genauso viele Chinesen wie Japaner? Wohl nicht. Im Großen und Ganzen sind sie trinkfester als Japaner. Das wiederum hat nichts zu bedeuten: In Bayern trifft dies für jedes zweite Neugeborene zu. Und so werden unsere gelben Zeitgenossen schnell weiß im Gesicht, wenn sie blau sind und schmücken gelegentlich die Gehwege mit grünem Schleim! (Nun sagt einer noch, Sprache wäre nicht farbenfroh!) Lesen Sie also lieber erst mal dieses Kapitel, bevor Sie sich auf diverse Trinkspielchen einlassen!

Alkohol können sie in China an jeder Straßenecke kaufen: Ob nun Schnaps, Bier oder Reiswein, besonders Taxifahrer nehmen gerne ein paar Schlückchen, wenn sie in der prallen Mittagssonne auf ihren nächsten Kunden warten müssen. Die Supermarkt-

Chinesen lieben Drachen.
Chinesen lieben Alkohl..
Drachen lieben Alkohl...

regale bieten ein breites Sortiment an Spirituosen an, wobei man einzelne Flaschen bei den Reinigungsmitteln wiederfinden kann. Bei dieser Omnipräsenz an sinnesbetäubenden Flüssigkeiten kann man vermuten, dass Chinesen es durchaus mit Deutschen oder den Iren aufnehmen können.

Auch wir wurden gut abgehärtet. Wenn wundert´s? Im Shooters, einer kleinen Bar in der Nähe der Sanlitun Barstraße in Peking, kostet ein Cocktail zwischen 1 und 2 Euro. Die Mischungen sind zwar deutlich „weicher" als man(n) es von guten Bars in Deutschland gewohnt ist, jedoch ballert auch der 10. chinesisch-gemixte Cocktail irgendwann gehörig auf die Synapsen des Europäers. Das ist der bekannte Kölsch-Effekt: Man unterschätzt die dünne Blürre und schüttet doppelt soviel rein. Und nimmt man sich vor, am heutigen Abend nicht mehr als 10 Euro zu vertrinken, so kann man in China damit leicht an einem Vollrausch kratzen. Ein interessanter Nebeneffekt sollte einmal linguistisch untersucht werden: Plötzlich bekommt man auf ungeklärte Weise das Gefühl der chinesischen Sprache mächtig zu sein! Wie ge-

Cocktails bestellt man in China am besten Pyramidenweise

sagt, die Chinesen trinken gerne und sie trinken viel. Gerade in den Discotheken trifft man sie häufig beim Würfeln an. Würfeln in Discos? Sie haben richtig gelesen! Hierbei handelt es sich um das typische chinesische Trinkspiel. Es rät eine Person eine Zahl und der Andere muss würfeln. Hat der Ratende die Zahl richtig gewählt, so muss der Würfelnde trinken. „Gan bei!" (Chin. für Prost!) und weg mit dem Hochprozentigen. Und nur Sekunden später klimpern die Würfel erneut… Lassen Sie uns einmal hochrechnen: Wenn 4 Personen spielen, davon pro Minute ca. 3-4 Spielrunden ablaufen und 2 Würfel im Einsatz sind, so ergibt sich jedes Mal eine Chance von 1:12, dass man trinken muss. Sie können sich vorstellen, in welcher Verfassung manche Chinesen sind, wenn sie einige Stunden spielen.

Verwunderlich ist übrigens die Beobachtung, dass manche Chinesen irgendwie gerne aus Taxis kotzen. Könnte natürlich sein, dass das auch am Fahrstil oder fehlender Morgendusche des Taxifahrers liegt. In den meisten Fällen dürfte es jedoch daran liegen, dass Herr Ying oder Frau Yang gerade ein paar Yuan beim Kartenspielen gewonnen haben und den Gewinn sofort in hochprozentige Spirituosen investiert hatten. Stephan hat pro Monat durchschnittlich 2,36 taxikotzende Chinesen gesehen. Zum Glück (für den Taxifahrer) hängen Sie ihren grünblässlichen Nischel (das ist sächsisch und heißt „Kopf", und ist nicht das was Sie gerade im Kopf haben, Sie Ferkel!) aus dem Fenster und markieren ihren Weg nach Hause, so wie Hänsel und Gretel es mit leuchtenden Kieselsteinchen getan haben. Peking verfolgt anlässlich der Olympiade 2008 ja das Konzept, eine „grünere Stadt" zu werden. Und sieht man diese Düngewagen durch die Stadt reihern, so beginnt man daran sogar zu glauben.

Tischsitten

Sie sitzen nun in einem der vielen Restaurants, das Schnitzel Wiener Art suchen Sie auf der Speisekarte, die nur Schriftzeichen, aber keine Übersetzung enthält, vergebens. Nun kommt auch noch die Bedienung und Sie verstehen in der Tat mal wieder nur chinesisch.

Was machen Sie als Gastgeber?

Sollten sie noch das Glück haben und die Rolle des Gastgebers innehaben, so wird von Ihnen erwartet, dass sie für alle Beteiligten bestellen. Was macht man als Europäer dann in solch einem Fall? Unter dem Tisch verstecken? Die nächstbesten Stäbchen schnappen und sich durch das Herz jagen, weil sie mit der Schmach eines misslungenen Essens nicht weiterleben können? Nein! Besser ist, dass Sie Ihr Gesicht versuchen zu wahren und einfach drauf los bestellen! Die Chinesen essen sowieso alles was auf den Tisch kommt (manchmal auch, was unter ihm durchkriecht) und bei acht Gerichten wird

Katze oder Hund?
Katze oder Hund?
Katze oder Hund?

schon was Essbares für sie dabei sein, oder? (Sicher wäre es peinlich, aus versehen achtmal nur Reis zu bestellen, weil Sie die Karte gar nicht lesen können. Aber das passiert selten.)

Bezüglich der Anzahl der Gerichte gibt es folgende Regel: Es werden immer mehr Gerichte bestellt wie Personen am Tisch sind. Essen 6 Leute mit so werden mindestens 8 Gerichte geordert, eher noch mehr. Bestellen Sie weniger Gerichte, verlieren sie den Chinesen gegenüber ihr Gesicht, da sie somit den Eindruck vermitteln, so arm zu sein, dass sie ihre Gäste nicht satt bringen können.

Selbst die Weißwurst kann man mit Stäbchen essen

Um in solch einer Situation die Auswahl der Gerichte zu treffen, können wir zwei Möglichkeiten empfehlen: Entweder man bestellt einfach immer die teuersten Gerichte. Dabei gibt es dann aber meistens das Problem, dass man irgendwelche Delikatessen bekommt, bei welchen man die genetische Herkunft nicht mehr eindeutig identifizieren kann. Man stellt sich die Frage, „Ist das nun Fisch, Hühnchen oder doch was anderes... Apropos, gibt es ein Atomkraftwerk in der Nähe von Peking?"

Die zweite Möglichkeit ist, wenn sie einfach versuchen die chinesischen Schriftzeichen zu interpretieren. Damit können Sie dann auch ihre Gäste beeindrucken, sofern sie das souverän anstellen. Mensch, dieses Zeichen sieht doch aus wie ein Hähnchenflügel, also her damit! Und das Zeichen hier könnte doch eine Schale Basmatireis sein. Also auch rauf auf die Bestellliste. Das, was letztendlich auf dem Tisch landet, hatte jedoch leider in den meisten Fällen nur recht wenig mit der versuchten Entschlüsselung der chinesischen Hieroglyphen gemeinsam. Aber man weiß bei den Überraschungseiern in Deutschland ja auch nicht, ob man nun eine Spielfigur oder lediglich ein albernes Spionset bekommt. Schmecken tut's aber trotzdem.

Willkommen in der chinesischen Wildnis!
Dem städtischen Restaurant!

OK-la, sie haben auch diese Hürde gemeistert und die Gerichte kommen mehr oder weniger alle gleichzeitig auf den Tisch. In dem Sinne können wir nur sagen: Lasst die Schlacht beginnen. Und nehmen sie diese Aussage wörtlich! Man kann entweder kleine Portionen auf

Wenn Chinesen mit Stäbchen essen...

eine eigene Schüssel laden oder sie machen es auf die chinesische Art und Weise: gemeinschaftlich aus den Schüsseln und Töpfen essen. Alle stochern in derselben Schüssel umher und klauen sich gegenseitig die dicksten Fleischstückchen. Falls der Tisch im Anschluss an das Essen aussieht, als wenn der Krieg ausgebrochen wäre, so können wir sie beglückwünschen: Sie sind ein perfekter Chinese! Auf jeden Fall macht das Essen so zusammen viel mehr Spaß, vorausgesetzt keiner der Anwesenden verteilt Herpesviren mit seinem Stäbchen im gemeinsamen Hühnchen süß-sauer.

Alle Männer dürfen sich nun freuen: Vergessen Sie alle Tischsitten die Sie in Deutschland gelernt haben! Schmatzen sie nach Herzenslust, lassen sie ein Bäuerchen das die Stäbchen wackeln und scheren sie sich einen Dreck um die Gesprächslautstärke bei Tisch. Und falls sich ihre Freundin nach dem fünften Rülpser beschwert, so weisen sie sie auf ihre mangelnden interkulturellen Kompetenzen hin. Eine überaus interessante Tatsache ist übrigens, dass in China folgende Devise gilt: je lauter das Restaurant ist, desto besser! Essen muss Spaß machen und deshalb darf herzlich gelacht und gebrüllt werden. In Summe keine schlechte Idee finden wir – unsere Freundinnen sehen dies aber wie so oft mal wieder anders.

Martin hat eine Stunde geübt, doch nun überkommt ihn einfach der Hunger!

Lekka Stäbchen, Diskjockeys und Trinkgeld

Ein leidiges Thema ist das Essen mit den Stäbchen. Hierbei muss man klar zwischen „Stäbchen essen" und „mit Stäbchen essen" unterscheiden. Stäbchen essen ist nicht schwer, abgesehen vom Holzgeschmack und anschließenden Magenbeschwerden. Mit Stäbchen essen erfordert hingegen einiges an Fingerfertigkeit. Hierbei hilft einfach nur Übung, Übung und nochmals Übung. Nach ein paar Tagen Aufenthalt in China (und einem drohenden Hungertod) werden auch sie merken, dass es schon irgendwie geht.

In vielen Restaurants gibt es übrigens runde Tische, auf denen eine etwas kleinere runde Glasplatte montiert ist. Diese ist drehbar und somit kann man Diskjockey spielen und die Gerichte einmal um 360° an allen beteiligten Gästen vorbei scratchen. Natürlich kann man auch kindische Spielchen treiben und der ungeliebten Schwiegermutter immer das Eselfleisch vor die Nase schieben, aber so fies wollen wir doch nicht sein, oder?

Sie sind mittlerweile satt und stecken ihre Stäbchen in den restlichen Reis? Böses Foul! Ein typisches Fettnäpfchen par excellence! Nach einer Beerdigung stellt man beim anschließenden Leichenschmaus eine Schüssel Reis für die verstorbene Person auf den Tisch, die Stäbchen in derselben Art und Weise in den Reis gesteckt. Somit sollten Sie das besser nicht machen, oder sind sie von den Toten auferstanden? Nach dem ausgiebigen Gemampfe und einem gehörigen Rülpser zum Schluss (um dem Koch in der hintersten Küchenecke auch zu signalisieren, dass das Essen gemundet hat) geht es an das letzte Problem: Das Trinkgeld. China ist das perfekte Land für all diejenigen, die schon im Mathematikunterricht nicht aufrunden konnten. Trinkgeld gibt man einfach nicht! Schluss, aus, basta! Anfangs neigt man als höflicher Kunde natürlich dazu, die Rechnung großzügig von umgerechnet 1,12 Euro auf 1,15 Euro aufzurunden. Spätestens wenn der Ober aber genervt den Kopf schüttelt und zum vierten Mal auf dem Taschenrechner hämmert und anzeigt, dass man in seinen Augen zu doof ist 11,2 RMB von 11,5 RMB zu unterscheiden, akzeptiert man es einfach. Ist ja auch nicht allzu schwer.

Beim Verlassen des Restaurants können sie sich nun selbst auf die Schultern klopfen, das haben sie echt gut gemacht. Und sollten sie bei dem Klopfen nochmals ein Bäuerchen machen – perfekt!

Schlaubi's Survival Tipp:

Am besten legen Sie sich eine Notfallnummer einer chinesischen Bekannten auf dem Mobiltelefon zu. Dann können Sie immer – egal ob im Taxi, bei dem verzweifelten Versuch zu erklären, wo Sie eigentlich wohnen, oder um keine geschützten Tierarten aus Versehen im Restaurant zu bestellen – auf die Übersetzung eines englischsprachigen Chinesen hoffen. Reichen Sie einfach das Handy dem Taxifahrer oder der Bedienung weiter. Solange man sich gut mit dem chinesischen Freund versteht, so ist das eine relative sichere Angelegenheit.

Kapitel 3

Mühsame Fortbewegung
Von A nach B über X, Y und Z!

Transrapid auf Abwegen
So schwebt Shanghai ins 21. Jahrhundert

Wir sind bekennende Fans vom „bahnbrechenden" und zu-
kunftsweisenden deutschen Transrapid-Projekt. Der Transrapid
steht für Deutschlands Modernität und Innovationskraft (und
neuerdings auch für die fehlende Liquidität Bayerns). Er ist Wun-
derwerk der deutschen Technik! Gott habe ihn selig. Was hierzulande tot gerechnet und von eifrigen Auerhahnschützern wegpro-
testiert wurde, ist in Shanghai längst Wirklichkeit.

Der erste operierende Transrapid der Welt verkehrt dort zwi-
schen Flughafen und dem „Zentrum". Einsteigen und mit über 400 Sachen direkt in die Hotellobby chauffiert werden, so dachten wir. Also stiegen wir ein. Von außen flottes Design, von innen aber ein ganz normaler Zug. Nichts zum anschnallen. Das will man ja sonst auch nicht gern, schließlich ist die Anschnall-freiheit in deutschen Zügen eines der letzten Privilegien des freien Bürgers.

**Der erste und wohl letzte von Deut-
schen gebauten Transrapid**

Während wir uns pflichtbewusst an unsere Autos und neuerdings
auch Reisebusse ketten, sind Schnallen in China reine Attrappe.
Doch hier vermissten wir sie, denn bei 430 Stundenkilometern,
auf die der MAGLEV (Name des Transrapids) beschleunigt, fühlt
man sich etwas flau in der Magengegend. Wow. Auftritt gelungen.

Das Spiel dauert aber nicht lange. Die ganze Geschichte ist mal
wieder ein reines Prestige-Objekt nach dem Motto: "Seht her, wir
können das und sind modern!". Alles andere ist den Städtepla-
nern wohl auch egal, denn nach zwei Minuten Höchstgeschwin-

digkeit wird der Zug wieder heruntergebremst. Wenige Minuten später landet man nicht im Zentrum wie vermutet, sondern an einer U-Bahnstation am Stadtrand. In dieser (international und weltoffen wie man das von den Chinesen gewohnt ist) sind keinerlei englische Orientierungsschilder angebracht. Übersichtspläne? Wunschdenken. Touristeninfos? Vergiss es! Ticketverkäufer? Die sprechen keinen einzigen Brocken Englisch. Herrje. Was tun? Schwarzfahren ist unmöglich, da es sich um moderne, kartengesteuerte Drehrad-Eingänge handelt. Wir beobachten das Schaltertreiben und schlagen zu, als ein Chinese eine 5 Euro Dauerkarte kauft. Perfekt. Davon hatten wir doch einmal im Reiseführer gelesen. Wir zeigen einfach erst mit dem Finger auf die Karte, dann auf uns, und die nette Frau weiß: Aha, dass willst du! Na bitte. Schließlich haben wir diese Technik schon als Kind gelernt. Damals, als wir Mama angebettelt haben, lange bevor wir Schokobonbon auch nur aussprechen konnten.

Zum Glück treffen wir eine Ausländerin, die uns barmherzig in die richtige U-Bahn setzt. Puh, nochmals gut gegangen! Rumpelnd bewegt sich die alte U-Bahn vorwärts. Scheppernd, laut und stickig. Zwar lediglich mit 43km/h und nicht mit 430km/h, dafür aber endlich ins Zentrum dieser hochtechnologisierten Weltmetropole.

Der Transrapid stellt einen neuen Geschwindigkeitsrekord auf

12:15:02   2 km/h

Busfahren
Nestwärme für 20 Cent

Sie suchen näheren Kontakt zu Chinesen? Raus aus der Touristen-Distanz – hinein in kuschelige Nähe? Keine Berührungsangst? Oder stehen Sie etwa auf Gruppensex? Dann wird Ihnen sicherlich das „Nahverkehrssystem" im Land der Mitte gefallen. Für alle, die sich einmal wie die Sardine in der Aldi-Familiendose fühlen, und im Stehen stöhnend im Stau versauern möchten. Gewöhnlich bleibt Busfahren dem einfachen Chinesen vorbehalten, welcher für wenig Geld durch die Stadt gegurkt wird. Für ausländische Lebewesen ist der verlockende Preis mit einigen Hindernissen verbunden:

Hürde Nr.1: Sprachkenntnisse

An den Bushaltestellen hängen Fahrpläne aus. Sprechen Sie kein Chinesisch, sind diese reine Dekoration. Bevor Sie sich diesem unmöglich zu lösendem Rätsel widmen, machen Sie lieber den Test und sprechen Sie den Busfahrer in Englisch an: Wenn Sie nur angelächelt oder angenickt werden, so steigen sie bitte nicht ein. Es sei denn, sie möchten nach 5.000km bei der Endstation der Chinesischen Mauer enden. Besser ist es, wenn Sie mit dem Finger auf ein chinesisches Schriftzeichen (z.B. in Ihrem Reiseführer oder der Karte zeigen) und der Fahrer deutet Ihnen, dass sie einsteigen sollen. Dann ist es immer noch keine Garantie, dass sie richtig sind, aber einen Versuch wert.

Das Sexleben in China ist nicht so prüde wie allgemein angenommen

Doch meist beginnt das eigentliche Busfahren schon mit einer anderen Schwierigkeit: Nicht nur vorpubertierende Jungs beim Dr. Sommer Team haben dieses Problem, nein, auch sie werden es haben: **Hürde Nr. 2: Probleme beim reinkommen!**

Da steht man nun mit unzähligen anderen Chinesen am Straßenrand in einer Erwartungshaltung wie Hausfrauen vor dem Winterschlussverkauf bei H&M. Quietschend nähert sich der Bus der gespannt wartenden Menge am Straßenrand. Während dann dieses schnaufende und röhrende Etwas auf einen zurast, so stellt man sich unweigerlich die Frage: Halten die Bremsen oder verewigt sich in der nächsten Sekunde mein Gesichtsabdruck mit 40 Stundenkilometern auf der Motorhaube des Busses?

Zum Glück, das Zahnpasta-Grinsen ist noch beisammen! Der Bus steht, Türen öffnen sich und erste Chinesen purzeln heraus. Diese werden aber fast von einer anmarschierenden Menschentraube in den Bus zurückgepresst. Man sagt ja, Chinesen seien geduldige Menschen. Vergessen Sie das schnell wieder! Wollen Sie in einen Bus einsteigen, so werden Sie sich fühlen, wie die Türsteher bei einem „Tokio Hotel" Konzert. Bewährt hat sich beim Thema Einsteigen übrigens die „Pickel-Methode": Etwas drücken kann nicht schaden.

Nun Sie sind drinnen? Gut. Aber erst einmal muss man einen angemessenen Preis für solch ein luxuriöses Fortbewegungsmittel blechen. 2 Yuan, umgerechnet 20 Cent. Dafür ist es aber dann auch unwichtig wie weit man fährt, da man den festen Preis bezahlt, egal wo und wann man wieder aussteigt. Wobei sich **Hürde Nr. 3** offenbart: **Wo zum Teufel bezahlt man eigentlich?** Normalerweise zahlt man vorne im Bus. Manchmal aber auch hinten. Manchmal gibt es Ticketautomaten, manchmal nicht. Aber das ist ja eh egal: Denn realistischer Weise haben Sie eh keine Chance, sich irgendwie in der holpernden Sardinenbüchse auch nur umzudrehen.

Sie werden also schon mal schwarz fahren, ob sie wollen oder nicht. Das ist besonders unangenehm, weil Sie als Ausländer gerade in örtlichen Transportmitteln noch mehr angestarrt werden, als ein Ossi in Sylt. Gespräche stoppen, wenn man den Bus betritt und alles starrt, oder besser gesagt glotzt einen regelrecht an. Für Extrovertierte ist das endlich die Bestätigung, dass sie super-cool und lässig sind, sie können sich endlich mal so fühlen wie ein ukrainisches Supermodel in einem katholischen Männerinternat. Für alle anderen mutet es schon sonderbar an. Aber was soll's? Stehen sie einfach drüber - sitzen können sie ja eh nicht im Bus.

Haut an Haut und Millimeter um Millimeter wird in dem Bummel-bus um Platz gekämpft. Dicht gedrängt wartet man in der stickigen und heißen Luft vergeblich auf den Saunameister, Nadelöl und ein schwingendes Handtuch. Der Schweiß topft, Männlein und Weiblein grölen in Ihr Mobiltelefon, um gegen den ohnehin schon beachtlichen Lärmpegel anzukämpfen.

Last but not least folgt noch eine **letzte Hürde: das Verlassen des Busses zum richtigen Zeitpunkt**. Das Aussteigen ist für Menschen ohne Chinesischkenntnisse ein Glücksspiel. Der Busfahrer ruft den Namen der nächsten Bushaltestelle und man muss irgendwie zu erkennen geben, dass man aussteigen will. Die Hand hebt man hier vergeblich. Besser schreit man einfach ein „You" – ausgesprochen wie ein genuscheltes „Yoooouuuuu" - durch den Bus und wenn man Glück hat, so hält der Bus dann sogar. Es gibt nur zwei kleine Probleme: Erstens muss man den chinesischen Namen der Bushaltestelle wissen und zweitens diesen verstehen, wenn der Busfahrer ihn ausruft. Und gerade hier fallen Welten auseinander. Wir fuhren mehrmals mit Bussen durch die Stadt, doch jeder Busfahrer sprach mit eigenem Dialekt die Stationen aus (wenn überhaupt). Am Ende liefen wir lieber direkt zum Zielort, statt ständig daran vorbeizufahren.

Bushaltestellen bedeuten übrigens noch lange nicht, dass die Busse dort regelmäßig halten. Gerade nachts kann es schon vorkommen, dass der Busfahrer auch mal an der Bushaltestelle vorbeirauscht, wahrscheinlich weil das letzte Bier ihm selbst noch durch den Kopf saust. Es kann aber auch sein, dass der Bus auch gleich mal für 15 Minuten hält. Nicht wegen der Haltestelle, sondern weil der Busfahrer noch schnell um die Ecke ein frittiertes Hähnchen kaufen geht.

Fazit: Als Besucher kann man sich in jeder chinesischen Stadt bequem ein Taxi leisten. Nehmen sie unseren Ratschlag zu Herzen: Tun Sie's!!!

Mit dem Fahrrad unterwegs
Nicht nur die Räder drehen hier durch!

Bestimmt kennen Sie das Sprichwort „... und in China fällt ein gelbes Fahrrad um" – wenn jemand zum Ausdruck bringen möchte, dass ihn eine Sache nicht weiter interessiert. Was ist dran an dem Sprichwort? Wir gehen nun dieser Frage nach.

Fahrräder gibt es hier in fast allen Ausführungen. Groß, klein, mit zwei oder drei Rädern, manchmal ein wenig, oft sogar sehr schmutzig. Eins jedoch haben alle gemeinsam: sie haben ihre beste Zeit schon lange hinter sich! Die Ausstattung fällt meist sehr spartanisch aus. **Licht?** Gibt es grundsätzlich nicht. (Dies könnte die anderen Verkehrsteilnehmer - welche bereits eh schon mit suizidalen Tendenzen fahren - blenden und den Straßenverkehr somit zusätzlich gefährden). **Bremsen?** Sind lediglich eine Alternative zur Klingel, da ihr Quietschen mehr Lärm erzeugt. Damit kommen wir zur **Klingel:** Die gibt es meistens und sie ist dazu da, um den rechten Daumen oder Zeigefinger zu trainieren. Übrigens: Man kann immer klingeln, ob das Sinn macht oder auch nicht. Das spielt keine Rolle. Hauptsache man macht es. Klingeln, das ist wie hupen im Auto, nur eben für diejenigen, die es noch nicht auf die

Samt Scheiterhaufen geht's mit dem Fahrrad zur nächsten Hexenverbrennung

Hierarchieebene eines Autobesitzers geschafft haben, aber trotzdem große Töne spucken wollen.

Fahrräder kann man in China beliebig **aufmotzen**, sinnlos irgendwelche Dinge hinschweißen, aus einem Fahrrad ein halbes Auto bauen und ganze Kühlschränke oder die halbe Wohnung samt Katze und Schwiegermutter auf einem normalen Fahrrad transportieren. Alles ist möglich, solang die Schweißnaht oder das provisorische Klebeband hält. Wir haben allerlei getunte Fahrräder gesehen: Besonders gerne bauen die Chinesen aus einem Fahrrad ein Trike, sprich vorne ein Rad und hinten 2 Räder. Das hat eben den großen Vorteil, dass man dann hinten eine Ladefläche aufbauen kann, mit der man alles (und hier meinen wir ALLES!) transportieren kann. Scheinbar sind die findigen Chinesen direkte Nachfahren von MacGyver, die nach dem Motto arbeiten: „Ich habe etwas Kaugummi, einen alten Gummischlau, einen nuklearen Sprengkopf und etwas grünen Tee. Lass mich daraus und mit meinem alten Fahrrad ein 250 PS Wohnmobil bauen." Freude! Oftmals haben die chinesischen Fahrräder auch eine Art kleinen Motor zur Unterstützung (oder vollständigem Antrieb) an ihrem Fahrrad angebracht. Damit knattern sie dann ständig durch die Wohnviertel oder sogar auf der Autobahn herum. Rikschas sind übrigens auch oft zu sehen. In kleineren Städten wird dabei oft nur ein alter Sessel auf ein dreirädriges Fahrrad gespannt - und fertig!

Verkehrsregeln gibt es eigentlich nicht. Geschwindigkeitsbegrenzungen sind eh nur etwas für Einwanderer. Alle Chinesen haben eine Rot-Grün-Schwäche und man fährt einfach wenn frei ist. Als Fahrradfahrer hat man da natürlich häufig die Arschkarte. Es gilt hier das animalische Recht des Stärkeren. Jedoch wird man mit der Zeit geübter und schlängelt sich gekonnt durch den Verkehr. Das gibt dann zwar immer ein Hupkonzert, aber die Chinesen hupen generell ja sehr proaktiv. Einer fährt mit Richtgeschwindigkeit – Hupen! Einer hält an einer roten Ampel an – Hupen! Einer geht bei einem Zebrastreifen über die Straße – Hupen! Hupt keiner – auch Hupen (um sie daraufhin zu weisen, dass sie mal wieder hupen sollten).

Nach gründlichsten Untersuchungen und Beobachtungen und nicht zuletzt durch Stephans täglichen Leidensweg zur Arbeit haben wir folgende chinesische Fahrrad-StVO aufgestellt:

Straßenverkehrsordnung (nicht nur) für gelbe Fahrräder:

- ڶڶ Fahrradfahrer haben immer Vorfahrt. Fußgänger sind Zielscheiben. (Fußgänger haben übrigens auch auf Gehsteigen nichts zu suchen, deshalb kann man sie dann auch freundlich und hilfsbereit mit lautem Klingeln und wildem Fluchen daran erinnern.)

- ڶڶ Mit dem Aufsteigen auf das Fahrrad wird automatisch das Risikobewusstsein ausgeschaltet.

- ڶڶ Eine rote Ampel ist lediglich Dekoration und eigentlich Stromverschwendung. Sie bedarf keiner weiteren Beachtung. Eine Rot-Grün-Schwäche ist in China beiden Geschlechtern angeboren. Kurz: Rot = Grün!

Falls in China doch einmal ein Fahrrad umfällt, so passiert tatsächlich nichts Weltbewegendes

- 🚲 Die dreispurige Fahrbahn ist dazu da, dass man im Wechsel auch alle Fahrbahnen ausnützt. Autobahnen kann man im weitesten Sinne übrigens auch als „sehr breiten" Fahrradweg definieren, davon können wir aber nur abraten.

- 🚲 Klare Handzeichen gibt es nicht. Zum Abbiegen gilt wie beim Boxen, folgende Regel: Links antäuschen, dann doch plötzlich rechts abbiegen.

- 🚲 Bei herannahenden Taxen von hinten kann man seelenruhig weiter fahren. Ist das Taxi jedoch nur noch wenige Millimeter vom heruntergefahrenen Hinterreifen entfernt, wechselt man auf die Gegenfahrbahn. Hierbei auf die plötzlich auftauchenden Falschfahrer aufpassen!

- 🚲 Während des Fahrradfahrens kann man allen erdenklichen Tätigkeiten nachgehen: Nase popeln, Telefonieren oder sogar Zähne putzen (!!!).

- 🚲 Hat man keine Kondition mehr, so kann man sich auch hinten an einen Bus anhängen. Das freut auch die Chinesen in den Bussen, vor allem wenn man ihnen dann auch noch zuwinkt. Sie sind eben doch ein freundliches Volk.

Beachten Sie diese Hinweise, treffen Sie sicher ein paar nette Leute. Entweder wortwörtlich mit dem Fahrrad bei 20km/h oder im Krankenhaus.

Im Zug

Die wunderbare Welt eines chinesischen Nachtzuges

Peking-Shanghai. Ungefähr 1000 Kilometer Luftlinie entfernt und doch liegen manchmal Welten dazwischen. Zumindest bricht eine kleine Welt zusammen wenn man erfährt, dass alle Flüge zwischen beiden Städten ausgebucht sind. Zurücklehnen, durchatmen und der einzig sinnvolleren weiteren Alternative ins Auge blicken – einer Fahrt mit der chinesischen Eisenbahn.

Auch wenn es das Ziel der deutschen Bahn zu sein scheint, Sie auf diese Art von Abenteuer vorzubereiten, so ist dies dennoch eine andere Expedition. Denn natürlich ist es selbst in Peking (2007!) noch schwierig wenn gar unmöglich, einen Automaten mit englischem Sprachmenü oder einen kompetenten Angestellten zu finden. Doch zum Glück kann man mit viel „Guanxi" (chin. Wort für Beziehungen) Karten über Arbeitskollegen oder chinesische Freunde besorgen. Nachdem der nachmittägliche Verkehrsinfarkt (der um 15 Uhr beginnt und 20 Uhr endet) auf den Straßen Pekings ein erholsames Eintreffen auf dem Bahnhof unmöglich macht, steht man auf einem bunten Jahrmarkt… Zumindest sieht ein chinesischer Bahnhof immer ein wenig danach aus. Wanderarbeiter und aufstrebende Geschäftsleute in Anzügen treffen vor den Pforten des Bahnhofes aufeinander. Im dichten Gedränge schreien Kinder während Frauen an den kleinen provisorischen Verkaufsbuden feilschen.

Die Fahrt mit dem Nachtzug nach Shanghai war angenehm. Gut, nach dem ganzen Stress wäre sogar eine Achterbahnfahrt entspannend gewesen. Jedoch ist Zugfahren gar nicht so schlecht, wie viele vielleicht auf den ersten Blick denken würden. Leichte, gedämpfte Musik ertönt aus den Lautsprechern auf dem Gang. Es ist sauber, ruhig und so herrlich schön zivilisiert. Moment, ist das China? Wir fragten uns, ob wir tot sind und einen Hauch des Himmels verspürten, aber nein, wir waren putzmunter und befanden uns im chinesischen Zug. Doch immer wenn es einen Himmel gibt, so muss es auch eine Hölle geben. Licht und Schatten. Yin und Yang. Das Gleichgewicht im Universum. Das war auch uns bewusst. Und die Hölle gab es, lediglich vier Abteile weiter… Denn es gibt hier vier Klassen:

Soft-Sleeper ist die Luxusvariante. Das Non plus Ultra im Schienenverkehr. Sie kostet auf der Strecke Peking-Shanghai im Nachtzug ca. 50 Euro. Man darf in einem 4-Bett-Abteil samt weicher Matratze schlafen und bekommt meistens sogar noch ein kleines Frühstück am Morgen.

Etwas günstiger ist der **Hard-Sleeper**. Eigentlich identisch zum Soft-Sleeper. Jedoch wird die weiche Matratze mit pinkem Plastik ersetzt. Diese sieht nicht nur schrecklich aus, sondern muss auch höllisch beim Schlafen schmerzen. Macht nichts, wie beobachtet können viele Chinesen ja auch auf dem Gehsteig gut schlafen.

Die Hölle beginnt mit dem **Soft-Seater** mit gepolsterten Sitzen. Für Kurzstrecken mag es noch OK sein, wenn man neben hunderten weiteren Passagieren in einem lauten, stickigen und müffelnden Abteil seinen Platz einnimmt. Für die meisten Europäer jedoch sind die Schweißfüße auf der Kopfstütze neben ihnen, die gelegentlich vernehmbaren Körperausdünstungen und Spuckflecken auf dem Boden aber eher befremdlich.

Die günstigste Klasse ist der **Hard-Seater**. Hierbei hat man am Sitzpolster gespart und dieses durch Plastiksitze ersetzt. Vor einer Reise in dieser Kategorie dürften sich sogar noch die meisten Chinesen hüten. Die Toiletten sind nichts weiter als ein Plumpsklo, in dem kurz nach Abfahrt die Rinne deutlich überquillt. An eine entspannende Zugfahrt, geschweige denn Schlaf, darf in dieser Klasse sicher nicht gedacht werden. Dafür zahlt man nur umgerechnet 10 Euro für die Fahrt.

Als wir auf der weichen Matratze kurz vor dem Einschlafen waren, konnten wir leise auf der Pritsche neben uns ein gedämpftes Pupsen vernehmen. Ein Hauch von Authentizität in der himmlischen Welt des Soft-Sleepers.

Fliegen
Gurt anlegen, zurücklehnen und beten

„Über den Wolken muss die Freiheit wohl grenzenlos sein!" Wir saßen in einem chinesischen Flieger und mussten an dieses Lied denken. Um uns herum nur Chinesen, welche sich auch getreu dem Lied jegliche Freiheiten herausnahmen. Mit Erstaunen sahen wir, wie bereits kurz nach dem Start ein Großteil der männlichen Passagiere ihre Schuhe auszogen. Eine leicht Duftnote von „Eau de Schweißfuß" breitet sich im Flugzeug aus und ab und an konnte man Geräusche von ankommenden SMS auf Mobiltelefonen hören. Wenn man dem Himmel schon so nah ist, dann wird Gott wohl schon die Maschine der chinesischen Airline sehen, oder? Zumindest scheinen die chinesischen Passagiere davon felsenfest überzeugt zu sein. Oder wie kann man es sich sonst erklären, dass der Mann, der vor uns sitzt, schon seit 10 Minuten lautstark telefoniert, im Stehen, obwohl das Anschnallzeichen immer noch leuchtet?

Der Lärmpegel an Board einer chinesischen Maschine ist immens und kann es durchaus mit der Lautstärke eines deutschen Frauenabends mit 30 betrunkenen „Desperate Housewifes" und 10 Flaschen Prosecco aufnehmen. Die Nachbarn diskutieren miteinander und Kinder rennen kichernd durch das Flugzeug und spielen „Fang mich". Obwohl man sich noch in der Luft befindet fragt man sich, wo man hier nur gelandet ist.

An Abschalten oder gar Schlaf ist in dieser Situation natürlich nicht zu denken. Selbst Ohrenstöpsel können das Gequassel dieses chinesischen Wanderzirkus über den Wolken nicht abstellen. Ein MP3-Player hilft nur so lange, wie die Batterien halten. Unser Tipp: Bestellen Sie sich rechtzeitig Bier. Und zwar viel, richtig viel! Dies tröstet sie nicht nur über die Erkenntnis hinweg, dass es bis Hongkong immer noch 3 Stunden Flug sind, sondern stillt ihren Durst und macht Sie etwas toleranter.

Fliegen in China: Augen zu und durch!

Beim Fliegen haben sich in China folgende Regeln eingeschliffen:

✈ Wenn man fliegt, so nehme am besten den kompletten Hausrat mit. Die 30kg Gepäckbegrenzung beziehen sich auf das Handgepäck, nicht den Koffer.

✈ Beim Check-In gelten dieselben Regeln wie beim Busfahren. Die Warteschlange ist was für Ausländer. Hier gilt wer später kommt hat das Recht früher bedient zu werden.

✈ Wird der Flug zum Boarding aufgerufen, so stürmen Sie das Flugzeug als handelt es sich um den Sommerschlussverkauf beim C&A. Sobald sie im Flugzeug sind, so belegen sie allen freien Raum mit ihrem Gepäck. Aber dieses

Prozedere ist ja auch hierzulande bei Easyjet & Co. etabliert.

✈ Sollte das Flugzeug heil landen, so kramen sie am besten noch auf der Landebahn ihr Handy aus der Tasche und rufen Sie Ihr komplettes Telefonbuch nacheinander an. (Falls Sie das noch nicht während des Fluges gemacht haben).

✈ Die Warnlichter über ihrem Sitz sind, wie auch Ampeln und Warnlampen an Maschinen, lediglich eine nette Dekoration.

Schlaubi's Small-Talk-Fakt:
Allem Lästern zum Trotz: Die chinesische Staatslinie „Air China" hat die beste Unfallstatistik im Vergleich zu den neueren chinesischen Fluglinien und kann sich also sehen lassen. Was wir allerdings nicht heraus bekommen haben, ist woher genau diese Information stammt. (Vermutlich vom chinesischen Presseamt)

Taxis
Russisches Roulette für 3 Euro

Unzählige Male haben wir uns in Peking in ein Taxi gesetzt und jede einzelne Fahrt war bis zuletzt ein Erlebnis! Aber was ist es, was jede Taxifahrt in China so einzigartig macht? Ist es der Kick? Die Frage, ob man einmal ohne Umwege und Nervenzusammenbrüche ankommt? In der folgenden Sammlung an verschiedenen Facetten dieses Fortbewegungsmittels werden Sie bald erkennen, das Taxifahren eine besondere kleine Welt des kulturellen Austauschs ist. Man betritt den Lebensraum des Taxifahrers und taucht ein in seine private kleine Welt. Man legt sein Leben in die Hände eines Mannes, der im Monat weniger verdient als ihre Kinder Taschengeld. Und sie sitzen hier und tragen einen feinen Anzug.

Die Ausstattung: Vielfältig.

Die Taxis sind der Lebensinhalt vieler Fahrer und dementsprechend vielfältig ist das Sortiment: Das eine Taxi ist liebevoll mit gehäkelten Deckchen und Kissen von

Er fährt sie überall hin, auch wenn er keine Ahnung hat

der Omi ausgelegt, das nächste topmodern mit eingebauten Flatscreen und das Nächste fällt fast auseinander (wer würde denn schon bei seinem Auto ans Wegschmeißen denken, nur weil der Tachostand über 430.000 gefahrene Kilometer anzeigt?). Einige Taxis haben im inneren eine Plexiglas-Scheibe oder auch ein Gitter um den Fahrersitz. Offenbar ein Schutz vor üblen Zeitgenossen, doch der Fußraum dahinter gewährt dadurch dieselbe Beinfreiheit eines alten Trabant 601. Zudem hat nahezu jeder Taxifahrer seinen individuell gestalteten Teeflaschenhalter zwischen Handbremse und Sitz. Damit das gute Gesöff auch immer griffbereit ist.

Es gibt in Peking viele nette Radiosender, viele davon auch mit westlicher Musik. Es gibt aber genau einen richtig schrecklichen Sender, der pausenlos nur Pekingopern und Erzählungen bringt. Ausgerechnet dieser ist der Lieblingssender der Taxifahrer! Man steht im Stau und im Radio wird pausenlos geschrien, als ob es eine Live-Übertragung aus einem Ehestreit sei. Hilfe! Nach einem stressigen Arbeitstag ist das genau die Entspannung die man im zweistündigen Stau braucht! Neben der Teeflasche und dem schrecklichen Radiosender ist übrigens noch eine weitere Ausstattung Pflicht: der Duftspender! So steigt man oftmals in ein Taxi ein und denkt sofort, dass der Fahrgast vor einem selbst wohl Meister Proper höchstpersönlich gewesen sein muss.

Taxis sind hier wie so oft nicht immer gelb – es gibt genug „schwarze" Betreiber, die sich abends auf die Straßen gesellen: Solch ein „Taxiunternehmen" kann jeder gründen. Kaum ist der Papa auf Nachtschicht, so schnappt sich der 14-jährige Sohnemann das Auto und peppt sein Taschengeld auf, indem er ahnungslose Europäer quer durch die Stadt schippert. Diese Fake-Taxis sind zwar noch günstiger, jedoch nicht zu empfehlen.

Die Kosten: Unglaublich günstig.

Apropos Kosten: Während man in Deutschland bereits 4 Euro zahlt, wenn man nur in ein Taxi einsteigt, so ist China wirklich ein Paradies für diejenigen, welche bereits nach 100 Metern Fußmarsch außer Atem sind. Der Grundpreis liegt bei 10 Yuan (1 Euro) und die weitere Strecke wird langsam auf das Taximeter dazu gebucht. Doch selbst wenn sie nachts eine Strecke von 30 Kilometern zurücklegen, so zahlen sie nicht mehr als 10 Euro. Ein Traum! Doch der Alptraum lässt nicht lange auf sich warten...

Die Fahrer: Ein Erlebnis.

Jeder Fahrer hat seine persönliche Marke/Taxilizenz, samt Nummer. Beides hängt in gedruckter Form am Handschuhfach. Vielleicht sind es ja auch Fahndungsplakate. Denn schätzungsweise 9,68% der Taxifahrer haben einen Führerschein und kennen auch den Unterschied zwischen Nord und Süd. Die restlichen 90,32% der Taxifahrer scheinen von Ihrem Job keine Ahnung zu haben – das fängt beim Autofahren an und hört beim Orientierungssinn auf (der nur marginal besser ist wie bei einer Gruppe amerikanischer Touristen in Hamburg).

Während man im vergleichbar großen London mindestens vier Jahre auf die knallharte Taxiprüfung lernen muss um alle Straßen und wichtigen Orte zu kennen, braucht man in Peking scheinbar noch nicht mal einen Sehtest zu absolvieren. Hinzu kommt ein kulturelles Problem: Ein Taxifahrer wird nie zugeben, dass er nicht weiß, wo Ihr gewünschtes Ziel ist. Das käme einem „Gesichtsverlust" gleich. Und ohne Augen, Nase und Mund würden Sie auch nicht gerne Auto fahren, oder? Also gleicht das Betreten tatsächlich einem Roulette, in dem sie zwei Chancen haben: Entweder sie treffen voll ins Schwarze und der Fahrer weiß zufälliger Weise wo sie hin wollen. Oder sie zittern jedes mal, wenn sei abseits wohnen so wie wir. Denn der Fahrer hofft, dass er die Grobrichtung findet, und dass der Gast ihm dann den Weg zeigt. Wenn es sich aber bei dem Gast um zwei so planlose Kleinstadtbürger handelt wie wir, funktioniert diese Strategie leider nicht. Also greift der Fahrer in solchen Situationen zu Plan B und telefoniert seinen gesamten Freundeskreis ab – eine Art traditionelles Navigationssystem. Frust! Und wenn man dann dem Taxifahrer nach den ersten Kommunikationsversuchen eine Karte vor die Nase führt, geht so der eine oder andere innerliche Aufschrei durch die Seele, wenn der Taxifahrer die Karte erst dreimal hin und her dreht und sie kopfüber lesen will! Arrgggghhhh!

Ein mobiles kulturelles Abenteuer.

Verstehen Sie uns nicht falsch. Das ist ja alles nicht böse gemeint! Viele Taxifahrer geben sich ja echt Mühe und versuchen einen ja zu verstehen. Und viele lachen über sich selbst, wenn sie einen eine halbe Stunde durch die falsche Ecke des riesigen Business-Development-Districts am Stadtrand gurkten. Das ist dann zu herzig, als dass man sie freundlich darauf hinweisen könnte, dass sie die ganze Zeit das Taxameter großzügig haben laufen lassen und nun zu aller Schande das Doppelte abkassieren. Sie geben sich wirklich Mühe, das muss man schon sagen. Aber sie fragen einfach nicht nach, wenn sie etwas nicht verstanden haben! Sie tun eine Sache einfach, wie sie es sich denken. Und das geht oft schief. Vorstellungen und Konzepte klaffen einfach so weit auseinander, dass die Interaktion manchmal wirklich zur Zerreißprobe der eigenen Nerven wird. Das ist hart. Man hat dann das Gefühl, dass unser Denken soviel gemeinsam hat wie der Mannheimer Hafen mit Urlaubstimmung! Damit Sie das ein wenig besser nachvollziehen können, hier noch ein Dialog aus Martins Reisetagebuch:

Hintergrund: Wir wohnten in der Nähe eines Supermarktes und oft war das einzige Hotel in der Nähe unser Rettungsanker...

Martin kommt nachts mit einem Taxi aus der Diskothek und kann sich, da manche Orientierung gebende Lichter bereits abgeschalten sind, nicht an den Weg erinnern. Nach einiger Zeit nervigen Suchens, kommen sie an dem Hotel vorbei und Martin beschließt auszusteigen und nach dem Weg zu fragen. Der Fahrer denkt natürlich, den „Touristen" ans Ziel gebracht zu haben und will sein Geld. Nein bloß nicht, dann ist der auch noch weg und ich steh hier ganz alleine in der Pampa, denkt sich Martin. Er deutet dem Fahrer, dass er mit reinkommen soll.

Zielstrebig geht Martin schnellen Schrittes zur Empfangsdame, der Fahrer trottet ungläubig hinterher. Nach den ersten Verständigungsversuchen wird der Chef geweckt. Er versteht angeblich Englisch. - Der Chef ist da, das mit dem „Englisch verstehen" war mal wieder übertrieben. Hier sagt man anscheinend, dass jemand Englisch kann, wenn er mal zwei Lektionen im Lehrbuch überflogen hat. Folgender Dialog entsteht:

Martin: „Where is the Supermarket?

Portier: „It´s 4 in the morning"

Martin: „I know, where is the Supermarket?"

Portier: „It is closed"

Martin mit inzwischen hochrotem Kopf: I live there!

Portier: „You live in the Supermarket?"

Martin, der den Kardinalfehler der Verständigung macht und eine Satzkonstruktion mit mehr als 5 Wörtern benutzt: „No. I live in an apartment building **close** to the supermarket."

Portier: „Yes, the supermarket is closed."

Irgendwie schaffte es Martin letztendlich doch noch sich durchzusetzen und den Hotelmenschen dazu zu bringen, dem Taxifahrer den Weg zum Supermarkt zu erklären. Von dort aus konnte Martin nach Hause laufen. Das ist gerade nochmal gut gegangen! Irgendwann ist es wirklich nicht mehr lustig, nachts durch gleich aussehende Häusermeere zu irren und seine Wohnung nicht mehr zu finden! Im besagten Hotel fragt man sich dagegen wohl noch heute, warum es so bekloppte Europäer gibt, die lieber im Supermarkt schlafen, statt in Ihrem Laden einzuchecken.

Sicherheit. Sicherheit?

Haben wir diesen Begriff nicht schon einmal gehört? Mit Sicherheit nicht in China und schon gar nicht in einem Taxi. Airbags sind in keinem Taxi vorhanden und Sicherheitsgurte sind rar gesät. Stephan hat einmal per Zufall ein Taxi erwischt, welches ein Sicherheitsgurt auf dem Beifahrersitz hatte. Vorbildlich schnallte er sich an. Daraufhin starrte der Taxifahrer ihn entsetzt an, kramte aus dem Handschuhfach seinen Führerschein heraus und wedelte damit vor Stephans Nase. Ok, ein eindeutiger Fall. Hier war jemand enorm wütend darüber, dass man an seinen Fahrkünsten zweifelt. Also wieder abgeschnallt.

Wir bringen sie und ihre Ware direkt ins Büro!

Ein Hauch von Sicherheit ist übrigens schon vorhanden, wenn das Taxi nicht beim ersten Windhauch auseinanderfällt. Lachen Sie nicht! So selbstverständlich ist das nicht. Stephan fuhr eines Morgens mit dem Taxi zur Arbeit und lehnte sich mit dem Ellenbogen während der Fahrt an das Fester. Schwupp öffnete sich die Tür, Stephan verlor das Gleichgewicht und hing plötzlich ein paar Zentimeter über dem Asphalt. Hätte der Taxifahrer nicht so schnell reagiert und Stephan noch am Kragen erwischt… nun ja, ein Facelifting wäre nichts dagegen.

Der Fahrstil: Nichts für schwache Nerven.

Sollten Sie bisher gedacht haben, dass ihr Partner einen eigenwilligen Fahrstil hat, so dürfte China echt interessant für Sie werden. Schon mal bei 35km/h im 5. Gang gefahren? Oder mit abgefahrenen Reifen bei Regen immer noch so durch die Straßen brettern, dass man meinen könnte, die Großmutter liegt im Kofferraum im sterben. In Summe erinnert das gesamte Verkehrstreiben sehr an Italien. Vielleicht ist es hier sogar noch einen Zacken chaotischer: Während der eine mit 40km/h über die Autobahn schleicht, so kann es gut sein, dass der nächstbeste Taxifahrer mit genau derselben Geschwindigkeit in der Innenstadt über einen Radweg brettert. Wir haben das nicht selten erlebt: Ampel rot oder die ersten Anzeichen eines Staus? Blinker raus und rauf auf den Radweg. Am besten immer noch fleißig hupen, wenn man haarscharf an den Radfahrern vorbei rauscht. Schließlich haben Radler ja auch nichts auf dem Radweg verloren, oder?

Zum Schutze der Gesundheit sollten nicht immer alle Schilder beachtet werden

Die Kommunikation: Gewöhnungsbedürftig.

Chinesische Taxifahrer texten einen gerne während der Autofahrt zu. Sie reden und reden und wir sitzen einfach nur da und nicken alle paar Sekunden freundlich. Da freuen sie sich und meinen man versteht sie. Wenn man kurz vor Ende der Taxifahrt dann auf Chinesisch sagt: „Bu ming bai" (Ich verstehe gar nichts), so flippen sie total aus und sind happy. Hach, wie schön ist es, Menschen ein Lächeln aufs Gesicht zu zaubern!

Aber wie ist es eigentlich mit der Verständigung, wenn man sein Ziel angeben möchte? Sprechen die Taxifahrer nun Englisch oder nicht? In den Monaten, die Martin in Peking verbracht hat, hat er zweimal die Begegnung mit einem mystischen Fabelwesen gemacht: Dem englisch sprechenden Taxifahrer. Freudig erregt fragte er dann jedoch genauer nach (die Phrasen klangen doch sehr auswendig gelernt): „Oh, where did you learn English?", Antwort: „Häähhh-le??" Neuer Versuch: „Wheeerree-did-yoouuu-läorn-Englischhh?" Anwort: „Hähhhh-le??". Aufgabe. Wichtig ist deshalb, dass man den Namen des gewünschten Zielortes perfekt ausspricht – in Chinesisch! Ein Trick: Die meisten Orte muss man nur so aussprechen, als ob man eine verschnupfte Nase und den Mund voll hat. Oh welch Wunder, man wird plötzlich verstanden!

Wir schlussfolgern: Das proklamierte Ziel, dass bis zu den olympischen Spielen der Großteil der Taxifahrer Englisch lernen soll ist eine Mission Impossible! Doch irgendwie können wir die armen Kerle auch verstehen: Was würde wohl ein Münchner Taxifahrer anderes machen, wenn ein Chinese mit ausländischen Schriftzeichen ankommen würde? Eben!

Unser Fazit: Taxifahren ist in hier eine Kunst.

Taxifahren will in China gelernt sein. Es ist eine Geduldsprobe für schwache westliche Nerven und bietet die Gelegenheit sich in Kulturkompetenz zu üben. Wir geben zu, das ist nicht immer einfach. Einmal hatten wir es sehr eilig. Wir sprangen ins nächste Taxi, das am Straßenrand hielt und freuten uns, diesmal nicht lange warten. Oft muss man nämlich den Fahrer erst überreden, dass er einen selbst für drei Kilometer mitnimmt. Für viele Taxifahrer ist das nicht weit genug und sie warten lieber auf den nächsten Gast, um mehr Kohle zu verdienen. Jedenfalls saßen wir im Taxi und was macht der Kerl? Steigt erstmal wieder aus, geht zum Kofferraum, holt sein Putzzeug heraus und fängt erstmal an, gemächlich seine Scheiben zu putzen. Wir dachten, der hatte ne Scheibe locker, wurden nervös, klopften wild auf unsere Uhr, dass wir einen wichtigen Termin hatten. Keine Reaktion. Zeit hat hier halt eine andere Bedeutung. Seufz!

Ein anderes Mal war Martin mit seiner Freundin unterwegs und sie wollten vom Apartment in die Innenstadt. Sie kannten inzwischen den Weg und wunderten sich sehr, als die Taxifahrerin bereits nach einer Minute in die falsche Richtung abbog und dann verunsichert auf Nebenstrassen herumirrte. Sie kannte nicht einmal den Weg ins Zentrum! „Wenn die Odyssee schon nach einem Kilometer beginnt, kommen wir nie an!" dachten sich die beiden und nutzten die nächste rote Ampel um aus dem Taxi zu flüchten (nachdem die Fahrerin im verzweifelten Versuch, ihr Gesicht zu waren, sich weigerte anzuhalten). Keine feine Art, aber was hätten Sie an unserer Stelle gemacht?

Schlaubi's Erlebnisse mit der Polizei:

Es gibt in China kleine VW Santana Autos mit so tollen Blinklichtern auf dem Dach. Dieses ist keine billige IKEA Weihnachtsbeleuchtung um „Fast and the Furious" nachzuahmen, sondern ein Anzeichen dafür, dass es sich hierbei um ein Polizeiauto handelt. Viele Chinesen scheint das nicht zu sehr zu verunsichern: Während wir Deutschen beim kleinsten Anzeichen von Polizei im Rückspiegel wieder so fahren, als ob der Fahrlehrer neben einem sitzt, so regen sich die chinesischen Taxifahrer auf, dass die Polizei Richtgeschwindigkeit fährt! Und was macht man dann in solche einem Fall? Man fährt einfach mit 70-80km (50 erlaubt!) in den Gegenverkehr hinein und überholt die Polizei. Im Nachhinein haben wir gehört, dass es den Polizisten wohl nicht erlaubt ist, in den fahrenden Verkehr einzugreifen. Logisch, denn so oft fährt der ja nicht! Also: Wenn Sie Ärger vermuten, bloß nicht anhalten und hoffen dass Ihr Verfolger einen kleineren Tank hat!

Das Polizisten hier nicht den selben Respektstatus haben wie in Deutschland zeigt ein anderes Beispiel: Martin fuhr im Taxi durch Nanjiing. Vor ihm fuhr ein Polizeiwagen. Natürlich nutzte der Fahrer die Chance, ebenso wie die Polizei vor uns noch schnell bei Rot über die Ampel zu jagen, um dann den Polizeiwagen kurz später wild anzuhupen. Der Grund: Zu langsam! Als wir dann riskant überholten, offenbarte sich Martin der Grund der Langsamkeit: Am Steuer saß eine Politesse, die gemütlich telefonierte!

Zu Fuß
Warum rückwärtslaufende Chinesen oft in Gullis fallen

Wenn Sie zu Fuß unterwegs sind, so sind Sie meistens auf der sicheren Seite. Jedoch kann auch normales Laufen gefährlich werden. Eine interessante Frage in dem Zusammenhang tut sich auf, wenn Sie sich wundern sollten, weshalb des Öfteren Gullideckel auf den Gehwegen fehlen. Was machen arme Chinesen in China wenn Sie Geld brauchen? Richtig, DVDs verkaufen, „Ladymassage" oder eben mal schnell ein paar Gullideckel klauen. In einem Land, das wohl mehr Rohstoffe braucht wie Hitler zu seiner Zeit Kruppstahl, gewinnt dieses Metall zunehmend an Wert. Deshalb klaut man einfach ein paar dieser wertvollen Abdeckungen, verscherbelt sie irgendwo und deckt das Loch mit ein paar Brettern ab, wenn überhaupt. Gefährlich wird es dann besonders, wenn sie im Dunkeln unterwegs sind oder rückwärts laufen. Das kommt in China des Öfteren vor: Viele Chinesen laufen rückwärts, vor allem die ältere Generation (die hat wohl auch in China mehr Zeit), um ihre mentalen Fähigkeiten zu stärken. Man hat eigentlich keine Ahnung wo man hingeht und muss sich auf die anderen Sinne und seine Erinnerung verlassen.

Übrigens, wenn Chinesen mal nicht laufen, so haben sie auch ein Faible dafür, einfach irgendwo sinnlos rumzustehen. Vor allem an strategisch ungünstigen Stellen. Wann ist der beste Zeitpunkt morgens seinen Tagesablauf zu planen? Richtig, am Ausgang eines Aufzuges. Wann überlegen sich die Hausfrauen ihre Einkaufsliste? Richtig, am Ende der Rolltreppe.

Sollten Sie in Peking mal die Lust verspüren auf eine ganz komische Art und Weise zu laufen, so sollten Sie sich den Begriff **„HASH Lauf"** zu Herzen nehmen. Für alle, die jetzt meinen, da rennen bestimmt ein paar zugekiffte Chinesen nackt durch die Stadt, Joint im Mund und mit großen Pupillen, die liegen gehörig falsch. Nein! Da rennen dann ca. 100 Menschen aus aller Welt z.B. in roten Kleidern (gleich ob Mann oder Frau) oder als 2er-Paar mit zusammengebundenen Beinen verstört durch die Gegend und haben gehörig Spaß. Der HASH-Lauf hat in Peking schon fast einen Kultstatus erreicht und wurde vor einigen Jahren von irgendwelchen Leuten, die einen gehörigen Schaden hatten, eingeführt. Die HASH-Community bezeichnet sich selbst als **„The drinking club with a running problem"**, was eigentlich schon alles sagt.

Jedes Wochenende gibt es einen neuen HASH-Lauf unter einem Motto. Einmal gab es den William Shakespeare Gedächtnislauf. Dort trugen die Leute dann verrückte Perücken oder ausgeflippte Kleidung und liefen/rannten einen markierten Parcours. Das wichtigste an einem HASH-Lauf ist natürlich der Alkohol. Der läuft genauso häufig und stark wie die Teilnehmer. Wenn man nicht passend gekleidet zum jeweiligen Motto des HASH-Laufes erscheint, so muss man trinken. Richtig viel. Zudem gibt es auf der Strecke verteilt noch massig „Beer-Stopps" (ähnlich dem Boxenstopp bei der Formel 1). Das harte Reglement trägt übrigens noch dazu bei, dass man nicht nüchtern das Ziel erreicht. Trägt ein Läufer ein neues paar Schuhe, so muss er z.B. als Strafe trinken. Das wissen vorher auch nur die Wenigsten. Die Strecke beträgt ca. 8-10 Kilometer und angesichts der schlangenförmigen Bewegungen die man nach einer gewissen Zeit automatisch durchführt, dürfte die Strecke um einiges länger ausfallen. Stephan hat übrigens am „Big Ears Hash Lauf" mitgemacht. Dort liefen die Leute dann alle mit großen Plastikohren durch die Gegend. Wenn jemand in Deutschland Stephan zufällig einmal im Fernsehen gesehen hat, wie er mit irgendwelchen riesigen Plastikohren am Kopf am Tian'anmen Platz vorbei rannte, dann wissen Sie nun warum. (Link: www.hash.cn)

Peking bei Nacht
Blick auf die beleuchtete Skyline von SOHO

Schilderwahnsinn China

Ein kleiner Exkurs in eine faszinierende Welt

Nix darf man in diesem Land

Kapitel 4

(Über-)leben im Alltag
Man gewöhnt sich mit der Zeit an alles

Sprach- & Orientierungsprobleme
Wenn man nicht einmal mehr Bahnhof versteht

China ist ein Land, in dem sie nicht mal mehr Bahnhof verstehen werden. Es sei denn, sie kennen das Wort 車站? Nein? Prima, dann geht es Ihnen nicht anders als uns zu Beginn unseres Aufenthaltes.

Es war bei uns immer eine der ersten Fragen nach unserer Rückkehr: Sprichst du jetzt Chinesisch? - Hast du dich verständigen können? Antwort: Nein! Nein! Und nochmals – NEIN! Wir haben es ja versucht, doch die Sprache ist wirklich schwer und so fundamental anders als die unsrige. Das erklärt auch, warum es umgedreht ähnlich ist und recht viele Anekdoten bei uns vorkommen, die sich um dieses Thema drehen. Was für uns teilweise lustig war, kann jedoch ernste Folgen haben: So haben laut einer Erhebung der zivilen Luftfahrtbehörde (CAAC) in China mehr als 90 Prozent der chinesischen Piloten Englischkenntnisse, die nicht internationalen Luftfahrtstandards genügen. So verwundert uns auch nicht die Tatsache, dass im Jahr 1993 eine Maschine des amerikanischen Typs MD-80 im Nordwesten Chinas abgestürzt ist, obwohl ein automatisches Bodennähe-Warnsystem eingebaut war. Die Blackbox zeichnete die letzten Worte der chinesischen Piloten auf: „What does >pull up< mean?" (pull up = hochziehen)

Gut, das war jetzt natürlich ein krasses Beispiel. Fakt ist jedoch, dass Sie auf große Sprachbarrieren treffen werden. Dem möchten wir ein wenig entgegenwirken. Wir bieten hier keine Einführung in Chinesisch. Vielmehr versuchten wir die Wörter und Phrasen zu durchdringen, die man in keinem chinesischen Buch findet, aber doch recht häufig hört.

Abgesehen von dem typischen „Ni Hao", welches „Hallo" bedeutet, sollten sie unbedingt auf den Ausdruck „gang gang" achten. Das ist übrigens nicht dasselbe wie „Gang bang", falls sie gerade daran denken. „**Gang gang**" bedeutet in der chinesischen Umgangssprache (zumindest in Peking) so viel wie unser deutsches „geil" oder „verrückt". „Gang gang" kann man immer rufen. Zum Beispiel wenn man abends mit dem Fahrrad über eine rote Ampel fährt und dabei von einem knatternden Moped samt drei Beifahrern fast überfahren wird, so ist das „gang gang". Wenn man auf einer fünfspurigen Autobahn plötzlich Leute joggen sieht, dann ist das auch ziemlich „gang gang". Und wenn 20 Taxifahrer in der Nacht mitten auf der Schnellstraße ihre Klappstühle aufstellen und zum grillen anfangen (!), so ist das natürlich auch „gang gang"!

Besonders oft werden sie zudem die Worte „**Chegga**" und „**Nigga**" hören. Gut, auch in Deutschland gibt es sehr viele „Checka". Das sind diejenigen mit den getunten Autos und dem manchmal tiefergelegten IQ-Level. „Chegga" in China hat jedoch die Bedeutung von „diesem; jenem; das dort". Wenn sie im Supermarkt an der Theke stehen oder im Restaurant die Speisekarte in der Hand halten, so wird der Begriff „Chegga" für sie lebensnotwendig werden. So bekommen Sie in den meisten Fällen das was Sie wollten und auch Taxifahrern können sie mit diesem Wort die Richtung anzeigen. Häufig werden sie auch die Laute „nigga" vernehmen. Falls sie nach kurzem Aufenthalt in China anfangen zu denken, dass sie sich in einem Land mit 1,3 Milliarden Rassisten befinden, so liegen sie gehörig falsch. „Nigga" bedeutet in China so viel wie das deutsche „Ääääähhhhh….". Sollten sie einmal gehörig auf der Leitung stehen und absolut gar nichts mehr peilen, so kratzen sie sich am Kopf und sagen „nigga nigga". Sie werden für einen einheimischen Chinesen gehalten. Auch wenn ihnen in einem Meeting oder Präsentation der rote Faden verloren geht, ist es ein perfekter Moment für ein „nigga".

Ein ganz wichtiges Wort ist noch „**bu**". Damit kann man nicht nur Kinder erschrecken, sondern man kann diese zwei Buchstaben vor nahezu jedes beliebige Wort setzen und die Bedeutung damit verneinen. Die Phrase „ming bai" heißt so viel wie „ich verstehe Sie". Ein „bu ming bai" bedeutet dann das Gegenteil: „ich verstehe gar nichts" / „ich hab keinen Plan" / „??????". Glauben Sie uns, diese Phrase werden Sie in China sehr häufig hören. Wenn „Hao" soviel wie „gut" bedeutet, so steht „Bu Hao" für „schlecht". Allerdings ist der Bu-Mann nicht die chinesische Bezeichnung für Frau. Sprache ist manchmal echt kompliziert!

Schlaubi's Sprachschule:

Weil es im Chinesischen sehr viele gleich klingende Wörter gibt, werden die Worte mit eigenen Schriftzeichen codiert, um sie voneinander zu unterscheiden. Beim Sprechen unterscheidet man dafür 4 verschiedene Töne, (im Mandarin, im Kantonesischen gibt es wohl noch mehr): Je nach der Tonlage hat ein Wort einen anderen Sinn. Das Wort "ma" bedeutet im neutralen Ton "Mutter", im steigenden Ton "Hanf", im sinkenden Ton "fluchen oder auch „Ärger", und im sinkenden und dann wieder steigenden Ton "Pferd". Begrüßen Sie also Ihre Schwieger ma ma, nicht als Pferd, sonst gibt das Ärger! Bei den Vätern ist das ganz ähnlich: „Vater" (="ba") kann auch „acht" (ba), „Zielscheibe" (ba) oder Apfel (ba). heißen. Nun würden sich die Eidgenossen unter Ihnen freuen, denn so könnten Sie die Legende von Willhelm Tell in wenigen Worten erzählen: „Tell schießt auf die ba, und trifft ba auf dem Kopf von ba, ba, ba, ba..."

Die Essenz eines Kulturschocks

Wenn um einem herum eine Glasmauer ist

Wenn man in ein anderes Land kommt, so herrscht erstmals ein Gefühl der Aufregung und Freude vor: Man freut sich über die Verschiedenheit der Leute, die neuen Eindrücke, Farben, Gerüche. In diesem Fall allerdings verflüchtet sich aber schnell die Neugier und macht Platz für ein Gefühl der Fremdheit.

In China ist tatsächlich einiges anders: Leute trinken den ganzen Tag eine naturtrübe Grünteebrühe, essen Seepferd-am-Spieß und telefonieren mit einer Lautstärke von 140db (die Schmerzgrenze liegt bei 130db) – während sie im Durchschnitt 8,6-mal in der Minute hupen. All das kann einem schnell mal zuviel werden und man zieht sich zurück. Es gibt auch Auswege, sich aus diesem Delirium zu retten: Der verschreckte Europäer fährt einfach eine Stunde zum westlichen Supermarkt, kauft sich eine Kaffeemaschine oder besorgt sich robuste Ohrstöpsel. Die optionale Zusatzausrüstung für den gemeinen Chinatouristen bestehen außerdem in Schutzbrille und Gummistiefeln – es ist zwar beeindruckend mit welcher Virtuosität die Chinesen durch die Menschenmassen hindurchspuckend den Asphalt noch treffen, doch als Unsicherheits-Vermeidender Deutscher schreckt man jedes mal zusammen, wenn jemand gut hörbar seine Gallenblase hochzieht und mit 200 km/h an einem vorbeispuckt.

Martin berichtet:

*„Das alles kann man ja noch ertragen, substituieren - und der Mensch kommt ja einige Zeit ohne Nahrung aus. Nein, weder der knurrende Magen noch die Lärmkulisse lösten meine Frustration aus, es war die riesige **Glashülle**, die ich um mich spürte: Ich meine, ich bin wirklich Fremdsprachen gegenüber aufgeschlossen (wenn auch unterdurchschnittlich begabt) und habe schon ein paar Chinesischlektionen hinter mir aber es hilft alles nix.“*

Martin hat 5 Stadien seiner Kommunikationsversuche identifiziert:

PHASE 1: Gespannte Aufregung

Ich bin **hoch motiviert**, chinesisch zu lernen! Wenn jeder Chinese schließlich Englisch in der Schule lernen muss (so meine Information), will ich Respekt zeigen und nehme mir 100 Schriftzeichen und 20 Sätze vor, die ich lernen möchte. Mit meinem Sprachführer im Gepäck ziehe ich los...

PHASE 2: Spannungen

Ich frage etwas auf Chinesisch, werde aber nur **schief angeschaut**. Okay, das kam nicht an. Also Plan B: Ich frage in Englisch, bekomme dann aber ne Antwort in chinesisch. Verloren. Nächster Versuch: "Ing-weng?" frage ich - "English"? - Antwort "ケ*ｺ#廾%セチタ". Uff.

PHASE 3: Einzug in ein Glashaus voll Taubheit

Ich frage und frage - gebe mir dabei die größte Mühe, blättere in der Sprachsektion meines Reiseführers, reformuliere. Aber es hilft nichts: "I can get **no communication**" schwirrt mir im Kopf herum. Nach ein paar Tagen wird das frustrierend, denn man ist komplett auf sich selbst gestellt: Man kann niemanden nach dem Weg fragen, weiß nicht, was man im Restaurant bestellt und kann nicht mal diese verdammten Karten lesen - weil alles in Schriftzeichen ist.

PHASE 4: Resignation

Zum Schluss **resigniere** ich, und nehme meinen Reiseführer, der -Gott (den es hier nicht gibt) sei Dank- wichtige Fragen in Schriftzeichen hat und zeige einfach auf die Schriftzeichen und Ortsbeschreibungen Ich zeige auf die Fragen (Schriftzeichen) im Reiseführer und lasse mir die Antworten (Arabische Zahlen) **aufschreiben**: Wann fährt der Zug ab? Wie lange dauert es? Was kostet´s?)

PHASE 5: Rückzug

Dies wäre sicher der nächste Schritt, den viele Expats so erfahren haben: Ich würde wohl zu Hause bleiben, mich vor mein Skype hängen und endlich mal mit Menschen reden, die einen verstehen. **Die letzte Rettung** wäre dann das Webradio: Einfach einen deutschen Radiosender suchen und von früh bis spät dudeln lassen...

Studentenrabatt

Noch eine traurige aber wahre Geschichte:

Martin zeigt seine Studentenkarte und fragt: „discount?"

Verkäuferin: schüttelt mit dem Kopf

Martin denkt: Heißt das nun „nein"? Oder „nicht verstanden"?

Martin bleibt hartnäckig und zeigt ihr weiter eifrig seine ISIC-Karte. (Internationaler Studentenausweis)

Verkäuferin: nimmt schließlich meine ISIC-Karte und zieht sie durch das Lesegerät für Kreditkarten!

Martin: schreit innerlich laut auf, resigniert und zahlt den vollen Preis - in bar.

 **„Was haben wir eigentlich gemeinsam?"**
Diese Frage stellte einst Claudia Ihrem Freund Martin. Sie wollte aber damit nicht ihre Beziehung in Frage stellen sondern wissen, welches die Gemeinsamkeiten zwischen der deutschen und der chinesischen Kultur seien. Martins spontane Antwort war: „Wir leben auf derselben Erde". Nach diesem Spruch, der eigentlich ein Witz sein sollte, folgte langes, nachdenkliches Schweigen. Denn wir fanden tatsächlich keine andere Antwort. Uns wurde plötzlich klar dass man immer nur von den Unterschieden redet. Der Neo-Chinese orientiert sich zwar gern nach westlichem Idol, und der wellness-bewusste Westler ist sehr aufnahmefähig was asiatische Trends und Einflüsse anbelangt. Aber tief im Inneren, gibt es etwas das unsere Kulturen teilen? Welche Parallelen gibt es? Kann uns jemand bei der Debatte helfen?

Wenn man sich weder verständigen, noch orientieren kann,
wird es nervlich schon mal sehr dünn...

Im Supermarkt
Tierhandlung und Massagesalon in einem

Chinesische Supermärkte sind die Quintessenz der Kultur des 21. Jahrhunderts, der Schmelztiegel von westlichen Produkten und östlichem Geld. Ein Ort, an dem sich getrocknete Schweineohren in derselben Reihe wie Chips finden lassen. Ein zentraler Treffpunkt derjenigen, die ein paar Euro in der Tasche haben und diese gegen sonderbare Konsumgüter tauschen. Deswegen nehmen wir Sie mit auf eine Tour durch unseren Lieblings-Supermarkt. Schließen Sie die Augen (ach nein, dann können Sie ja nicht mehr Lesen) – äh (oder besser „nigga"). Wie auch immer, stellen Sie sich unseren Rundgang doch bitte sehr bildlich vor. Sie sparen Bares – sofern sie eben noch Hunger hatten.

Willkommen in einem stinknormalen Supermarkt, wie sie ihn wohl an jeder Ecke in einer chinesischen Großstadt finden können. In unserer industriellen Wohngegend in Peking gibt es einen „Merry Mart", welcher von der chinesischen Bevölkerung jedoch schlichtweg „Meylemey" ausgesprochen wird, was jedoch auch erklärt, weshalb uns niemals ein Taxifahrer an das richtige Ziel brachte, wenn wir zum Supermarkt wollten.

Das erste Problem bei chinesischen Supermärkten sind die Eingänge: Entweder sind sie zugestellt mit Imbissbuden, oder DVD-Verkäufer sitzen strategisch günstig als Stolperfalle auf dem Boden. Die Sicherheitsleute am Eingang interessiert das nicht. Diese reden entweder mit den Verkäuferinnen, spielen Karten, schubsen sich gegenseitig hin und her oder sind gar nicht erst anwesend. Mittlerweile glauben wir, dass es sich bei diesem Wachpersonal schlichtweg um Dekoration oder Türstopper handeln muss.

Was braucht man eigentlich, wenn man in einen typischen Supermarkt geht? Anti-Durchfallmittel gegen Magenverstimmung? Alkohol um sich nach einer stressigen (und nervenkostenden) Arbeitswoche den benötigten Abschuss zu garantieren? Sie wollen selbst kochen und suchen Fleisch? Das ist super! Vorausgesetzt sie sind ein Sadist oder hatten schon lange keine Magenbeschwerden mehr. Die **Fleischabteilung** im „Meylemey" sollte man meiden, weil irgendwie nichts mehr nach Wurst aussieht. Alles wirkt blutig und es sieht eher nach einem Schlachtfeld aus, auf welchem der Metzger seine angestaute Wut und eine schwere Kindheit sichtbar herausgelassen hat. Selbst bei 40°C Außentemperatur im Hochsommer liegt hier das Fleisch nahezu ungekühlt auf der Theke. Handschuhe oder irgendwelche sterile Gegenstände zum Greifen des Fleisches benützen die Verkäufer natürlich nicht. Martin ordert etwas Hühnchen und beim Verpacken kratzt sich der Verkäufer erst einmal am Hintern (lecker) und packt dann das Fleisch in eine Plastiktüte ein. Jedoch kann man dann auch hier nur hoffen, dass man den chinesischen Namen für Hühnchen richtig ausgesprochen hat. Etwas größere Supermärkte bieten hier Abhilfe und haben die Schildchen ins Englische übersetzt. Das heißt, sie haben es jedenfalls versucht: So wird aus einem Hühnchen in China eben schnell mal ein „unfucked cock", sprich ein ungevögelter Gockel, oder ein „Virgin chicken" – ein jungfräulicher Vogel.

Chinesische Evolutionstheorie: Stammt der Chinese doch vom Fisch ab?

Fleisch wurde somit recht schnell von unserer Einkaufsliste gestrichen. Also gehen wir weiter zur **Fischabteilung**. Diese macht den Eindruck als sei man im „Sea Life" Aquarium, nur dass die Exponate hier eben gegessen werden können und nicht nur angeschaut. Hier muss man sich immerhin keine Sorgen machen, ob die Ware frisch ist: Aale tummeln sich nebst Muscheln, Seesterne kleben an der Scheibe und Krebse poppen miteinander. Die Fische schwimmen putzmunter in Aquarien und schauen einen mit ihren Glubschaugen verdutzt an. Hat man genug von dem Geglotze, so kann man es dem ollen Fisch heimzahlen und zeigt mit dem Finger auf ihn. Der Verkäufer holt ihn heraus und klatscht ihn ein paar Mal auf die Theke und es hat sich ausgeblubbt. Sollte der Fisch nun immer noch zappeln, gibt es noch einen Schlag mit der Faust in die Kiemen. Nach ein paar Minuten hat es sich für den Fisch dann endgültig ausgeglotzt und man hat ihn in filetierter Weise vorliegen.

In der **Eierabteilung** des Meylemey würde sich jeder Osterhase auf Anhieb wohlfühlen. Eier gibt es hier in allen erdenklichen Farben, Formen und Größen. Es gibt Eier mit einer bläulichen Farbe oder Eier, welche zwar total gammlig aussehen, aber in China eine Delikatesse sind. Hierbei handelt es sich um 1000-jährige Eier. Diese sind jedoch nicht seit der Ming-Dynastie abgelaufen, sondern wurden vorab in Tee eingelegt und haben somit die etwas gewöhnungsbedürftige alte Farbe erhalten.

Hinter der Eiertheke wartet dann ein ganz spezielles Erlebnis auf Sie: Die **Gewürzabteilung**. Es müffelt wie auf einem Basar in Turkmenistan und wir wussten bis dato nicht, was man eigentlich alles zu Gewürzen verarbeiten kann. Die Chinesen sind irgendwie ganz verrückt nach allem was man kleingehackt, gemahlen, geschrotet oder sonst wie über das Essen streuen kann. Läuft man auch nur in die Nähe dieser Gewürzecke, so haut einem eine Zimt-Thymian-Oregano-Geruchswand förmlich aus den Socken. Ungelogen. Dieses Aroma würde sogar ein Murmeltier aus dem Winterschlaf wecken!

Weiter auf unserer kleinen Supermarkt-Tour geht es mit der **Getränkeabteilung**. Auch hier warten wieder ungezählte kleine Wunder auf den Besucher. Auf der Mineralwasserflasche der Marke „Nongfu Spring" ist ein schwebender Astronaut im Weltall abgebildet, der eine Wasserflasche in der Hand hält. Liebe Damen und Herren, sagen sie uns wie sie hier auf den Rückschluss kommen werden, dass die Chinesen in der Raumfahrt noch nicht so viel Wissen haben? Sie müssen nicht bei der NASA arbeiten, um zu merken, dass man so im Weltraum definitiv nicht trinken

Die neue Handtaschen Herren-kollektion ist eingetroffen

kann. Beim Bierregal kratzt man sich dann wieder den Kopf. Uns ist etwas sehr Faszinierendes aufgefallen: Für die 0,35Liter Flasche Tsingtao Bier zahlt man 3,2 RMB (32 Cent) und für die 0,75 Liter Flasche zahlt man 3,6 RMB (36 Cent). Ist das höhere mathematische Logik? Man bezahlt einen ca. 10% höheren Preis, bekommt aber über 100% mehr Inhalt? Bekommt man in China, wenn man 10% Aufpreis zahlt, auch gleich zwei Audi A8 anstelle von einem? Oder kann man sich in China gar zwei Ehefrauen gönnen, wenn der Chef 10% mehr Gehalt zahlt? Fragen über Fragen. Trotzdem kaufen 80% der Chinesen lieber die kleine Bierflasche, dafür aber dann die doppelte Menge. Das ist mal tierisch „gang gang" – zumindest für die Brauerei.

Aber die Dimensionen der Einkaufsartikel waren gewöhnungs-bedürftig. 1,5m große Hausfrauen kommen einem bereits im Eingangsbereich mit Säcken entgegen? Moment mal, Säcken? Reis kauft man in China am besten gleich in 20 Kilo Portionen. Das reicht ein paar Tage. Die typische Sojasoße gibt es in 5-Liter Pullen und getrocknete Schweinehaut gibt es in Familienpa-ckungen gleich neben dem Chips-Regal. Süßigkeiten gibt es natürlich auch en masse. Hierbei braucht man sich übrigens nicht zu wundern, dass man in China so allerlei vom Schwein und Rind als kleinen Snack für zwischendurch zum Knabbern kaufen kann. Ob Schweineöhrchen, Shrimps-Chips oder Haut-fetzen spielt keine Rolle. Solange sie getrocknet sind und etwas Zucker oder Salz drauf ist eignet sich fast alles als Knabberei.

Nur Gummibärchen sucht man vergeblich. Ein chinesischer Freund sagte einst, dass dieses durchsichtige Geglibbere in seinen Augen total eklig sei.

Hat man in dem Gewühl all dieser Skurrilitäten endlich ein paar (augenscheinlich) essbare Dinge gefunden, so geht es an die letzte Hürde: die **Kasse**. Hier kann man sich entweder ganz förmlich am Ende der Schlage einreihen. Dieses Ende kann sich zur Rushhour auch schon mal 50m entfernt von der Kasse an der Brottheke befinden. Oder man macht es auf dem chinesischen Weg und drängelt sich einfach kurz vor. Zielstrebig zu den Kaugummis laufen, einen rausnehmen und fachkundig anschauen. Diesen dann wieder zurücklegen und sich dann einfach gleich an Ort und Stelle in die Reihe schieben. So hat es zumindest auch die 80jährige Oma gemacht, als wir nach 30 Minuten anstehen endlich an der Kassiererin angelangt waren.

Nach 2 Stunden einkaufen haben wir endlich etwas Brauchbares gefunden! Es hilft gegen nervliche Beschwerden aller Art.

In einem Supermarkt kann man natürlich wahnsinnig viel kaufen, jedoch gibt es meist eine natürliche Grenze, welche zwischen 10 und 20 Euro liegt. Dann haben Sie bereits so viel eingekauft, dass sie schlichtweg nicht mehr tragen können. Selbst wenn sie einen filetierten Fisch in die Hosentasche stecken, eine der kleinen Plastiktüten in ihren Mund einklemmen und sich in einer nuschelnder Art und Weise wieder ihren Weg nach Hause bahnen. Wenn man für eine 1-Liter Flasche Wasser umgerechnet 15 Cent zahlt, für eine ganze Melone etwas über einen Euro, so wird es ab dem 10. Euro irgendwann richtig schwer. Jedoch spart man sich bei 3x Einkaufen pro Woche jedes Fitnessstudio.

Wenn sie nach dem Einkauf übrigens so richtig schön gestresst sind, so machen sie es auch hier wieder wie die Chinesen. In vielen Supermärkten gibt es Massagesessel zu kaufen. Diese kosten ein Schweinegeld und sind somit unbezahlbar für das Volk. Jedoch spricht doch nichts dagegen, auf den Ausstellungsstücken ein wenig probe zu liegen, oder? Kostenlos natürlich. Das ist nach so viel Abenteuer im Einkaufsdschungel zudem auch so richtig schön entspannend. Entweder sie machen es dann wie der Herr zu ihrer Linken und trinken nebenher genüsslich die gekauften 0,3l Flaschen Bier oder wie die Dame zu ihrer Rechten, lassen sich durchkneten und schlafen einfach – so die nächsten 2-3 Stunden. Einkaufen kann so entspannend sein…

Geld
Dagobert Duck – die reichste Pekingente der Welt

Starten wir mit einer kleinen Faustformel: Die **Faktor-10-Regel**. Diese haben wir sehr schnell kennen und lieben gelernt. Sie spielt mit dem Wechselkurs und der Kaufkraft des Yuan: 1 Euro sind in China ziemlich genau 10 Yuan (RMB). Der gefühlte Wert

Sich fühlen wie Dagobert.

dieser 10 Yuan sind jedoch 10 Euro. Sprich, in China bekommt man für jeden Euro um den Faktor 10 mehr Nutzen! Wenn sie im Supermarkt für 100 Yuan einkaufen, so schleppen sie beim Verlassen so viele Einkaufsgüter mit sich, als ob sie in Deutschland für 100 Euro eingekauft hätten. Und eine gute Nachricht an die Damen: Diese Regel gilt auch in den meisten chinesischen Kleidungsläden. Herzlich Willkommen im Paradies.

Geld ausgeben ist nicht schwer, Geld bekommen dafür sehr. Geldautomaten in China sind widerwillige Zeitgenossen. Zuerst erscheint alles einfach. EC-Karte in den Schlitz stecken, Sprachmenü auf Englisch stellen und alle Fragen mit „jes" (chin. Rechtschreibung!) beantworten. Der Automat rappelt etwas, der eingebaute Kodak-Farbdrucker erzeugt ein paar schöne neue Scheine und spuckt diese anschließend artig aus. Hui, dass war ja einfach! Man nimmt das Bündel, steckt es sich in die Hosenta- sche und haut wieder ab. 20 Minuten später merkt man dann plötzlich, dass die EC-Karte fehlt. SCHOCK! Von wegen Prinzip Geldautomat verstanden. Und genau da liegt das Problem. Uns Deutschen ist inzwischen das Automaten-Beutemuster „Geld ziehen & flüchten" in Fleisch und Blut übergegangen, hier in Chi-

na kommt erst die Koh- le, dann muss man noch einen extra Knopf drücken, um die Karte zu befreien. Das steht dort aber auch nur in Schriftzeichen.

Juhu, der Tintenstrahldrucker funktioniert einwandfrei!

Zudem ist es unheimlich tückisch, wenn man es eilig hat und schnell 200 Yuan abheben will. Mist, Transaktion abge- schlossen und man hat die Faktor-10-Regel nicht bedacht: Man hat wieder ausversehen nur 20 Euro statt 200 Euro abgehoben und zahlt dafür mal eben 5 Euro Gebühr. Grrrr. Das ist Lehrgeld, das schmerzt! Das liegt aber auch daran, dass hier der größte Schein tatsächlich die 100 Yuan Banknote (=10 Euro!) ist. Gut, man muss hierbei natürlich wieder beden- ken, dass gemäß der Faktor 10 Regel, Sie gefühlte 100 Euro in den Händen halten. Hebt man nun an einem Geldautomaten 200 Euro ab, so steht man grinsend am Automaten, wenn sich der Schacht öffnet und ein dickes Bündel an Geldscheinen einen anlacht. Stephan machte einmal den Fehler und bezahlte eine

Flugreise für 3 Kollegen und sich in bar. Mit insgesamt 120 (!!!) 100-RMB-Scheinen rückte er in das Reisebüro an und fühlte sich wie ein italienischer Drogenhändler bei der Geldübergabe. Ein Hauch von Monopoly, wenn man die Schlossallee und die Parkstraße besitzt.

Übrigens, **Geldbeutel** verwendet man in China meist nicht. Wozu hat man schließlich Socken, Hosentaschen, Zigarettenschachteln, Unterwäsche? Taxifahrer stopfen Scheine in Belüftungsschlitze, klemmen sie unter die Handbremse oder hinter die Ohren. Manchmal sitzen sie auch einfach nur auf ihnen. Das Gute daran: Wenn man keinen Geldbeutel besitzt, so kann man ihn auch nicht verlieren.

Wohnen
Fließend Wasser und Strom: Chinesischer Luxus!

„Schaffe, schaffe, Häusle baue…"
Was im Schwabenland die Lebensmaxime des Familienvaters ist, ist in China mit „Schaffe, Schaffe, Hochhaus baue", das Kalkül des Großinvestors. Wir haben ja in Deutschland so unsere Vorstellungen eines typisch „chinesischen" Hauses: Ein paar Lehmbrocken aufeinander gestapelt, ein Wellblech als notdürftiges Dach und ein alter Holzofen heizt das einzige Zimmer auf, in dem drei Generationen der Familie Wang aufeinander leben. Dem ist zwar in einigen Gegenden immer noch so, aber sprechen wir von Megastädten wie Peking und Boomzentren wie Shenzen. Hier brummt der Baubär. Überall schießen Wohnblöcke aus dem Boden. Hochhäuser ragen in den Himmel und stellen das aufstrebende, „moderne" China dar. Nirgendwo wie hier entsteht so viel neuer Wohnraum und werden die Wohnverhältnisse derart schnell umgekrempelt. Witzig dabei ist, dass man beobachten kann, wie hier eine kulturelle Transformation vonstatten geht: Wir wohnten ja in einer sehr modernen Apartmentanlage, in der jeder Bewohner einen Parkplatz, ein WC und eine gut ausgestattete Küche mit Ofen und Kochfeldern hatte. Den-

noch saß jeden Abend eine Horde Chinesen am Straßenrand und grillte gemeinsam Ihre Chinapfanne auf dem Fußboden. Was würden Sie denn machen, wenn Sie Ihr ganzes Leben dicht neben- und aufeinander gewohnt hätten und nun nach 40 Jahren plötzlich Ihr eigenes Reich und erstmals eine wirkliche Privatsphäre hätten?

Wohnghettos auf Neu-Chinesisch

Eine eigene Wohnung ist für viele der jungen Chinesen der Traum Nummer 1, dicht gefolgt von einem eigenen Auto und einem Fernseher mit einer Bildschirmdiagonale von 4,35 Metern. Auf dieses Ziel arbeiten sie hin, denn eine eigene Wohnung symbolisiert den erreichten Status und Wohlstand. Je höher diese Wohnung (Etage) dann liegt, desto besser für das Ego. In den Metropolregionen entstehen „Compounds", welche verschiedene Wohnstilrichtungen der Welt repräsentieren. Eines dieser Compounds ist z.B. das „Chateau Edinburgh". Dort zu wohnen klingt auf den ersten Blick verlockend. Doch Moment, ein französisches Schloss mit schottischem Namen in China? Kann nicht sein. Stimmt! Steht man letztendlich davor, so wirkt auch dieses Wohngebiet wie eine typische neuere Wohnsiedlung: gesichtslose Hochhäuser, spärliche Bäumchen und ein paar französische und englische Stilelemente an der Fassade. Mehr nicht. Kein Hauch von einem Schlösschen. Doch solange ein paar neureiche Chinesen in der Illusion leben können, dass sie eine Wohnung in einem französischen, mittelalterlichen Hochhaus-Schloss besitzen, hat die Werbung ihren Zweck erfüllt.

Und so trägt ein anderes compound in Peking den phantasievollen Namen „Da Xiong Tulip Community": Doch weder im Frühling, noch im Sommer blühten hier Tulpen. Der Name war reines Marketing und sollte dem Wohngebiet einen Hauch von Exklusivität geben. 14-jährige Kindersoldaten standen an den Eingängen des eingezäunten Compounds, wobei sie den ganzen Tag nichts anderes taten als freundlich zu grüßen. Ein wirkliches Sicherheitsgefühl konnten sie uns nicht vermitteln.

Die Wohnpreise können sehr stark variieren. Während man für Luxuswohnungen über den Dächern von Peking durchaus eine monatliche Miete von 2.000 USD berappen muss, so belief sich die Miete für unsere Wohnung auf ein paar hundert Euro. Dafür bekamen wir auch einiges geboten: Ca. 150m² reine Wohnfläche, 4 Schlafzimmer, 2 Bäder, Küche, Abstellraum, ein riesiges Wohn- und Esszimmer und einen Balkon. WOW! Auftritt gelungen. Beim ersten Betreten der Wohnung, welche von der Firma organisiert wurde, waren wir angenehm überrascht. So hatten wir uns China nun wirklich nicht vorgestellt. Alles wirkte perfekt. Fließendes Wasser, Strom und ein Dach über den Kopf. Das war Stand September. Doch die Welt sollte sich bald ändern…

Oktober : Waschtag!

Nachdem der Wäscheberg langsam auf erschreckende Ausmaße anwuchs, machte sich Stephan daran, die Waschmaschine zu testen. Als Mann hat man ja schon daheim Probleme diese komischen Dinger mit den vielen bunten Knöpfen (bei uns sind es genau drei) zu bedienen. Aber was soll das erst werden, wenn auf dem Gerät nun nur Schriftzeichen stehen? Da hilft nur das Lotto-Prinzip: Man wählt sechs Zahlen aus und hofft auf den großen Gewinn – die saubere und unbeschädigte Wäsche. Es gab aber nur zwei Treffer mit Zusatzzahl: Gurgelnde Geräusche plus lautes Röhren. Der erste Versuch Wäsche zu waschen ging wortwörtlich in die Hose. Neuer Versuch, neues Glück. Diesmal war zu hören, dass Wasser in die Maschine lief. Volltreffer! Dachte jedenfalls Stephan und verschwand im Zimmer. Nach einer Weile wollte er nach dem rechten sehen, ging in Richtung Waschmaschine und… Platsch! Platsch! Platsch! Moment, ist das gerade Wasser zwischen deinen Zehen?

Das ganze Waschzimmer und die angrenzende Küche standen 3cm tief unter Wasser. Nach einer ersten Überprüfung stellte sich heraus, dass das Ablaufrohr gar nicht angeschlossen war. Da hatte wohl jemand bei der Installation gepennt! Was macht man in solch einer Situation am besten? Verzweifeln? Nein, wir haben erst einmal ein Bier aufgemacht, den Küchenpool für ein Fußbad benützt und auf das aufstrebende China angestoßen.

Dezember/Januar : Nichts geht mehr

Wie für alle „Utilities" im Haus (Strom, Wasser, Gas, Telefon etc.) muss man immer eine separate Karte kaufen. Das ist vergleichbar mit den Prepaid-Karten bei Mobiltelefonen. Das Gute daran ist, dass die Anbieter die Kohle immer im Voraus haben. Das Schlechte - nun ja, Sie können es sich wohl denken... Wenn Samstag um 23 Uhr die Karte leer geht, so haben Sie eben bis Montag keinen Strom mehr, oder kein Gas zum heizen. Die Heizung fällt natürlich im Winter aus, wenn man gerade mit Grippe im Bett liegt. Strom bleibt weg, wenn man seit 4 Stunden an einem Dokument schreibt und das Zwischenspeichern vergessen hat. Das Telefonguthaben versiegt, wenn der Chef anruft und das Wasser, wenn man voll eingeseift unter der Dusche steht. Kommt Ihnen das auch irgendwie bekannt vor?

Februar : Internetproblem

Eines Morgens fiel das Internet aus. Stephan konnte noch die WLan Verbindung seines Nachbarn anzapfen und eine Email (!!!) an seine Firma schreiben. Das verursachte natürlich ein riesiges Mißverständnis, da er doch Internet zu Hause haben muss - sonst könnte er ja keine Emails verschicken. Nachdem die Telefongesellschaft das Problem gelöst hatte, folgte zu Monatsende die nächste Überraschung. Eine Internetrechnung von knapp 500 Euro wurde zugeschickt. Hatten wir nicht eine Flatrate? Hatten wir, bis zu dem Moment, als die Internetverbindung repariert wurde. Da hat man die Gelegenheit am Kabel gepackt und stillschweigend den Vertrag umgestellt.

Schlaubi sagt danke:

An solchen Zwischenfällen merkt man, wie wichtig Guanxi – gute Beziehungen – in China ist. Gerade für Expats und Studierende, die sich meistens auf eigene Faust durchschlagen müssen. Wir wollen deswegen unseren chinesischen Freunden danken, die uns jedes Mal geduldig wieder aus der Patsche geholfen haben!

Beihei Park / Peking

Europäerbonus – einmal Superstar
Warum man in China manchmal besser Schweizer ist

„Excuse me? Can I take a picture of you?" Diesen Satz werden Sie öfters hören. Wenn der durchschnittliche Englischwortschatz der Chinesen, 2,34 Vokabeln beträgt, dann mit dieser Ausnahme. Der Satz ist quasi angeboren. Tut man dann etwas für die Völkerfreundschaft und stellt sich als Fotoabbild zur Verfügung, so verbringt man dann die nächste Viertelstunde als Superstar: Erst gibt es ein Gruppenfoto, dann will jeder nochmal einzeln mit Ihnen aufs Bild, dann jeder mit Katze und Ihnen (in der Zwischenzeit ruft noch jemand die Großeltern an, damit sie auch noch vorbei kommen)… So müssen sich die Hollywoodstars fühlen, wenn sie auf der Oscar Feier in L.A. auf dem roten Teppich stehen. Nur ist das hier eben der Sommerpalast in Peking und rot ist höchsten Ihre Nase vom kalten Herbstwind.

Und falls Sie es einmal in das Hinterland von China schaffen, so können sie sicher sein, dass sie dort so penetrant angestarrt werden, als ob George W. Bush persönlich auf dem Seidenbasar von Kabul in Afghanistan ein paar Gewürze einkaufen würde. Was auf den ersten Blick enorm stressig anmutet, hat doch auch seine guten Seiten: Man hat immer einen Bonus...

Szene 1 : Grand Prix

Boxenluder!

Bei dem A1 Grand Prix handelt es sich um einen kleinen Ableger der großen Formel1. Dadurch, dass alle Fahrzeuge einheitlich sind, ist vorrangig die Leistung des Fahrers in der Qualifikation und im Rennen entscheidend. Und ein Rennen fand auch in Peking statt. Die Ticketpreise variierten von 40 Euro für einen Standartplatz mit Blick auf das, was man als Rennstrecke am fernen Horizont definieren könnte, bis hin zu 450 Euro, die locker vier Monatgehälter eines Chinesen ausmachen. Aber immerhin hat man dann Blick auf die Boxengasse und die Start- und Zielgerade. Und was macht man in China als armer Europäer? Die 40 Euro Karte kaufen und zielstrebig auf die teuren Plätze marschieren. Der gute Europäerbonus wird es schon richten. Wir wurden sogar am Eingang zur Tribüne kontrolliert, jedoch stellten wir uns einfach dumm und saßen ein paar Minuten später auf den besten Plätzen und hatten 410 Euro gespart! Frechheit siegt. Da wir an dem Tag unser Glück herausforderten, sind wir dann auch einfach noch in die Boxengasse marschiert. Warum auch nicht? Und warum Sicherheitsleute aufstellen? Man muss „nur" europäisch aussehen, dann noch ein wenig overdressed und dann zielstrebig irgendwohin marschieren und die Leute halten einen für wichtig. Und genauso fühlten wir uns dann auch, als wir inmitten der Boxengasse standen...

Eine Situation in der Disco drohte für Stephan einmal fast zu eskalieren. Ein sehr stämmiger, betrunkener Chinese hat sich sichtlich gestört gefühlt, dass Stephan in der Nähe seiner kleinen Schwester getanzt hat und meinte, er würde sich offensichtlich an sie ranschmeißen. Er zog Stephan rüpelhaft zur Seite und beschimpfte ihn als scheiß Amerikaner. Erst als Stephan ihm klarmachte, er sei Schweizer, beruhigte sich die erhitzte Angelegenheit. Stephan wollte nicht erwähnen, dass er Deutscher sei, da diese ja oftmals auch nicht den besten Ruf haben. Wenn man im 2. Weltkrieg so auf den Putz haut ist das ja auch nicht weiter verwunderlich. Schweizer hingegen sind ja in der ganzen Welt als besonders friedfertige Nation bekannt. Auf jeden Fall war der chinesische Bär plötzlich lammfromm und lud Stephan gleich an die Bar auf ein paar Drinks ein. Am Ende versuchte er dann sogar Stephan mit seiner kleinen Schwester zu verkuppeln. Liebe Nachbarn: Wir beneiden Euch nicht nur um Eure Berge, sondern auch um Euren guten Ruf in der Welt!

Szene 3: Eine typische Polizeikontrolle

Ecke Guomao, 3. Ringstraße, in der Mitte von Peking. Es ist spätabends und Stephan fuhr gerade im Auto eines Arbeitskollegen von einem Abendessen mit zurück nach Hause. Da Alkohol am Steuer auch in China verboten ist, wurde der Fahrer verständlicherweise etwas nervös, als eine Polizeikontrolle den gesamten Verkehr lahmlegte und jeden einzelnen Fahrer in ein Alkoholmessgerät blasen lies. Als der Polizist an unser Auto kam, so musste der deutsche Fahrer nicht einmal das Fenster runterkurbeln, geschweige denn pusten. Der Polizist setzte ein nettes Lächeln auf und winkte das Auto einfach durch. Das Auto dahinter wurde natürlich sofort wieder kontrolliert. Was meinen Sie - funktioniert das andersherum bei uns genauso?

Szene 4: Alltägliche Situationen

Finden Sie sich damit ab, dass man einfach niemals Ruhe findet. Alle Leute gaffen einen an. Zwar freundlich, aber es nervt doch etwas. Straßenverkäufer schreien dir zu, jeder Riksha-Fahrer winkt dich her und auf den Straßen vor den unzähligen Bars in der Stadt warten junge Leute um einen abzufangen und in die Bars zu locken. Man fühlt sich dann schon mal wie ein Geldbeutel auf zwei Beinen.

Auch Martin hat die Situation manchmal als irritierend empfunden. Zwar zählt er nicht zur Gruppe der Exoten - große, blonde Menschen - doch kann er mit einer besonders langen Nasen und westlicher Kleidung punkten. Wie auch immer, in nicht städtischen Gegenden sind Ausländer scheinbar immer noch so etwas Besonderes, als käme Whitney Houston nach Cottbus zu einem Konzert. Dementsprechend wird man angegafft - mit offener oder geschlossener Kinnlade und es trifft den Gaffer vom Dienst auch keine Scham, wenn man irritiert zurückschaut, denn das Konzept "Du sollst nicht stieren" gibt es in dem asiatischen Verständnis scheinbar nicht. Nur an eins könnte sich wohl jeder Junge gewöhnen: Während man hierzulande am Strand, auf der Straße oder in der Disko um Aufmerksamkeit kämpft, es sogar Bücher über Charisma etc. gibt und man Autos tieferlegt, so braucht man sich in China keine Sorgen um Anerkennung zu machen: Überall wird man neugierig von den jungen Damen angesehen, es wird getuschelt, gelacht und manchmal sogar ein schüchternes Anlächeln. Das ist einfach niedlich und man fühlt sich richtig geschmeichelt.

114

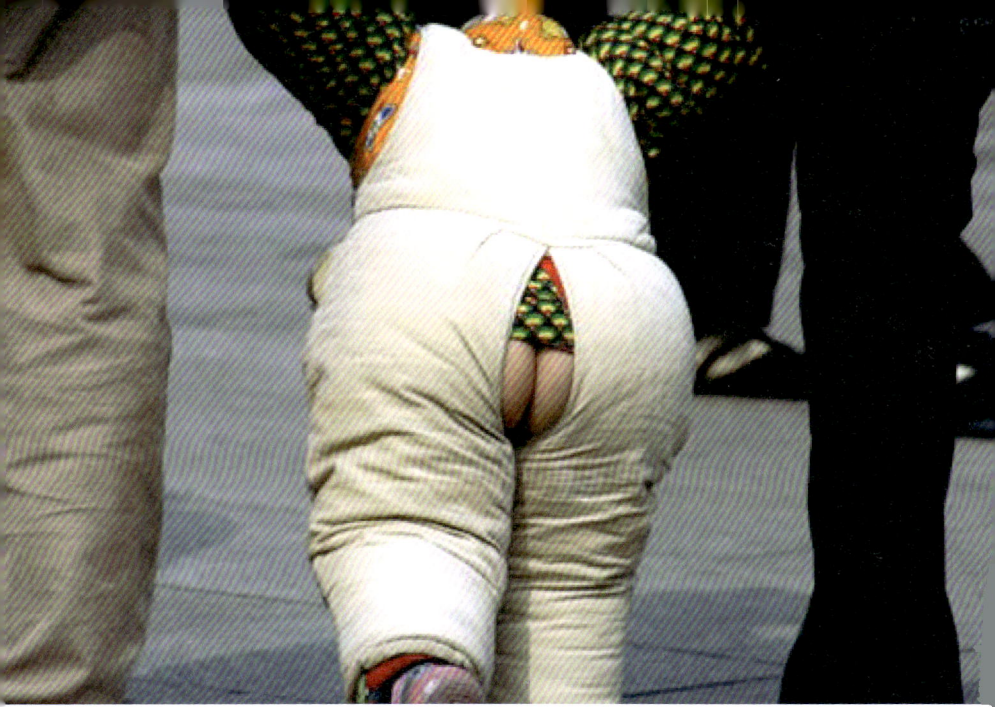

Toiletten
Von Schnellscheißerhosen und Raketenstartrampen

Eine Warnung vorweg: Wer gerade am Esstisch sitzt oder generell ein zartes Gemüt hat, sollte dieses Kapitel überspringen. Für
alle anderen sei gesagt: Es kann sein, dass sie während ihrer
Reise keines der hier beschriebenen Phänomene erleben werden. Wir beneiden sie darum. Doch sobald sie in eine Seiten-
straße abseits der Touristenpfade biegen, kann sie schon lauern:
die öffentliche chinesische Toilette...

Das chinesische Essen ist ja sehr gewöhnungsbedürftig, was gut
nachvollziehbar sein dürfte. Doch was passiert, wenn sich der
Verdauungstrakt sich so gar nicht daran gewöhnen will und jeglicher Inhalt möglichst schnell wieder raus muss? Das ist eine
Thematik, bei der es wirklich um die Wurst geht. Um es kurz zusammengefasst zu sagen: Ihre Lage ist wortwörtlich beschissen!

Die Suche nach einer westlich anmutenden Toilette kommt der Suche nach dem heiligen Gral gleich. Deswegen gewöhnen sie sich bitte eines an: Sobald sie auch nur den leichtesten Druck verspüren suchen sie pro aktiv und schnellstmöglich ein Hotel über 4 Sterne oder gar ein westliches Restaurant auf. Denn im Notfall merken sie - die Beine fest zusammengepresst in der Hoffnung die Blase hält so dicht wie der Yangtze-Staudamm – dass diese ziemlich rar gesät sind. Typische chinesische Toiletten müssen Sie hingegen nicht lange suchen – sie sind ausreichend vertreten und man erkennt sie bereits von Weiten am Geruch. Sollten Sie es wirklich nicht mehr in eine westliche Toilette schaffen um dort dem Porzellangott eine Opfergabe darzubringen, so haben Sie unser vollstes Mitleid. Aber es hilft ja nix: Augen zu und durch!

Man betritt die Pforte zur Hölle: Der Gestank würde einen rückwärts umwerfen - wenn die Schuhe nicht am Boden festkleben würden! Der penetrante Geruch befreit zwar jeden noch so hartnäckigen Schnupfen, jedoch wünscht man sich schnell, dass es am Eingang eine attraktive Frau gibt, welche Gasmasken verteilt. Doch leider findet man solchen Service nicht, ganz zu schweigen von einer Putzfrau: Schon beim Betreten stellt man sich die Frage, ob der ganze Raum die Toilette ist! Wird hier das Geschäft etwa dort verrichtet wo jeder gerade Lust hat? Selbst an der Wand? Wir ersparen dem Leser die Details, denn wer auch immer in den öffentlichen Toiletten die Putzfrau ist, sie macht ihren Job genauso gut wie ihre Bezahlung ist – nämlich verdammt schlecht.

Klo heißt in China in vielen Fällen: Erdloch. Dies gleicht einer umgekehrten Raketenstartrampe für Fäkalien aller Art: Man lässt die Hosen runter, nimmt eine Sitzhaltung wie Sven Hannawald kurz vorm Absprung bei der Vierschanzentournee ein und ab geht die Post. Eine Porzellanschüssel mit Deckel und Handspülung sucht man vergebens.

Öffentliche Toiletten sind getrennt in männlich und weiblich, jedoch muss der Zustand in beiden ähnlich sein. Glücklich schätzen darf sich derjenige, der nur mal kurz für kleine Jungs muss. Pissbecken gibt es zwar kaum, dafür ist jedoch meist eine überlaufende Rinne zum Revier markieren vorhanden. Hier gibt es zwei Möglichkeiten: Entweder man stellt sich in die klebrigen Tropfreste seiner Vorgänger und pinkelt aus nächster Nähe in die Rinne und riecht die nächsten 2 Tage wie ein Pumageruch-Duftspender. Oder – und dies ist die sportlichere Alternative – man(n) stellt sich aufs Trockene (sprich 2 Meter entfernt) und versucht mit genügend Druck und einem genau gezielten Parabelstrahl die Rinne zu treffen.

Für das große Geschäft haben sich zwei Arten von stillen Örtchen etabliert, nämlich das Längsrinnen- und das Querrinnenklo. Die Längsrinnenversion ist eine Rinne, ca. 5 – 15 Meter lang, 20-25 cm breit und ca. 30 cm tief. Die Tiefe kann jedoch von unserer Seite nur vermutet werden. Die Spülung solcher Toiletten funktioniert vollautomatisch, nämlich indem alle paar Minuten am einen Ende der Rinne eine Portion Wasser eingelassen wird, welche am anderen, etwas tieferen Ende wieder abläuft. Hat man nun das tiefere Ende erwischt, so kann man während des Spülvorganges zwischen seinen Beinen die „Geschenke" aller vor einem hockenden Leute vorbei rinnen sehen.

Wenigstens ist die Rinne durch eine ca. 1m hohe Wand getrennt ist, sonst müsste man immer seinem Vordermann auf den Hintern schauen. Eine Tür gibt es – sie haben es sicher vermutet – natürlich nicht. Betritt man solch eine öffentliche Toilette, sieht man alle bereits besetzten Boxen durch einen freien Blick auf eine in der Hocke sitzende Person mit runtergelassenen Hosen. Die ganze Situation erinnert auf eine gewisse groteske Art an vergangene Kindergartenzeiten, als man noch den Ententanz jubelnd praktizierte und in der Hocke vorwärtswatschelte. Das sieht hier ähnlich aus, wenn auch mit halbnackten Entlein.

Die zweite, nicht minder erlebnisreiche Variante einer öffentlichen Toilette sind die „Querrinnenklos". Hier hat jeder seine eigene Rinne und man hockt nicht mehr hintereinander, sondern nebeneinander. Während der Nebenmann in ca. 1m Entfernung

Hierbei handelt es sich nicht um die chinesische Version von „Herzblatt", dennoch kann man auch hier nette Menschen kennen lernen

gemütlich vor sich hin blubbert, können wir nur empfehlen stur nach vorne zu schauen. Denn wenn sie den Kopf doch zur Seite drehen, kann es ihnen passieren, dass sie mit „Hello Laowei" (hallo Fremder) begrüßt werden und das das grinsende Gegenüber sich über die Wand beugt um sich zu vergewissern, ob da zwischen ihren europäischen Beinen auch etwas baumelt. Natürlich gibt es auch in dieser Boxengasse keine Türen. Ganz dreiste Chinesen zücken in solch einer Situation sogar ihre Kamera, um sie als Europäer in denkbar unergonomischer Pose auf 5 Megapixel festzuhalten! Schließlich sind halbnackte Europäer auf chinesischen Klos eine Rarität, die man(n) zu Hause dem Familienkreis zeigen möchte...

Spülen muss man auf dieser Toilettenart übrigens selbst. Es gibt einen großen Bottich mit Regenwasser, in dem eine angekeimte Schöpfkelle schwimmt, die jeder mit seinen Klofingern heraus angeln muss. Klar, dass einige Ihrer Vorgänger darauf verzichtet haben. Und so trifft man solche Toiletten im nicht sehr beschaulich-gefüllten Zustand an. Kleiner Tipp: Lieber nicht zu tief in die Rinne schauen! Sonst fragt man sich, welcher Krieg hier wohl getobt hat und flüchtet sofort von dieser Kesselschlacht, bei der schon zu viele arme Würstchen gefallen sind. Lassen wir das und geben ihnen zu diesem Abschnitt noch einen absoluten Survival-Tipp: Nehmen Sie ihr eigenes Klopapier mit! Wenn es einmal welches in dieser Toilette geben sollte, in der sie sich gerade befinden, dann liegt es höchstwahrscheinlich restlos aufgebraucht und hoch getürmt neben dem Klo. Aus unerfindlichen Gründen haben Chinesen panische Angst vor Verstopfungen der Toiletten. Wobei dieses Verhalten scheinbar nichts genützt hat.

Eine Sache mag sie noch interessieren: Säuglinge und Kleinkinder tragen in China traditionell eigentlich keine Windeln. Sie müssen auch keine öffentlichen Toiletten benutzen. Zum Ärger der „Pampers"-Manager sind hier immer noch die so genannten „Schnellscheißerhosen" etabliert. Diese sehen eigentlich wie ganz normale Hosen aus, nur eben mit einem aufgeschnittenen Hintern. Der Bub oder das Mädel muss also gar nicht mehr „mal wohin", sondern kann sein Geschäft gleich an Ort und Stelle verrichten. Hingehockt – plumps - und fertig liegt das Häufchen auf dem Boden! Das erklärt aber auch, weshalb die Schuhe manchmal so klebrig sind, dass man damit die Große Mauer vertikal hochlaufen könnte. Trotz dieser Schnellscheißerhosen gibt es in China natürlich auch Windeln. Für Erwachsene. Dies hat folgenden Hintergrund: Viele Gastarbeiter tragen diese „Windeln für Erwachsene", wenn sie an dem Neujahrsfest ihre Heimreise mit dem Zug antreten. Mann kann sich vorstellen wie voll die Züge sind, wenn es eigentlich nur zwei Chancen im Jahr gibt, heim zu reisen. Und bei 24 Stunden Fahrt sind nicht nur die Züge überfüllt...

Zum Schluss noch die gute Nachricht für den China-Reisenden: Man hat inzwischen das allgemeine Toilettenfiasko erkannt und mutige Gegenmaßnahmen unternommen: Im Vorfeld der Olympischen Spiele 2008 tagte in Peking ein „Welt-Toiletten-Gipfel". Auf dem Kongress mit mehr als 400 Sanitärexperten und Wissenschaftlern wurde unter anderem beschlossen, mehr als 8

Millionen Euro in die Renovierung der städtischen Toiletten zu investieren. Auf der dreitägigen Tagung wurde nicht nur die Toilette des Jahres gewählt, nein, es gab auch interessante Vorträge zu hören. Die Delegierten hörten z.B. Erläuterungen des „Return on Investments" bei Toiletten, sprich, der Kalkulierung des Zeitraumes nach welchem man mit den großen und kleinen Geschäften der Bevölkerung selbst ein Geschäft machen kann. Bei solch typisch chinesisch kalkulierten Maßnahmen kann man sicher bald wieder aufatmen.

Schlaubi's Small Talk Fakt!

Weil viele Chinesen ihr Geschäft in der Hocke verrichten und es gar nicht gewohnt sind sich auf eine Klobrille zu *setzen*, kann man in Flugzeugen auf den Brillenrändern der Bordtoiletten schon mal Fußabdrücke finden.

Verhandlungstricks
So werden Sie nicht übers Ohr gehauen

„*Was nix kostet, ist nix Wert*". Dieser Opa-Spruch wird auf den Märkten Chinas zu einem: „*Was nix (mehr) kostet zeugt von gutem Verhandlungsgeschick*". Wie sie zu diesem Gesinnungswechsel kommen, zeigt Ihnen nun unser Crash-Kurs im Verhandeln chinesischer Art. Das können Sie dann in den vielen Märkten aber auch einigen Boutiquen und Läden mit überwiegend chinesischer Ware anwenden. In den großen Marken-Outlets westlicher Luxusmarken kommen Sie leider auch hier nicht weiter, aber dafür sind sie ja nicht nach China gekommen, um dieselbe überteuerte Ware wie daheim zu kaufen oder? Doch fangen wir an.

Verhandlungsgeschick ist nicht automatisch gleichzusetzen mit verbaler Technik und stetigem Kommentieren von Preisvorschlägen mit „No!", „Never" oder „Forget it". Wichtig ist vielmehr, dass man die nonverbale Gestik beherrscht und gewisse Dinge beachtet. So ist es essentiell, dass man ungefähr den wirklichen Preis weiß, der die Ware in China wert ist. Denn versucht man den Preis zu tief zu drücken, so kann es schon einmal passieren, dass man den Verkäufer damit beleidigt. Uns wurde einmal sogar der Schuh nachgeworfen, nachdem wir 2 Euro in den Taschenrechner getippt hatten. Gut, generell haben wir als Europäer immer die Angewohnheit, zu viel für die Ware zu bezahlen. Die Qualität wirkt so atemberaubend gut, dafür kann ich doch nicht weniger als 10 Euro zahlen… oder doch? Da die Shops alle mehr oder weniger dieselben Waren anbieten, kann man sich langsam an die realen Preise herantasten. Senken sie so lange den Preis, bis der Verkäufer sie schimpfend wegschickt. Rennt er ihnen dann nicht einmal mehr schreiend hinterher, so wissen sie, dass war zu wenig. Aber der nächste Laden ist ja zum Glück nicht weit.

Als **nonverbale Technik** zählen hierbei Gesten, die andeuten, dass sie gar nicht an der Ware interessiert sind. Springen sie niemals an das traumhafte T-Shirt und kreischen sie „Das brauch ich!". Laufen sie vielmehr möglichst geistesabwesend daran vorbei, drehen kurz um und mustern es herablassend. Tun sie alles andere als interessiert zu wirken. Der Verkäufer wird auf sie zuspringen und sofort versuchen ihnen die Ware schmackhaft zu machen: „lucka, lucka! Cheap price for you!" Schauen sie auf die Uhr, zeigen sie, dass sie gleich los müssen und keine Zeit für ein langes, nervtötendes Gespräch haben. Am besten sagen sie noch, dass sie solch ein T-Shirt eigentlich nicht brauchen. Wie gesagt, wirken sie so uninteressiert, als würden Sie eine Körperlotion für Ihre Tante kaufen.

Natürlich wird der Verkäufer mit dem Taschenrechner vor ihrer Nase herumwedeln. Tippen sie einen Preis ein, der knapp unter dem liegt, was sie bereit zu zahlen sind. Der Verkäufer wird sie beschimpfen, sie auslachen, sagen dass dieser Preis unmöglich ist und sie zum Teufel wünschen. Schauen sie auf die Uhr und sagen, dass sie nun gehen. Das sei ihr Angebot gewesen und gut ist. Wenn sie ihren kleinen Zehen auch nur einen Schritt Richtung Ausgang bewegen, so ziehen die Verkäuferinnen an

Bekommt man die ersten Ohrfeigen, so hat man definitiv das Preislimit erreicht

ihrer Jacke und versuchen sie aufzuhalten. „Stoooooooooop, ok-la, I give you a better price". Die Verkäuferin macht einen neuen, unrealistischen Vorschlag und sie versuchen erneut zu gehen. Das ganze Spielchen wiederholt sich noch ein paar Mal. Sie werden beschimpft, bekommen zu hören, Sie seien arm, Sie seien hübsch, Sie seien ein Scherzkeks etc. Wenn der Verkäufer oder die Verkäuferin Sie irgendwann nicht mehr in den Laden zurückzieht, so haben Sie es fast geschafft. Laufen Sie langsam ein paar Meter weiter und sie können in 80% der Fälle sicher sein, dass sie aus der Ferne noch ein Kreischen vernehmen werden: „Ok-laaaaaaaaaaaaaaa!" Geschafft. Zumindest in den meisten Fällen werden Sie nun ihren gewünschten Preis erhalten (sofern sie abschätzen konnten, was die Ware wirklich wert ist). Falls kein Rufen ertönt, so kennen Sie immerhin ziemlich genau den genauen Wert der Ware.

Nach ein paar Wochen einkaufen in China werden selbst Straf-zettel kommentiert mit „give me your best price"!

Ein Tipp am Rande: Kleine Geschenke machen das Handeln leichter. Viele der jungen Verkäufer und Verkäuferinnen arbeiten 12 Stunden am Tag und länger. An große Pausen ist hier natürlich nicht zu denken. Wenn Sie jedoch ein paar Snacks (Schokolade, Gummibärchen, Kaugummi) dabeihaben, so kann man sie viel leichter Preis-gefügig machen.

Nach all der Theorie möchten wir ihnen natürlich auch ein paar Verhandlungsrunden zeigen, die wir so in China erlebt haben.

Beispiel 1: Sehr schlecht

Verkäufer: „Wolle Rolex, good quality."

Amerikaner: "How much dude?"

Verkäufer: "400$, good price. Just for you because you are American."

Amerikaner: "Ok! I take it."

Beispiel 2: Immer noch sehr schlecht, aber mit einem Amerikaner dessen IQ überdurchschnittlich hoch ist

Verkäufer: „Wolle Rolex, half price for you my friend. Only today!"

Amerikaner: "How much?"

Verkäufer: "400$. That my best price I can give to you!"

Amerikaner: "You're kidding you crazy Chinese. I know your real price! - 350$"

Verkäufer: „390$"

Amerikaner: „360$"

Verkäufer: „370 – my last price!"

Amerikaner: „Ok!!!"

Verkäufer denkt: „So ein Dummkopf"

Ami denkt: „So ein Dummkopf"

Beispiel 3: Es wird ein wenig besser, aber noch nicht gut

Verkäufer: *"Wolle Rolex, takealooka!"*

Kanadier: *"How much for that shit?"*

Verkäufer: *"How can you say? Look, its best quality."*

Kanadier: *"Yeah! Best fake quality! How much?"*

Verkäufer: *"Ok ok... good price just for you. - 400$"*

Kanadier: *"You are joking! I'll pay 100$ maximum."*

Verkäufer
schaut entsetzt: *"100$? Are you killing me? Thats lower than the price I pay to buy them!"*

Kanadier: *"150$"*

Verkäufer
schüttelt Kopf: *"Are you crazy. A little bit higher. Look, that's a Rolex!"*

(Anm.: Mal davon abgesehen das so eine originale Rolex mindestens 4.000 Euro kostet, so muss der Kerl selbst schon ziemlich "high" sein.)

Kanadier: *„170$, last price."*

Verkäufer: *„Ok, 170$ Wow! You are a good bargainer!"*

Beispiel 4: Wir geben alles (nach einigen Trainingsstunden)

Verkäufer: *„Wolle Rolex my friends? Look, look!"*

Wir gehen einfach wortlos weiter und schauen nur flüchtig hin...

Verkäufer: *"HEY!!! LOOK LOOK LOOK! Good price!"*

Stephan: *"How much?"*

Verkäufer: *"400$, that's my best price."*

Wir gehen wortlos.

Verkäufer: *"Hey, stop! I just made a joke for you! Funny, ey? Ok ok... 300$"*

Wir gehen an die Theke und tippen 100 RMB ein (10 Euro). Der Verkäufer schreit auf, holt seine Kollegen und zeigt wild auf den Taschenrechner...

Martin:	*"Good price!"*
Verkäufer:	*"Hey, that's under the price I pay to buy them. You must joking."*
Stephan:	*„Thats fake! You are joking. That's no quality!"*

Wir gehen...

Verkäufer:	*„Ok, WAIT wait wait... I give you my real best price: 400 RMB" (40 Euro)*

Anm.: mal schnell von Dollar auf RMB gewechselt. Man beachte den Faktor 10!!! Wir tippen 110 RMB ein...

Verkäufer:	*„Are you crazy? You are a complete idiot. That is a real Rolex!"*

Martin schaut ungeduldig auf die Uhr und macht deutliche Anzeichen endgültig zu gehen…

Verkäufer:	*„Stop, stop, stop! My friend. Give me 300 RMB!"*

Stephan lacht und wirft den vergammelten Taschenrechner auf die Theke.

Verkäufer:	*"Real final price: 290 RMB!"*

Martin tippt 150 RMB ein (15 Euro für eine wirklich perfekte Replika). Verkäufer schüttelt den Kopf und packt den Taschenrechner weg

Verkäufer:	*„Thats impossible."*

Wir gehen um die Ecke und hören ein Brüllen...

Verkäufer:	*„OK! My final price. Luka luka!!!"*

Verkäufer tippt 200 RMB ein und wir gehen wieder mit Kopfschütteln. Nach weiteren zweimal um die Ecke gehen mit anschließendem Brüllen und am Hemd zerren zahlen wir schließlich 160 RMB. 16 Euro! (Aber wahrscheinlich immer noch zu viel.)

So wie mit der Uhr geht es bei vielen Waren sehr weit nach unten, wenn man hartnäckig genug ist. Eine Faustregel ist, dass man ungefähr 10% des ersten gebotenen Preises zahlen sollte. Dann liegt man ungefähr richtig. Zum Schluss haben wir noch eine kleine Liste weiterer Tipps zum munteren Verhandeln zusammengestellt:

⮕ Interessieren Sie sich ein wenig für die Menschen, betreiben Sie etwas Small Talk. Wenn Sie eine kleine Beziehung mit wenigen Sätzen aufbauen, so öffnet das die Herzen und damit auch die Kompromissbereitschaft.

⮕ Haben Sie Spaß an der Sache, Verhandeln ist Kommunikation, kein Kampf!

⮕ Lächeln Sie, nehmen Sie es mit Humor, scherzen Sie mit den jungen Mädels, sie werden Sie lieb gewinnen!

⮕ Wenn sie in einem der Märkte mit Anzug und Krawatte erscheinen, so wird sie jede Verkäuferin automatisch für vermögend halten. Die günstigen Preise können sie vergessen. Machen Sie es besser so: Normale, abgetragene Klamotten am Leib, dazu ein Gesicht wie ein verwahrloser Dackel. Oder sagen Sie, das Sie armer Student sind, der sich kein anderes Studium als in China leisten konnte. Das erntet viel Sympathie. Denn den Verkäuferinnen ergeht das ähnlich.

⮕ Versuchen Sie zwei Strategien: A) Zahlungsbereitschaft festlegen, Preis nennen, nicht verhandeln oder B) Niedriger ansetzen und sich bis zur Zahlungsbereitschaft hoch handeln

Schlaubi's Small Talk Fakt!

Früher schauten Ihnen chinesische Jade-Händler tief in die Augen, denn Sie wussten: Wenn man an etwas interessiert ist, dann weiten sich die Pupillen. Danach wurde der Preis bestimmt. Jetzt wissen Sie auch, warum ihre Freundin mit den großen Rehaugen immer so verdammt viel Geld beim shoppen ausgibt.

Kapitel 5

Freizeit
Sie werden niemals einsam sein!

Chinesisches Fernsehen

Propaganda und „China sucht den Superstar

China hat 1.345.843.290 Menschen. Vielleicht sind es auch sogar 1.345.843.293. Das weiß man nie so genau. Merkwürdig ist nur, dass es auch genauso viele Fernseher zu geben scheint. Nun haben wir einen von Ihnen ergattert (Nr. 323.435.345) und sitzen davor. Cool. Kiste an, Füße hoch, Bier auf und rein in die multimediale Vielfalt von 65 (!) Kanälen...

Man beginnt sich durch die Programme zu zappen und muss schnell feststellen, dass das Fernsehen in China sogar noch schlechter ist als in Deutschland. Wenn Sie bisher dachten, für IhreGEZ Gebühren werden Sie nicht entsprechend belohnt, so freuen Sie sich auf China. Nach ein paar Minuten flimmern werden Sie feststellen, dass die öffentlich rechtlichen Fernsehsender in Deutschland ein geradezu phänomenales Programm ausstrahlen. Bald werden Sie sich sogar nach ARTE und 9Live zurücksehnen!

Chinesisches Fernsehen bedeutet die Vielfalt geistigen Blackouts gebannt in 45-minütige Serien, schlecht geschnittene Filme und absurde Shows. Schalten Sie mit Stephan den Fernseher ein:

Auf **Kanal 1** kommen pausenlos nur Werbespots, in denen alte Menschen irgendwelche Tabletten schlucken und sich plötzlich wieder so fit fühlen, als wären sie 16 und hätten gerade Ihren ersten Geschlechtsverkehr vollbracht. Dazu kommt noch der passende psychedelische Soundtrack untermalt mit spacigen Neonfarben im Hintergrund. Mir wird schlecht und schwindelig von dem ganzen Geblinke im chinesischen Altersheim und ich schalte auf **Kanal 2**. Hier kommt das chinesische Pendant zu Tokio Hotel. Nur hier ist er (oder sie) wenigstens original. Wüst geschminkte Jungs (oder sind es Mädels) grölen ins Mikrophon, täuschen epileptische Anfälle als Tanzchoreographie vor. Mädchen in der ersten Reihe weinen. Hmmmm... Abgesehen das ich diese Bande an Wuschelköpfen nicht einmal verstehe, so fange ich zu vermuten an, dass mein Bier aufgrund der negativen Feng Shuis des Fernsehsenders samt Schallwellen langsam anfängt schal zu werden. Also wird weiter geschalten!

Zapp! Auf dem nächsten Kanal kommt wieder Werbung. Diesmal geht es um eine Creme, die sich Frauen auf die Brüste schmieren die dann plötzlich von 55A auf 90DD anschwellen. Hui! Fröhliche Musik im Hintergrund, ein Mädchen sagt „Schaba schaba" (oder so ähnlich), schmiert sich die Paste aufs Dekollete und schwupp die wupp wachsen Mördertrümmer. Das muss ich mir merken und mal im Supermarkt danach suchen! Da sind uns die Chinesen echt einen Schritt voraus. Sagenhaft!

Zapp! Auf dem nächsten Kanal kommt eine Daily Soap á la „Gute Zeiten, Schlechte Zeiten". Nur ist das hier ein wenig anders. Die Stars sind – so vermute ich - irgendwelche fernöstliche Samurais. Diese sehen aus wie eine gezüchtete Mischung aus Legolas (aus „Herr der Ringe"), Dschingis Khan und den Jakob Sisters. Wild entschlossen kämpfen sie mit ihren fernöstlichen Schwertern für Recht, Rum, Ehre, Pressefreiheit, Jungfrauen in Türmchen und die besten Plätze vor dem Buffet. Mit jedem Hieb ihres Schwertes ertönen witzige Geräusche wie Zaaaaaack, Baaaaaaaaaff, Doing und Puff. Wer auch immer die Vertonung dieser Serie vorgenommen hat – er sollte besser sofort in Rente gehen! Dazu kommen noch fantastische Special Effekte, die mich irgendwie an eine bessere Power Point Präsentation erinnern. Auch nix für mich… *zapp!*

Auf dem nächsten Kanal kommen **Nachrichten**. Eine adrett uniformierte Nachrichtensprecherin verliest mit einer markant männlichen Stimme die aktuellen wirtschaftspolitischen Geschehnisse in dem Riesenreich. Wow! Das hat ja noch so richtig Stil irgendwie. Ich erwische mich dabei, wie ich an Eva Hermann in Uniform denke. Herrje aber auch. Da brauch ich doch erstmal einen Schluck Tsingtao Bier zur Beruhigung. Mit Verwunderung stelle ich fest, dass in China die Welt noch in Ordnung zu sein scheint: Keine Morde, kein Krieg, keine Umweltkatastrophen. Die Nachrichten zeigen die Gloria Chinas, neugebaute Hochhäuser, lachende Kinder und eine schöne heile Welt, fernab von Smog, saurem Regen oder Menschenrechts-verletzungen. Vielleicht sollte man das in Deutschland auch so handhaben? Nur noch schöne Bildchen zeigen und irgendwann glauben die Leute schon daran. Wobei, in Deutschland muss man ja immer vorsichtig sein mit solchen Dingen…

Nach weiteren 30 Sendern und zwei Bier kommen ein paar chinesische Freunde zu Besuch. Diese jedoch fanden so ziemlich jeden Fernsehsender sehenswert und ich bekam es mit der Angst zu tun. Ob ihre Freundinnen zufällig die „Schaba Schaba" Salbe zu Hause haben verkneife ich mir in dieser Situation zu fragen. Irgendwann fanden wir dann sogar einen Kanal, welcher uns alle gefiel. Ein englischsprachiger Sender, auf welchem nur Models auf dem Catwalk zu sehen waren. Nach vorne hüpfen, Popo schütteln, Perlweißgrinsen und wieder zurück. Dazu lief sogar noch gute Musik. Toll! Als dann die Victoria Secrets Unterwäsche Show begann, konnte man sogar ein richtig zufriedenes Strahlen in den Augen meiner chinesischen Freunde sehen. Tja, leicht bekleidete Models verbinden eben die Kulturen!

Probier's mal mit Gemütlichkeit

Das chinesische Credo: Augen zu und durch!

Ein Deutscher schläft im Durchschnitt 7¼ Stunden in der Nacht. Wie lange ein Chinese nachts schläft wissen wir nicht, aber es scheint, er benötigt 7¼ Stunden Schlaf auch nochmals am Tage. Hält man selbst einmal die Augen offen, so kann man sie überall finden – friedlich schlummernde Chinesen. Zeitweilig glaubt man fast, dass die Sandstürme, die oftmals über Peking fegen, nicht aus der Wüste Gobi stammen, sondern vom Sandmännchen höchstpersönlich! Ein sehr gutes Beispiel für den „Chinese way of sleep" ist der IKEA in Peking. Während unsereins sein halbes Wochenende opfert, nur damit die Partnerin endlich Ruhe gibt und sich die rosa Plüschtischlampe „Hellamach" oder den Bettvorleger „Knut" kaufen kann, so nutzen die Chinesen das Möbel-

haus scheinbar gern als Ruhe-
stätte. Wir liefen eines Tages
verwundert durch die Couch-
und Bettenabteilung und mussten feststellen, dass die Chinesen das „Probeliegen" sehr
wörtlich nehmen. Auf der Hälfte
der Betten ratzte jemand.

Aber betrachten wir das Thema
einmal von wissenschaftlicher
Seite her. In der Medizin werden verschiedene Stufen der
Bewusstseinstrübung klassifi-
ziert: Somnolenz, Sopor und
Koma. Diese Stufen lassen sich
auch in China jederzeit wiederfinden:

**Kollektives Schlafen ist in China
ein weit verbreitetes Phänomen**

Stufe 1: Somnolenz

Somnolenz bezeichnet in der Medizin eine Benommenheit mit
abnormer Schläfrigkeit. In China beschreibt das jedoch den Zustand des Großteils der Bevölkerung. Schlurfend schleichen sie
durch die Straßen der Großstädte, Blick starr nach vorne, Gedanken jenseits der Realität. Wir kannten solch einen Zustand
bisher nur von einem anderen Ort auf der Welt: Amsterdam!
Obwohl dieser Zustand dort eher durch das liberale Drogenge-
setz rückführbar ist. In Peking bedeutet dieser Zustand jedoch
die pure Lebensgefahr. Gedankenverloren marschieren Chinesen über rote Ampeln und wundern sich, dass auf der fünfspurigen Ringstraße plötzlich ein Hupkonzert beginnt. In der Arbeit
hat man irgendwie oftmals das Gefühl, sich mit Wachsfiguren
von Madame Tussauds zu unterhalten anstelle mit Lebewesen.
Das Gesagte geht augenscheinlich links rein und rechts wieder
raus. Alle paar Minuten gibt es ein Nicken – hervorgerufen wohl
eher durch das typische Muskelzucken beim Einschlafen, nicht
aus Zustimmung.

Als Sopor (lat. *tiefer Schlaf*) bezeichnet man eine Form der Bewusstseinsstörung. Im Sopor befindet sich die Person in einem schlafähnlichen Zustand, in dem Reaktionen nur durch starke Stimuli (z.B. Schmerzreize) ausgelöst werden können.

In einem ähnlichen Zustand fallen die Chinesen, wenn die Temperatur außerhalb der klimatisierten Räume über 30°C ansteigt. Dann liegen sie neben Autobahnen, auf Parkbänken, auf Gehsteigen und kleben an den Scheiben im Bus. Fährt man an solchen Tagen mit dem Fahrrad, so muss man höllisch aufpassen. Schlummernde Mitbürger liegen nun häufig inmitten der Gehsteige herum und ehe man sich versieht, haben diese beim nächsten Schnarchen einen Fahrradreifen im Mund stecken. Dies wäre dann ein Stimulus, der wieder eine Reaktion ausgelösen könnte – Fluchen oder Schimpfen. Auch Taxifahrten können an solchen Tagen gefährlich sein. Ein Taxifahrer ist mal an einer Ampel eingeratzt: Die Ampel schaltet auf Grün, keine Reaktion. Erst ein wüstes Hupen des Hintermannes hatte die gewünschte Fahrzeugbewegung als Resultat zur Folge. Als der Taxifahrer dann auf der Autobahn sogar noch von Spur 3 auf Spur 1 zu wechseln begann – wohlgemerkt mit geschlossenen Augen und ohne erkennbaren Überholvorgang – wurde es uns unheimlich. Aus dem *Sopor* kann hier nämlich sehr leicht ein *Topor* (*lat. Todesschlaf*) werden.

Was uns verwundert ist die Tatsache, dass jeder Chinese eine funktionierende Bio-Uhr im Körper eingebaut hat. So steigen sie an der U-Bahn-Station „Guomao" ein, nehmen Platz und fallen in einen Zustand, der zwischen Wachkoma und Tod liegt. Einige Stationen später wachen sie plötzlich auf, steigen 2,35 Sekunden später aus der U-Bahn aus und sind sogar an der richtigen Station angekommen. Ein beneidenswertes Timing!

Auch bei der Arbeit nehmen es die Chinesen lieber gelassen und machen ab und an ein Nickerchen. Als engagierter Mitarbeiter weckt man natürlich den schlafenden Schichtleiter auf und fragt nach, weshalb er lieber träumt statt das Fließband zu überwachen. Das Kantinenessen sei so schlecht gewesen und da musste er sich eben erst einmal hinlegen. Aha! Ein Blick auf die Uhr zeigte jedoch 17:00 Uhr an, gut 5 Stunden später als die Mittagspause. Sehr fragwürdig.

Stufe 3: Koma – manchmal hätte man es gern!
In der Medizin ist ein voll ausgeprägtes Koma die schwerste Form einer Bewusstseinsstörung. In diesem Zustand kann das Individuum selbst durch starke äußere Stimuli wie Schmerzreize nicht geweckt werden. Stephan hat sich diesen Zustand in China sehr häufig herbei gewünscht: Und das war fast jede Nacht gegen 1:39, wenn er schlaflos in seinem Bett lag weil der Nachbar über ihn das unstillbare Verlangen hatte, lieber mit seiner Frau anstelle in seinem Bett zu schlafen. Keuchend und schreiend wurde das Bett an der Wand entlang geschabt. Das „Ah! AAH! AAAAHHH!!!" hörte man leider auch durch das Kissen auf dem Ohr. Um 1:43 war dann in den meisten Fällen wieder Ruhe. Bis 04:36 Uhr morgens. Dann kamen nämlich die ersten sportlichen Chinesen auf die Idee, im Hof vor der Wohnung Badminton zu spielen. Besonders in den 3 Wochen vor dem chinesischen Neujahrsfest war an Schlaf gar nicht zu denken. Bis spät in die Nacht

wurden Feuerwerkskörper gezündet – am liebsten direkt vor dem Schlafzimmerfenster. Doch selbst in ruhigen Nächten war an Schlaf manchmal nicht zu denken: Die Matratze war zwar gut 20cm dick, jedoch so hart wie der Arbeitstag eines einfachen Reisbauern.

Neidvoll bewundern wir als gestresste Arbeitstiere die Schlafkunst und Sorgenfreiheit unserer chinesischen Kollegen!

Spielsucht

Auf das ihr miteinander spielet bis der Tod euch scheidet

Man sitzt im Büro und stellt laut die Frage in den Raum, was es wohl zum Mittagessen in der Kantine gibt? Aus dem hintersten Eck ertönt eine Stimme, die ruft: „Reis!", und nur Sekunden später, „wollen wir wetten?". Abgesehen davon, dass man weiß, dass es jeden Mittag Reis als Beilage gibt, hat man dennoch ein weiters Indiz dafür, dass Chinesen spielsüchtig sind.

Während man in Bayern morgens mal zum Schafskopf trifft und im Osten hin und wieder abends Kegeln geht, scheint es, dass in China der männliche Bevölkerungsanteil von früh bis spät auf den Gehsteigen „Mahjiong", Domino, Karten oder Schach spielt. Manche spielen heimlich auch mit sich selbst, doch das ist eine andere Geschichte. Jede freie Minute wird zum gemütlichen Zocken genutzt. Auf dem 4.

Ring gibt es mal wieder Stau? Prima! Karten aus dem Handschuhfach gezogen und auf der Motorhaube ein paar schnelle
Spielchen mit den Fahrern der restlichen Autos um ein wenig
Extrageld gespielt. In den Discotheken werden an den Tischen
irgendwelche Würfelspielchen gemacht. Der Einsatz: Hochpro-
zentiges – der Verlust: Mit jedem Schluck ein paar Gehirnzellen.

Macau, eine Nachbarinsel von Hong Kong, war bis 1999 noch
portugiesische Kolonie. Empfehlenswert ist ein Tagesausflug von
Hongkong aber nicht nur durch die faszinierenden Fusion von
portugiesisch-europäische Kultur und chinesischen Baustilen,
sondern vor allem auch deshalb, weil die Sonderverwaltungszone das einzige Gebiet Chinas ist, wo Glückspiele mit Geld wie
Blackjack, Roulett oder einarmige Banditen erlaubt sind. Dementsprechend boomt die Insel und platzt aus allen Nähten: Hier
entsteht das Monte Carlos Chinas, das asiatische Las Vegas mit
kuriosen Vergnügungsparks, Themen-Hotels und vor allem jeder
Menge Casinos. Davon gibt es bereits 28 Stück! Inzwischen verzeichnet Macao zudem die höchsten Glücksspieleinnahmen der
Welt.

Kommen wir zurück zum Festland-China. Hier ist auch die junge
Generation dem Spieltrieb verfallen - in virtueller Weise vor dem
PC. In China gab es im Jahre 2005 rund 26,4 Millionen Online-
Spieler, was einem Zuwachs von über 30% gegenüber dem Vor-
jahr entsprach. Im Internet werden hauptsächlich Online-Spiele
wie „Counterstrike" oder „World of Warcraft" (WoW) gespielt.
Besonderes Aufsehen erregte im Winter 2005 der spektakuläre
Fall, in dem ein dreizehnjähriger WoW-Spieler aus Tianjin aus
dem 24. Stock eines Wohngebäudes in den Tod sprang, weil er
einen Spielverlauf aus dem Netz nachgeahmt haben soll.

Erschreckend auch der Fall von zwei jungen chinesischen WoW-
Süchtigen, die aufgrund von wochenlangem exzessiven Spielens
an Erschöpfung starben. Nach solchen aufsehenerregenden
Fällen hat auch die große Einheitspartei Chinas die Initiative er-
griffen und Gegenmaßnahmen eingeleitet. So gibt es im militäri-
schen Großkrankenhaus in Peking neuerdings eine spezielle

Klinik für Online-Suchtkrankheiten. In Zukunft sollen Online-Spiele auch nur dann auf den chinesischen Markt gebracht werden dürfen, wenn sie sich nach dreistündiger Benutzung von selbst ausschalten. Jedoch können wir fast sicher sein, dass die pfiffigen „Webaholics" – so werden die Internetsüchtigen genannt – Mittel und Wege finden, diese Sperre zu umgehen. Wollen wir wetten?

Schlaubi's Small Talk Fakt!

Die Regierung hat eine effiziente Möglichkeit entwickelt, um illegale Straßenhändler zu zwingen, ihre Mehrwertsteuer zu bezahlen. Wie? Indem man die Quittungen einfach mit einem kleinen Rubbelfeld versehen hat, welches man an Ort und Stelle freirubbeln kann. Mit etwas Glück gewinnt man einen kleinen Geldbetrag – gesponsert von der örtlichen Behörde. Davon wird reichlich Gebrauch gemacht, so dass mit der Spielsucht der Leute die Steuereinnahmen gesichert werden können.

Karaoke
Strapazieren Sie Ihre Stimmbänder

Es gibt Momente im Leben eines jeden Mannes, in welchen man sich in seiner Männlichkeit nicht ernst genommen fühlt: Im Kindergarten wenn man in die Schäfchen-Gruppe anstelle der Tiger-Gruppe gesteckt wurde. In der Grundschule, als man noch lange Unterhosen und Strumpfhosen tragen musste. Oder wenn einem die Omi mit einem dicken Haufen Spucke die Marmelade aus den Mundwinkeln wischte.

Auch im Erwachsenenleben gibt es Momente die uns mental kastrieren: Zum Beispiel wenn man in einem verrauchten Raum

Es gibt Dinge im Leben, über die man nicht spricht – und auch nicht singt!

mit 20 Leuten sitzt und jault als ob einem die Eier in der nächsten Tür eingeklemmt wurden. Solche Situationen gehören definitiv zu den „femininen Momenten" im Leben. Wenn man dazu
noch ein Lied von den Bee Gee's trällert, welche eindeutig 3
Tonlagen über dem körperlich Machbaren liegt, so ist die Welt
alles andere als in Ordnung! Doch was ist passiert? Kurbeln wir
die Zeit zurück und beobachten Stephan bei einer seiner ersten
kulturellen Freizeit-Begegnungen. Er berichtet:

„KTV" klingt bei jeder Einladung eines chinesischen Freundes
erst einmal nach einem witzigen Fernsehabend. Klar doch, KTV

Party… weshalb denn auch nicht? Etwas Bier trinken, ein, zwei DVDs auf dem TV schauen und irgendwann auf der Couch vor dem Fernseher einschlafen. Das war mein Bild von KTV. Mein deutscher Chef schüttelte erst einmal den Kopf und meinte lapidar „du Armer", als ich ihm von meinem Wochenendvorhaben erzählte: Ich war auf einer „KTV Party" eingeladen und dachte bis dahin immer noch es handelte sich um „Pay-TV". Meine chinesischen Kollegen freuten sich jedoch sehr über meine Zusage. Erst nachdem ich den Begriff KTV dann im Internet recherchiert hatte, war ich mir jedoch nicht sicher, ob es sich um Schadenfreude oder Vorfreude handelte, denn es bedeutete: „Karaoke-TV". Schluck!

Schnipp, schnapp – Eier ab!

Da stand ich nun, das Mikrophon zittrig in den Händen, mit 40 Mandelaugen gebannt auch mich gerichtet in einem kleinen separaten Raum. (Zum Glück singt man hier nicht vor 300 Leuten sondern mietet einen kleines Zimmer. Der Kollateralschaden fällt somit deutlich kleiner aus.)

„Every night in my dreams…"

…singe ich zaghaft ins Mikrophon und frage mich, wie tief ich eigentlich gesunken bin, damit ich Celine Dion singe. Celine Dion, der Alptraum meiner eingeschlafenen Füße, Gott sei meiner Seele gnädig. Meine chinesischen Feind… äh Freunde haben mir ein Lied zum singen ausgesucht und die Quintessenz eines musikalischen Alptraums gefunden. Wenn mich ein Personalchef in Zukunft nach meiner interkulturellen Kompetenz frägt, so kann ich dieses Erlebnis als Reverenz angeben. Zeugen gibt es ja genug.

Celine Dion's Hamster…

„I see you, I feel you…" Während ich mein Bestes gebe, spielt Zhou Yang an der Karaoke-Anlage herum. Da gibt es dann so nette Knöpfchen, welche einen Echo-Effekt hinzufügen oder meine Stimme verändern. Nach ein paar Sekunden quietsche ich wie Celine Dion's Hamster der gerade in den Staubsauger gezogen wird. Kurz darauf höre ich mich an, als ob Celine Dion eine

Überdosis männliche Hormone gespritzt bekommen hat, der Stimmbruch eingesetzt hat und zudem 40 kolumbianische Zigarren pro Tag raucht. Ein Lachen geht durch die Reihen…

Vor meinem geistigen Auge sehe ich Kate Winslet und Leonardo Di Caprio auf dem Bruchstück der Titanic hocken, die sich zitternd zuflüstern: „Wenn du sin(k)gst, singe ich auch".

Kulturelle Kompetenz durch Aufgabe jedes Schamgefühls
Je später der KTV Abend trinkt, desto niedriger die Hemmungen. Plötzlich macht Karaoke sogar wirklich Spaß! (Hab ich das wirklich eben gesagt?) Die Menge grölt, die Stimmbänder schwingen und die Gläser bekommen kleine Risse. Jeder, der vorbeiläuft muss nun wohl denken, dass sich die kaiserliche Eunuchengruppe auf Jahresausflug befindet, aber auch das ist irgendwann egal. Solche Momente schweißen ungemein zusammen. Die Freundschaften, die man bei einem falsch gesungenen Lied der Backstreet Boys schließt, halten ein Leben lang. Wenn Sie mitsingen, so können Sie am nächsten Tag höchstens Ihre Stimme verlieren. Verschmähen Sie jedoch das musikalische Stelldichein, so haben Sie in China für alle Tage ihr Gesicht verloren. Dann hilft Ihnen auch Ihre Stimme nicht weiter.

Ein Tipp zum Abschluss: Wenn Sie es im Job weit nach oben bringen wollen, so nehmen Sie ihren Chef doch einmal mit zu KTV. Spätestens wenn er hochrot auf der Bühne steht und Lieder von den „Spice Girls" zwitschert, so sollten Sie IhreVideokamera zücken. Mit solch einem Video haben Sie eine sehr gute Verhandlungsbasis in der Zukunft: Gehaltserhöhung oder Link im E-Mail-Verteiler zu YouTube!

Sport

China ist ein kulinarisches Schlaraffenland. Für wenige Euro können Sie Tag für Tag ihren Wanst für wenig Geld so richtig voll hauen. Ob nun mexikanisch, chinesisch, australisch oder französisch – mit steigender gastronomischer Erfahrung mit der internationalen Küche einer Metropole steigt auch proportional der Umfang Ihrer Hüfte. Zwar sind neue Hosen billig und Schwabbelbäuche werden hier, genauso wie im Ruhrgebiet, gern selbstbewusst zur Schau gestellt. Doch findet die Freundin es gar nicht so prickelnd, wenn man Probleme hat, sich einmal unter der Dusche um die eigene Achse zu drehen. Und damit Sie bei der Rückreise nach Deutschland am Flughafen nur ihr Gepäck und nicht gleich auch noch eine eigene Postleitzahl erhalten, so bleibt ihnen zur Prävention nur eines übrig: Sport zu treiben!

Besonders beliebt ist in China ja das „Tai Chi". Falls Sie nun „Gesundheit" sagen, so haben Sie wohl noch nie etwas von dem Wort gehört. Tai Chi (oder auch Tai Ji) ist chinesisches Schattenboxen und gerade in den Morgenstunden sieht man die ältere Gesellschaft die geschmeidigen Bewegungsabläufe vollführen. Das dient auch der Meditation und soll die Persönlichkeit stärken. Und für das Ego ist es auch gut, da man gegen seinen eigenen Schatten nur sehr schwer verlieren kann.

Während es in Deutschland „Trimm dich Pfade" gibt, so hat die chinesische Regierung überall im Land „Spielplätze für Erwachsene" aufstellen lassen. Hierbei handelt es sich um einfache Fitnessgeräte auf freien Plätzen auf denen sich die Bevölkerung nach Lust und Laune austoben darf. Während Martin als Turner Tränen in den Augen hatte, in jedem Park Klimmzug-Stangen und Stahlbarren vorzufinden (ganz so wie zu Turnvater Jahns Zeiten!) war das Stephan höchst suspekt und er sehnte sich nach einer ordentlichen Muckibude. Der örtliche „Zangbei Fitnessclub" kam da mit 60 Euro Mitgliedsbeitrag für 6 Monate wie gerufen. Dieser Fitnessclub war eigentlich nichts Außergewöhnliches: Tai Chi Kurse, Yoga und anderen „Frauensachen" neben ein paar neumodischen Hamsterrädern, auf denen man seine Kondition trainieren kann. Doch diese wurden ach einiger Zeit langweilig – eine richtige Herausforderung musste her. Das kam der Pekinger Halbmarathon wie gerufen:

„21,0975km. Tschaaaa-kaaaa, du schaffst das!", sage ich zu mir selbst, während ich mir auf dem Platz des himmlischen Friedens meine Schnür-senkel straff ziehe. Der zweite Gedanke: „Du Hirsch, was zur Hölle machst du eigentlich hier?". Da stand ich inmitten 25.000 Menschen, die alle dieselbe bescheuerte Idee hatten: Ein Strecke zu laufen, die mit dem Taxi nur ein paar Euros kostet!

Auf die Plätze... , Fertig..., Stau!

Das Problem bei 25.000 Menschen ist, dass man das Gefühl hat, man befindet sich inmitten des Schlussverkaufs eines Douglas Shop: Dichtes Gedrängel und Geschubse, nichts geht voran und dazu riecht es auch noch komisch.

Kilometer 1: Langsam kann ich mich in Bewegung setzen… dann immer schneller. Die Menge zieht mich mit wie ein Sog.

Kilometer 7: Eine Wasserstation. Ich stürme zur Kiste und neh-me eine ganze Flasche Wasser raus. Ich trinke hastig, den Rest der Flasche schütte ich mir über den Rücken und dann schleu-dere ich die leere Flasche in die Menschenmenge. Geil, das sieht man sonst immer nur im Fernsehen…

Kilometer 9: Was man nicht alles sieht: Der eine schiebt einen Kinderwagen vor sich her, der nächste rennt in Sandalen. Krasse Kerle! Während unsereins sich mit atmungsaktiven Professional-Speed-Schuhen ausrüstet läuft man hier schon mal barfuß (!).

Kilometer 12: Ich renne eine Brücke auf der 2. Ringstraße hoch und blicke zurück. Es gibt Momente im Leben, in denen man einfach nur sprachlos ist. Abertausende von Menschen bewegen sich hinter mir. Ein pulsierendes Etwas. Man kann das nur schwer begreifen. Man hat eine Gänsehaut und das Gefühl, wirklich Teil von etwas Großem zu sein.

Kilometer 15: Langsam merke ich, dass die Atmung schwerer wird. Bei der Dunstglocke über der Stadt auch kein Wunder. Wahrscheinlich nehme ich auf den 21 Kilometern so viel Feinstaub auf, dass ich in Deutschland ohne Plakette gar nicht mehr atmen darf und manche Innenstädte für mich gesperrt sind.

Kilometer 19: Noch knapp 2 Kilometer liegen vor mir. Noch 1500 Meter, noch 1000 Meter und da sehe ich es... das Zieltor. Noch ein letztes Mal sammele ich alle Reserven und laufe schneller. Die Leute jubeln, ... noch 100 Meter, noch 50 Meter... dann das Ziel! **21,0975km** in **1h 45min** ! Was für ein Freudentaumel... Man kann das nicht anders beschreiben... Einfach geil!

Nachtleben in China

„Wanna Fucki Fucki?"

Der Unterschied des Nachtlebens zwischen Peking und unseren Heimatorten, ist vergleichbar mit dem Unterschied zwischen Tag und Nacht. Oder mit schwarz und weiß, rechts und links, reich und arm, Himmel und Hölle. Das reicht, ich denke Sie wissen, worauf wir hinaus wollen: Stephan hatte natürlich keine Vorstellung, was ein richtiges Nachtleben ist: Wenn im Dorf kurz vor Sonnenuntergang die Gehsteige eingerollt werden und alle die danach noch draußen sind als Landstreicher inhaftiert werden, so ist es schon ein Disco-Gefühl, wenn mehr als vier Kuhglocken gleichzeitig vor sich hin bimmeln.

Die Nachtclubs in den Metropolen Chinas wetteifern miteinander jedoch um die eindrucksvollsten Shows, die höchsten Cocktail-pyramiden und die schärfsten Gogo-Girls. Wer die längste The-ke, die ausgeflippteste Dekoration oder die namhaftesten DJs dieser Welt liefern kann ist „in" und „chic"! Clubs wie das Coco Banana, Suzie Wongs oder das Mix in Peking stehen für Spaß, laute Musik, dichtes Gedränge und für die Jugend von heute vor allem für eines: Richtig schön westlich zu sein! Neben den Glit-zerbuden reihen sich Bar an Bar und konkurrieren miteinander um die günstigsten Cocktails oder die beste „All you can drink"-Party. Egal ob als Urlauber, Expatriate oder Student in China, neigt sich die Arbeitswoche dem Ende zu, so hat man stets aufs Neue die Qual der Wahl der besten Partylocations. Um Ihnen die Entscheidung etwas abzunehmen, haben wir einen kleinen Par-tyguide verfasst, der entsprechend ihrem Geldbeutel garantiert das richtige Abendprogramm bietet:

Preiskategorie: Nahezu Pleite…

Ok, es ist Freitagabend und Sie haben nur noch 1 Euro im Geld-beutel und möchten trotzdem ihren Spaß haben? Schwierig,– aber nicht unmöglich! Gehen Sie zu einem der nächstbesten Straßenhändler und kaufen Sie 3 Flaschen Bier. Schnappen Sie sich zu Hause ein paar Kissen oder besser noch einen Liege-stuhl und gesellen Sie sich zu den Taxifahrern am Taxistand um die Ecke. Machen Sie es wie sie: Direkt auf der Straße klappen Sie ihren Liegestuhl aus, öffnen gemütlich ein Bier und spielen einige Runden Karten. So lernen Sie nicht nur nette Leute ken-nen, sondern können mit Glück und ihrem übrigem Restgeld sogar noch etwas Gewinn machen. Dann reicht es beim nächs-ten Wochenende vielleicht für die nächste Preiskategorie…

Preiskategorie: Es gab ein wenig Taschengeld von Mama...

Prima, Sie haben ein paar Scheinchen in der Tasche, bestenfalls sogar 100 Yuan (10 Euro). Werfen Sie sich in ihr Partyoutfit und machen Sie Sanlitun unsicher! Sanlitun? Kennen Sie nicht? Nein, hierbei handelt es sich nicht um ein fernöstliches Reinigungsmittel sondern um die Partymeile von Peking. Dort trifft Ost auf West, Jung auf Alt und bettelnde Straßenkinder auf neureiche Jungingenieure. Gesellen Sie sich zu den Nachtschwärmern und vergessen Sie die verkorkte Arbeitswoche. Im Shooters, nur eine Querstraße entfernt von der „Sanlitun Lu" (Anm.: Lu = Straße), können Sie die Flasche Tsingtao Bier bereits für 10 Yuan bekommen, hochprozentige Cocktails für 20 Yuan. Sie werden blutjunge Studentinnen antreffen und können nach Herzenslust ihrer Midlife-Crisis entgegenwirken. Auch wenn die Mädels nur hinter Ihrem Geld her sind, nach drei Mojito ist ihnen das auch relativ egal...

Preiskategorie: Sie haben 30 Euro in Ihren Socken gefunden

Perfekt! Einem unvergesslichen Abend im nächtlichen Lichtermeer steht ihnen nichts mehr im Wege. Mit so viel Geld können Sie es richtig krachen lassen. Zwar kosten die richtig guten Clubs auch in Peking ihr Geld, doch der übliche Eintritt von 5-10 Euro ist noch übersichtlich. Clubs wie das Coco Banana oder das Vics(!) öffnen ihre Pforten und Sie treten ein in die wunderbare Welt des „Sehen und Gesehen" werden. Bunt geschminkte Mädchen stolzieren auf ihren hippen Schuhchen durch eine blinkende Fantasiewelt, welche von Schwarz- und Neonlicht, sowie Lasershows nur so strotzt. Wer es in China zu einem gewissen Status geschafft hat, der zeigt es hier. Bunt verzierte Cocktails wandern über die Ladentheke, die Barkeeper vollführen eine artistische Show mit ihren Mixgläsern. Wummernde Bässe von internationalen Top-DJs lassen die Tanzfläche erbeben und die ganze Situation wirkt irgendwie .... – Falsch! Moment, waren wir nicht eben noch in China? Haben wir nicht schäbige Unterkünfte und ein Analphabetisierungsrate von 40% erwartet? Während in dem Land immer noch Millionen und Abermillionen von Menschen unter der Armutsgrenze leben, so trifft sich die Upper Class in Nobelschuppen und versteckt sich hinter Türstehern, die jedem den Zugang zu dieser schönen neuen Welt versperrt, der nicht ins Konzept passt und den schönen roten Teppich beschmutzen könnte...

Preiskategorie: den Abend seines Lebens erleben!

Sicher gibt es viele Orte, an denen man einen Abend in stilvoller Atmosphäre ausklingen lassen kann. Nur ein paar Orte haben jedoch das Potential, das Erlebte zu einer Legende zu machen. Die Bar Rouge ist der Ort in Shanghai, an dem sich das „Who is Who" des Szene trifft. Ein Ort, an dem Firmenvorstände ihren Bauchspeck auf der Tanzfläche schwingen oder Fotomodels sich in der Toilette nebenan den Finger in den Hals stecken. In der 15-Millionen-Metropole Shanghai treffen sich die oberen Zehntausend genau an einem Ort: dort! Selbst wenn der Eintritt 10 Euro kostet und das Glas Champagner 15 Euro, an diesem Abend spielt das Geld keine Rolle mehr. Für eine Nacht ist man Teil einer illustren Gesellschaft, betritt eine Welt, welche man sonst nur aus Hollywoodfilmen kennt. Die Barkeeper bauen Cocktailpyramiden bis zur Decke und entzünden sie. Die ganze Theke brennt für einige Sekunden, verbrennt die Krawatten einiger Firmenbosse und Parteibonzen und im Hintergrund heizt fetzige House-Musik dem ganzen wirren Treiben noch mehr ein. *„Echt der Abend meines Lebens".* Wenn man solche Sätze aus dem Mund seiner Gäste hört, so weiß man, dass die Wahl der Location so falsch nicht gewesen sein kann. In solch einem Moment bestellt man sich nochmals einen Cocktail, läuft zur Dachterrasse der Bar und blickt hinüber auf die funkelnde Skyline von Pudong. Und genau in diesem Moment weiß man, dass man davon noch seinen Kindern erzählen wird.

Wissen wo der Haken daran ist? – Unbezahlbar!

Nur ein paar Querstraßen entfernt wartet die harte Realität auf die nächtlichen Partygänger. Ehe man sich versieht, hängt ein Kleinkind am Bein und lässt sich mitschleifen. „Money, money", sagt es im undeutlichen Englisch und man frägt sich, welches Alter dieser Knirps wohl hat? Um 4 Uhr nachts sollten 5-jährige

Jungs doch friedlich schlummernd in ihren Bettchen liegen. Und wenn dieser einem treuherzig in die Augen schaut, so wird einem schmerzhaft bewusst, dass in China eben nicht alle vom aufkeimenden Wohlstand profitieren.

Zudem wird man nachts penetrant von irgendwelchen Jungs auf der Straße angesprochen: „Wolle Sex-Massage?", „Fucki Fucki" oder „cheap girls?". Schon von Marco Polo sagt man, er hätte auf seiner Reise nach Peking von 25.000 Konkubinen geschwärmt, welche in der Stadt ihre Dienste anboten. Die größten Städte in Europa hatten zu jener Zeit wohlgemerkt knapp über 100.000 Einwohner! Und wenn man zum 15. Mal auf einer knapp 100 Meter langen Strecke irgendwelchen nervigen Leuten klarmachen musste, dass man keine „Lady-Massage" möchte, seien Sie auch noch so günstig, so merkt man, dass sich in Peking bis heute nicht viel geändert hat. Nur globalisierter ist man geworden. So wundert es einen auch nicht, dass ein kleiner chinesischer Rastafari uns auch gleich noch „Haschisch, Marihuana" anbietet. Ob er wohl weiß, dass auf den Verkauf von Drogen in China die Todesstrafe steht?

Gartenkunst
Der grüne (bzw. gelbe) Daumen

Gartengestaltung ist seit über 5.000 Jahren Bestandteil der chinesischen Kultur. Doch nicht die Pflanzen stehen hier im Vordergrund, sondern chinesische Gärten sind eine Art Kreation eines eigenen Universums mit kleinen Seen, Hügeln, Höhlen, Felsbrocken und Häuschen. Um den Einklang von Yin und Yan zu erzeugen, bieten die kleinen Gärten starke Kontraste aus Bergen und Ebenen, zwischen kurzen und weiten Perspektiven, zwischen felsenfest und sanft fließend. Ziel der chinesischen Gartengestaltung ist es, Harmonie von Erde, Himmel, Steinen, Wasser, Gebäuden, Wegen und Pflanzen (den so genannten sieben Dingen) zu erreichen. Der Mensch, als Achter, konnte dann mit ihnen und in Ihnen zur vollkommenen Harmonie finden (Acht ist eine bedeutende Glückszahl in China).

148

Über das Wasser in den chinesischen Gärten führen fast aus-schließlich Zick-Zack-Brücken. Das hat mal wieder was mit dem Aberglauben zu tun: Geister können sich angeblich nur gerade-aus fortbewegen, und fallen dann wohl in diesem Zickzack ein-fach ins Wasser. Tja lieber Casper, hättest mal lieber den Schwimmkurs mitgemacht! Eine andere Interpretation kommt aus dem Taoismus und man meint dass sich in dem Zickzack die Aufforderung wieder spiegelt, den niemals geraden Pfad des Lebens achtsam zu gehen. (Vielleicht ist das auch der Grund für die vielen Schlaglöcher auf den Straßen des Ruhrgebiets?) Zu-dem sind die Gärten Ort der Muße, an denen gedacht, geschrie-ben (Kalligrafie) und gemalt wurde. Ob hier der Begriff „Blüm-chensex" seinen Ursprung hat wird noch erforscht.

An dieser Stelle wollen wir Sie nicht zum Hobby-Gärtner ausbil-den, sondern unsere Bewunderung für eine Stadt bekunden, die ganz oben auf der Agenda des chinesischen Tourismus steht, im Ausland aber nicht unbedingt sehr bekannt ist.

Suzhou: „Die Gartenstadt"

In Suzhou gab es in der Ming Dynastie (ungefähr unser Mittelal-ter) um die 250 Gärten. Noch heute sind es ca. 60, von denen noch einige besichtigt werden können. Suzhou wurde von Marco Polo als „Venedig des Ostens" bezeichnet (das bezieht sich nicht auf den Geruch).

Die Gartennamen sind äußerst fantasievoll und entfalten hier die volle Poesie der chinesischen Sprache: Zum „Garten des Ver-weilens" gesellt sich der „Löwen-Wald" oder der „Pavillon der dunkelgrünen Wellen", der „Garten des bescheidenen Beamten", „Garten zum Rückzug und zur Besinnung"... Man meint, das bei solchen Namen, Ihre Schöpfer ganz vom vielen Blütenstaub be-nebelt sein mussten. Aber irgendwas muss ja dran sein – im-merhin wurden neun von Suzhous Gärten zum UNESCO Welt-kulturerbe erklärt. Man kann sich den Zauber der klassischen chinesischen Gärten schwer vorstellen, ohne sie erlebt zu haben - wahrlich Paradiese für Geist und Seele, in denen man romantische Schönheit, Erholung und inneren Frieden finden kann. In diesen Gärten werden Landschaften en miniature nachgebildet, in denen die Natur und die Kultur des Landes zu malerischen Bildern verschmelzen. Es sind architektonische Meisterwerke, die das Streben nach Harmonie widerspiegeln und mit denen man das Werk der Natur noch zu übertreffen suchte.

Ein Tipp: Wenn Sie die Gärten in Anmut und Schönheit und poetischer Stimmung sehen wollen, kommen Sie zeitig ansonsten gleicht das Feeling eher einem Spaziergang durch einen überfüllten Münchner Biergarten.

Tongli: Troja auf Chinesisch

In Martins Augen liegt die eigentlich Perle aber ein wenig außerhalb von Suzhou: Ca. 1 Stunde Busfahrt mit einem nahezu unauffindbaren Lokalen Bus enthüllt das zauberhafte "Wasserstädtchen" Tongli. Doch in dieses zu gelangen war wohl für Martin schwerer als damals für Odysseus die Eroberung von Troja: Da die Stadt in der Tat eine Perle ist, lässt sie sich natürlich zu Geld machen. Martin hatte nach 4 Gärten ab 6 Uhr morgens ein gewisses Limit erreicht und wollte zu diesem sagenumwobenen Tongli. Die Tuk-Tuks zeigten ihm aber einen Vogel: Viel zu weit, außerdem regnete es in strömen. Die Taxifahrer wahren unverschämt: 30 Euro wäre eine Fahrt gekommen. Für den armen Studenten blieb also nur der lokale Bus. Finden Sie den mal! Trotzdem Suzhou eine solche Touristenattraktion ist, hat die

Ländliche Idylle in Tongli

Stadt immer noch 6 Millionen Einwohner. Zu allem übel wurde die nur grob im Reiseführer eingezeichnete Bushaltestelle inzwischen verlegt. Ein Orientierungslauf mit Anwendung aller Chinesischkenntnisse (5 Wörter), Händen und Füßen begann. Endlich fand Martin die Haltestelle: Ein keimiger Parkplatz mit einem Bauwagen als Ticketverkaufstelle. Die Fahrt sollte acht Euro kosten. Blutsauger! Was ist das denn? Entsetzt trat Martin aus der Reihe. Während er dort noch eine Kosten-Nutzen-Rechnung vollführter trauter er seinen Ohren nicht: Ein Chinese verlangte eine Fahrt nach Tongli und bekam statt einer großen Postkarte einen kleinen Schnipsel als Fahrtkarte – 80 Cent! Martin schubste die Chinesen zur Seite (das ist nicht unhöflich, sondern ein Zeichen, das er sich an die lokalen Brauchtümer gewöhnt hatte) und sagte: Die will ich auch haben! Die Chinesin zog ein Gesicht länger als der eben versiegende Regenschauer und gab im dieselbe Fahrt für 10% dessen, was Sie noch vor 3 Minuten verlangt hatte! Martin fluchte nur innerlich und fragte sich, ob man als Tourist eigentlich noch Rechte hat.

... In Tongli angekommen sollte Martin dann doch tatsächlich nochmals 8 Euro Eintritt bezahlen – denn es gab tatsächlich neue Stadttore in Form von je 4 Chinesen, die wild gestikulierten und Martin nicht reinlassen wollten. Irgendwann reichte es Ihm und er deutete auf die ganzen Chinesen, die einfach so ein und aus spazieren, und sagte, dass er da nur was Essen wollte und daher gratis in die Stadt wolle, statt gezwungen zu werden, ein „All Inklusive Package" für irgendwelche weiteren Gärten zu erwerben, die eh in einer halben Stunde dicht machen würden. Und wie so oft in China, machte sich Hartnäckigkeit bezahlt: Nachdem mal wieder 3 Chinesen ohne Eintritt vorbeimarschieren durften, wurden auch Martin der Weg frei gemacht, in eine der faszinierendsten Welten jenseits des Lausitzer Spreewaldes, die er gesehen hatte: Eine chinesische Wasserstadt... (Doch die ist leider wirklich nicht mit Worten zu beschreiben)

Willst du eine Stunde glücklich sein, betrinke dich. Willst du drei Tage glücklich sein, heirate. Willst du acht Tage glücklich sein, schlachte ein Schwein und gib ein Festessen. Willst du aber ein Leben lang glücklich sein, so schaffe dir einen Garten. *(chinesisches Sprichwort)*

Peking - Himmelstempel

Kapitel 6

Kultur und Mentalität
Unterschiede wie Fisch und Fahrrad

Leben *an* der Straße

Die zwei Gesichter von Pudong (Shanghai)

Shanghai boomt. Wir wollten unbedingt nach Shanghai. Das unglaubliche Wachstum sehen, und all das, was wir über diese hippe und boomende Stadt gelesen hatten, jetzt endlich in bunt und zum Anfassen erleben. Aufregend war es tatsächlich - doch mal wieder anders als wir es erwartet hatten. Doch beginnen wir der Reihe nach. Martins Tagebuch verrät:

Ich schreibe bewusst Leben *an* der Straße - denn "auf der Straße leben" heißt ja für uns Obdachlosigkeit. In Asien ist das etwas anders und in Shanghai ist mir dies zum ersten Mal aufgefallen: Ich fuhr nach Pudong, dem neuem, sagenumwobenen Business-Zentrum. Ich wollte zur Baustelle des ca. 550 Meter hohen World Financial Centers. Mit diesem im Ziel stieg ich aus der U-Bahn aus - extra eine Station weiter hinten, um etwas von dem „vorherigen" Pudong mitzubekommen. Und hier sah ich, wie es wohl

Hier entsteht derzeit das höchste Gebäude der Welt. Nur wenige Straße weiter kümmert das niemanden

vorher hier überall ausgesehen haben muss: Die Besiedlung war schon mehrstöckig, wenn auch die Bausubstanz sehr bröckelig war. Aber die Wohnungen dienten wohl eher nur als Schlafplatz, denn das eigentliche Leben spielt sich *an der Straße* ab: Jeder sitzt am Hauseingang mit seinem Fernseher und betreibt einen kleinen Laden. Auf dem Bauch spielen die Kinder, auf der Ladentheke döst die Katze und im ratternden Kühlschrank glänzt die Coke light. Markant sind die Friseursalons, die mitten auf dem Gehweg aus einem Plastikstuhl, einer Schere und einem Frisiermeister bestehen. Die Umtriebichkeit und die Einfachheit dieses Lebens hier faszinierten mich tief - doch gleichzeitig fühlte ich die Bedrohlichkeit der betonierten Hochhäuserwände im Hintergrund. Sie warfen weite Schatten voraus.

Überhaupt ist diese Lebensform "an der Straße" in meinen Augen ein echtes Phänomen: denn in ihrer Armut können sich die Asiaten nicht den Luxus von getrennten Zimmern, geschweige denn einem Büro leisten: Die meisten leben in nur einem Raum, in dem sie essen, schlafen, aneinander rumfingern und natürlich auch arbeiten. Am krassesten erschien mir ein Kiosk in der Nähe unserer Wohnung in Peking: Das Ding war vielleicht 3x2 Meter mit einem ganz schmalen (vielleicht 2x1 Meter) Gang drin. In diesen wurde nachts eine Matratze gelegt, auf der Mama, Papa und die beiden Kinder wohnten! Übel - oder positiv formuliert: wenigstens nicht obdachlos.

Spuckende Schlitzaugen

Typische Vorurteile und was wirklich dran ist

Meine Damen und Herren, es ist Zeit aufzuräumen. Wir haben geläufige Vorurteile gegenüber China unter die Lupe genommen:

Vorurteil 1: Alle Chinesen haben Schlitzaugen und sind klein

Oh weh, dass Paradebeispiel an „China-Klischee". Gut, leugnen kann man es sicherlich nicht, dass ca. 98,99% der Chinesen in unseren Augen „untypische" Augenform haben. Doch alle haben automatisch Schlitzaugen, nur weil sie „Chinesen" sind. Einfach mal die Augen offen halten: Natürlich zählen teilweise die Minderheiten dazu und Menschen, die in Grenzregionen leben. Mit einiger Zeit vor Ort erkennt man die feinen Unterschiede. Und nein! Chinesen sehen nicht alle gleich aus. Es dauert nur eine Weile, sich an das andere „Muster" zu gewöhnen. Leider lassen sich einige neureiche Chinesinnen die Augen nach westlichem Vorbild umoperieren, nur um sich hinterher die Haare blond zu färben und die Haut zu bleichen. Während wir von allen Chinesen automatisch annehmen, sie hätten „Schlitzaugen", so gibt es das passende Pendant natürlich auch auf Chinesischer Seite. Die Europäer sind „Langnasen". Das entspricht dem Bild, dass über eine Milliarde Menschen – übrigens nicht nur in China - von uns „Europäern" haben. Sind wir also alle kleine Mike Krügers aus der Sicht der Asiaten?

Zur Körpergröße: Sicherlich gibt es viele Menschen die klein sind, aber das Image von China als Land der Gegensätze bestätigt sich auch in diesem Gegensatz: Bis zum letzten Jahr zählte zum Beispiel Bao Xishun aus China mit 2,36 Meter als größter Mensch der Welt. Inzwischen ist ihm ein Ukrainer mir 2,57m über den Kopf gewachsten, doch noch immer ist eine Chinesin aus Anhui die größte Frau auf diesem Planeten: Sie misst über 2,40 Meter Körpergröße und hat Schuhgröße 57. Ein schweres Schicksal, denn weil Sie als Elfjährige schon 1,85m groß war wurde Sie von den armen Eltern an einen Zirkus verkauft. Inzwischen lebt Sie aber wieder in einer Mini-Hütte zu Hause. Wir halten als **Fazit** fest: **Klischee nur teilweise erfüllt – aber Gene sind nun mal Gene!**

Vorurteil 2: „Japaner u. Chinesen – ist doch alles dasselbe"
Haben Sie schon einmal versucht einem Franzosen klarzumachen, dass er ein Deutscher sei? Wohl nicht. Oder? Selbiges gilt für die Deutschen und die Polen, Engländer, Niederländer, Österreicher, Türken oder Russen.

Sicher, in unseren Augen mögen die Chinesen und die Japaner ähnlich anmuten. Beide Völker haben Augen in 16:9 Breitbildformat, schwarze Haare und immer eine 3.000 Euro Nikon Kamera um den Hals hängen, selbst die Babys. Und verstehen tut man eh beide nicht. Jedoch gibt es grundsätzliche Unterschiede. In Japan fuchtelten die Samurais, in China die Shaolin-Mönche. In Japan fährt man Honda, in China immer noch Fahrrad oder VW's (in keinem Land verkauft VW mehr Autos!). Japan ist das Land der Tugenden und des Lächelns. China behauptet zwar dasselbe von sich, aber in Japan stellen sich wenigstens die Leute brav in einer Reihe ein und Ordnung ist oberstes Gebot. In China regiert das Gesetz des spitzen Ellenbogens. Vorsicht: Sagt man zu chinesischen Mitarbeitern „Let's do it like Toyota", so kann es sein, dass es gleich klatscht, wohlgemerkt keinen Beifall.

Die gegenseitige Abneigung beider Völker hat auch einen historischen Hintergrund. Beide Völker haben sich seit jeher bekriegt. Zuletzt marschierte das japanische Kaiserreich während des 2. Weltkrieges in China ein, machte einige Städte dem Erdboden gleich und metzelte die Einwohner nieder. Ist es da nicht verständlich, dass die Chinesen eine ablehnende Haltung einnehmen, wenn man sagt, sie seien wie die Japaner? Hmmm…

Der teilweise noch tief sitzende Hass auf die Japaner rührt auch daher, dass sich die Japaner nie wirklich für ihre Kriegsverbrechen entschuldigt haben, die sie in China begangen haben. Dafür werden übrigens wir Deutschen sehr bewundert: Uns wurde

158

mehrmals gesagt, wie toll sie das fanden, dass sich unsere Politiker bei jeder Gelegenheit in der Öffentlichkeit für die Verbrechen im Holocaust entschuldigt haben.

Doch kommen wir zurück zu den Japanern: Ein chinesischer Freund sagte einst zu uns: „Japaner sind komisch. Die könnten nix richtig und davon aber viel. Die japanische Sprache sei eine billige Kopie der chinesischen" (obwohl für nachgemachte Dinge ja eigentlich ein anderes Land berühmt ist). **Fazit: Klischee nicht erfüllt!**

Vorurteil 3: Alle Chinesen haben schwarze Haare
Nach unseren persönlichen Einschätzungen können wir sagen, dass das immer vom Alter abhängt. Die kleinen Chinesenbabys haben gar keine Haare, die ältere Generation hat schneeweißes Haar und dann gibt es noch die Teenies, sich alle erdenklichen Farbnuancen ins Haar schmiert. So läuft man manchmal durch die Straßen Pekings und sieht plötzlich eine Gestalt vor sich, welche wie ein zur Realität gewordenes Gemälde von Salvador Dalí aussieht. Grell geschminkt (ist noch beschönigend formu

liert) und dazu ein wilder Haarwuschel in hellorange und neonlila! So etwas sieht man in Deutschland höchstens zur Loveparade oder nach verlorenen Wetteinsätzen mit seinen Kumpels. Gut, die restlichen 99,98345% der Chinesen haben schwarze Haare! **Fazit: Klischee nur zu 99,98345% erfüllt!**

Vorurteil 4: Chinesen rotzen und spucken pausenlos
Nun ja... wir hoffen mal, Sie haben noch nicht gegessen.

Falls doch, so sollten Sie das Buch nun kurz beiseite legen. Denn es geht hier auf den Straßen manchmal zu wie auf dem Fußballplatz: Es wird gespuckt, gerotzt und gebrüllt was das Zeug hält; alles möglichst lautstark. Es ist in der Tat schon sehr befremdlich was sich einem in China vor den Augen und Ohren abspielt: Bei den Chinesen ist es unüblich und unhöflich sich in der Öffentlichkeit zu schnäuzen, egal wie sehr die Nase läuft. Lieber ziehen sie den Nasenschleim bis in die hintersten Hirnlappen hoch. Möchte man sich irgendwann wieder vom hochgezogenen Ballast lösen, atmet man tief ein, hält sich ein Nasenloch zu um dann mit aller Kraft auszuatmen. Und ab geht die Post! Diese kleinen grünen Tretminen liegen dann fröhlich auf dem Fußboden herum. Und was gibt es schöneres, als wenn einem auf dem Gehweg ein hübsches Mädchen entgegenkommt, das im letzten Moment (bevor man es fast angesprochen hätte) noch mal alles aus den Nebenhöhlen herausholt, um es einem dann genau vor die Füße zu platzieren. Übrigens finden die Chinesen im Gegenzug unser Schnäuzen richtig eklig – es sei unhygienisch.

Zum Glück haben Chinesen seltener Schnupfen, als dass sie meinen, ihre Kehle klären zu müssen. Während wir uns früher als kleine Pratzen darin geübt haben, Kirschkerne weit zu spucken, so ist Spucken ein großes Hobby von Chinesen aller Altersklassen. Manchmal kommt man sich auf der Straße vor, als sei man in einem riesigen Spucknapf gelandet und möchte am liebsten Gummistiefel und Nackenkrause als Schutz vor Blindgängern tragen.

Sie finden das alles ziemlich abstoßend? Wir auch. Und wir sind damit nicht allein. Hier ist endlich einmal ein Punkt, bei dem die öffentliche Meinung westlicher Bürger von der chinesischen Regierung sehr ernst genommen wird: Denn mittlerweile gibt es strenge Strafen für Spucken in der Öffentlichkeit (zumindest in Peking). Damit wollen sie unterbinden, dass während der Olympiade die restliche Welt den Eindruck gewinnt, Marathon-Rotzen, Weitspucken und Synchron-Würgen seien neue olympische Disziplinen. Witzig ist, dass die Chinesen dafür extra eigene Schilder entwickelt haben, auf denen dann groß steht: „Bitte nicht in der Öffentlichkeit spucken" (Ist es denn dann daheim im Wohnzimmer noch erlaubt?). **Fazit: Klischee leider (noch) vollkommen erfüllt!**

Vorurteil 5: Drei Chinesen mit dem Kontrabass, sitzen auf der Straße und erzählen sich was…

Auf der Straße sitzende Chinesen haben wir zuhauf gesehen. Und erzählt haben sie sich dabei meistens auch noch was. Jedoch hatte niemals auch nur einer von ihnen einen Kontrabass dabei. **Fazit: Klischee teilweise erfüllt!**

Vorurteil 6: Chinesen dürfen nur ein Kind haben

Kurz gesagt: Die Aussage, dass alle Chinesen generell nur ein Kind haben dürfen, ist falsch. Das Verbot mehr als ein Kind zu haben hat natürlich wie so oft im Leben Ausnahmeregelungen. Die Regelung gilt für alle Chinesen, die 1) Städter sind und 2) der Han-Mehrheit angehören. Trifft das nicht zu, z.B. bei ethnischen Minderheiten, gelten bestimmte Ausnahmen in der Einkindpolitik. **Fazit: Klischee nur Teilweise erfüllt!**

Ein Vorurteil, das es die Chinesen noch nicht so ganz mit dem Umweltschutz raus haben, ist dagegen eine Tatsache und verdient ein eigenes Unterkapitel:

Umweltsch(m)utz
Umweltzerstörung mit System

Während Martin aus einem ehemaligen Kohlezentrum der DDR kommt, in dem früher je nach Windlage 1-2mm Kohlestaub-Deckschicht auf die Terrasse flogen (die er - statt im Sandkasten spielen zu dürfen - immer erst wegfegen musste), so hatte Stephan größere Probleme mit dem Smog.
Ursprünglich kommt er ja aus einem Luftkurort, oder um ehrlich zu sein, einem „Kuh-Luft-Ort". Alles, was nicht nach frisch gedüngten Feldern oder abgeholzten Mischwäldern riecht, er-

scheint ihm automatisch verpestet. In Peking blieb ihm fast die Luft weg.

In Peking gibt es Tage, an denen ist die Sicht klar und die Luft rein. Zum Beispiel wenn zuvor ein orkanartiges Sturmtief über Peking hinwegfegte. Aber dann gibt es eben auch Tage – und zwar einige – aber an denen hängt eine Dunstglocke über der Stadt. Da geht zwar dann die Sonne in einem schönen roten Licht unter und man kann herrliche Stimmungsbilder mit seiner Kamera machen, aber gesund sind solche Tage sicher nicht.

„Man sieht vor lauter Smog die schlechte Luft nicht mehr."
Aber wen wundert' s? In Peking werden täglich über 1.000 neue Autos zugelassen. Diese reihen sich dann zu den übrigen 3 Millonen angemeldeten Fahrzeugen, die ohne Abgasnorm Euro-4, Russpartikelfilter, Abgasrückführung, Fahrzeugkatalysator und geschweige denn Kaltlaufregler oder Sekundärlüftsystem unterwegs sind. Da diese Tatsache schon lange bis zum Himmel stinkt, hat die kommunistische Zentralpartei in Peking 2007 einen drastischen Versuch durchgeführt: Was passiert, wenn wir 50% der Fahrzeuge einfach mal für ein Wochenende die Fahrerlaubnis entziehen? Wer sich nun denkt, „Hey, dass können die doch nicht einfach machen?", dem sei gesagt: Die Regierung kann

Das ist kein Nebel!

alles! Basta! Mitte August 2007 durften alle Fahrzeuge mit einer ungeraden Autonummer (letzte Ziffer) ein Wochenende lang nicht mehr fahren. Das Wochenende darauf waren keine Fahrzeuge mit einer geraden Autonummer unterwegs (ausgenommen Fahrzeuge des öffentlichen Verkehrs). Die älteren Semester unter Ihnen erinnert das sicher sehr and die Ölkrise Anfang der 70er. Da gab es das auch bei uns.

Während Peking einfach mal ein paar Fahrerlaubnisse einbehält, so verfolgt Shanghai eine ganz andere Politik. In der Stadt am Huangpu-Fluss gibt es eine starke Limitierung der Zulassungsmenge an Neufahrzeugen. So werden die begehrten Nummernschilder bzw. Lizenzen im Internet zu horrenden Preisen von bis zu 4.000 Euro versteigert. Für die meisten Chinesen ein unbezahlbares Vermögen und somit sind es wieder mal nur die westlichen Einwohner, die den hohen Lebensstandard praktizieren können und durch die Straßen cruisen. Der einfache Chinese bleibt auf der Strecke, bzw. dem Radweg. Und da soll nochmals einer sagen, es seien die Chinesen, die immer die Luft verpesten.

Im Internet kursieren so einige Geschichten über das werte Volk der Mitte und seine Umweltproblematik. Fast täglich stößt man auf Geschichten, welche wie die Märchen der Gebrüder Grimm anmuten… Die besten haben wir hier für Sie zusammengefasst:

Grün angemalte Berge

Was tun, wenn ein ganzer Berghang in einer tristen graubraunen Farbe vor sich hin vegetiert? In Deutschland würde man da ein paar öffentliche Gelder sammeln und Buchensetzlinge in das Erdreich pflanzen und eine grüne Fauna empor züchten. In China hat man eine andere Methode: In der südwestlich gelegenen Yunnan-Provinz wurde ein kompletter Berg grün angemalt – für über 45.000 Euro. Dafür immerhin in einer Farbe, die entfernt dem Grün des Rasens ähnlich sieht. Was die ganze Malaktion bringen soll weiß keiner, weder die beschäftigten Maler, noch die Anwohner der umliegenden Dörfer. Auch Umweltschützer verstehen die Aktion nicht, da man mit dem Geld den Berghang auch hätte mit echtem Grünzeug bepflanzen können.

Künstlicher Regen

Dorfschamanen in den Dörfern des Kongos tanzen um Lagerfeuer, damit der Regengott mal wieder vom Himmel pinkelt. China ist da etwas moderner: Fast 40.000 Bauern und ehemalige Soldaten halten sich in allen Teilen des riesigen Landes bereit. Sobald die chinesischen Meteorologen auf Satellitenfotos Regenwolken erspähen eilt die Freizeitarmee an - mitsamt 4.000 Raketenwerfern, 7.000 Artilleriegeschützen und 30 Flugzeugen. Diese Regenmacher ballern dann Silberjodid in die Wolken, das die künstliche Bildung von Regen auslösen soll. Allein im Jahr 2004 wurden 12.464 Raketen und 6.6000 großkalibrige Artilleriegeschosse in den Himmel geballert und erzeugten so ca. 10 Milliarden Kubikmeter Regen (Quelle: China Meteorological Administration, CMA).

Hiermit wird keine Musik gemacht, sondern Regen.

Künstlicher Regen sorgt nicht nur für wolkenfreie Himmel zu prestigeträchtigen Veranstaltungen wie die Eröffnungsfeier der Olympiade, sondern soll laut offiziellen Pressestimmen auch zur Energieeinsparung benutzt werden. Während der heißen Sommerwochen in Shanghai und Peking wurde Regen erzeugt, um die Städte abzukühlen und folglich den Energiebedarf der Klimaanlagen zu senken. Kein Witz. Martin war ein paar Tage Ende August in Shanghai. Und man konnte auf die Uhr gucken: Pünktlich um 19 Uhr fing es die 4 Tage hintereinander an zu regnen. Damals wusste er noch nichts von den Tricks, hätte sich aber denken können, dass ein von Kontrolle besessenes Volk, das glaubt die Gedanken von über 1 Milliarde Menschen kontrollieren zu müssen, auch Petrus manipuliert. Apropos Shanghai und Kontrolle: Shanghai soll ja das Finanzzentrum des Ostens sein bzw. werden. Und Sie wissen ja, dass Zeit Geld ist - gerade in dem Geschäft. Dumm nur, dass die Investmentbanker westliche Zeitungen wie die Financial Times immer erst mit einigen Stunden Verzögerung bekommen. Nicht weil sie erst eingeflogen werden müssen, nein, weil sie erst auf China-kritische Meinungen überprüft werden müssen. Aber zurück zur Umwelt.

Erster und letzter Tag der offenen Tür im Park
Eine andere Geschichte erzählt von einem Tag der offenen Tür in einem Naherholungspark. Freien Eintritt sei Dank strömten unzählige Chinesen in den Park, genossen die Natur und die Sonne und pflückten sich als Andenken ein paar Blümchen – sprich, für die ganze Familie und die komplette Nachbarschaft und als Vorrat für die nächsten 13 Jahre. Und wie das so ist, wenn ein Dummer einen Gedanken hat, so machen es die restlichen Hunderttausend eben auch. Wenn er das darf, so darf ich das doch schon lange, oder? Nach nur einem Tag der offenen Türe waren die kompletten angelegten Blumenbeete leergefegt, der Rasen platt getrampelt und der Park komplett verwüstet. Wohlgemerkt an nur einem Tag.

Noch ein paar Fakten zur Umwelt:
- 7 von 10 der weltweit schmutzigsten Städte sind in China.

- Alle 30 Sek. wird in China ein Kind mit einem auf Umweltprobleme zurückzuführenden Geburtsdefekt geboren.

- China ist Weltmarktführer – im Ausstoß gefährlicher Stoffe. Platz Eins erreicht es in Sulfoxiden von Kohlen- und Treibstoffen, was nicht nur Herzkrankheiten verursacht, sondern den Nachbarländern Korea und Japan sauren Regen beschert (diesmal nicht süß-sauer?).

- „Nur" den zweiten Platz belegt China beim Ausstoß an Karbonoxidemissionen, welche zur globalen Erwärmung beitragen. Ein Trost: Man kann so wenigstens die Heizkosten senken.

🏃 Dafür ist die Wasserversorgung mehr als kritisch: Die unkontrollierte Verbreitung von Fabrik- und Haushaltsaustößen kombiniert mit dem sauren Regen, macht das Wasser aus Seen und Flüssen unsicher für den Konsum. Ohnehin sind die Wasserressourcen mager: Eine Studie bescheinigt knapp 2.000 Kubikmeter pro Kopf im Vergleich zum Weltdurchschnitt von knapp 13.000 Kubikmetern.

🏃 Die 130 Mio. Hektar an bewirtschaftbaren Flächen reduzieren sich zudem stetig durch Bebauung und Verwüstung.

🏃 Man schätzt, dass die sozialen Kosten, die aus der Umweltverschmutzung und deren Reparaturaufwand entstehen bereits 8-13 % des Bruttoinlandsproduktes betragen.

Schönheitswahn

Von B wie Bleichungsmittel bis W wie Wassermelonengesicht

Wenn man in China von Schönheit spricht hat man das Gefühl, eher von Gemüsemarkt um die Ecke als vom weiblichen Antlitz einer Frau zu sprechen: Philosophisch munden Begriffe wie „Pfirsichblumenaugen" (lang und wässrig), „Kirschlippen" oder gar „Trauerweidentaillen". Poeten schwärmen gar in chinesischen Geschichten von Fingern, die schlank wie eine frisch geschälte Frühlingszwiebel anmuten. Unsere Vermutung: Die Poeten konnten sich damals nicht ausreichend Nahrung kaufen.

Weniger philosophisch ist die Vorliebe der Chinesen für eine weiße Haut. Während bei uns eine blasse Haut für ein mangelndes Urlaubs-budget spricht, wirkt die „vornehme Blässe" gerade in den bäuerlichen Gesellschaften Chinas als Ausdruck von sozialem Status. Ganz getreu dem Motto: „Schaut her, ich bin kein Landarbeiter - muss weder auf dem Kartoffelacker schwitzen noch Kühe melken! Nein, ich bin eine urbane Schönheit des 21. Jahrhunderts, kann im Schatten der Hochhäuser DVDs verhökern oder Adidas-Streifen auf billige T-Shirts nähen."

Gemeine Stimmen stellten die These auf, dass die vorherrschende Dunstglocke über chinesischen den Städten die einfallende UV-Strahlung abblockt und die Haut in einem Weiß erstrahlen lässt, was selbst mit dem Bleichemittel aus Omas Wäscheküche nicht zu schaffen wäre. Aber dies ist eine argwöhnische Spekulation. Tatsächlich zeigt sich ein anderes Bild: In den seltenen Tagen blauen Himmels über den Städten greifen die Mädels sofort zu quitschebunten Riesenschirmen – oder allem was gerade in Frage kommt (Einkaufstüten,

Modisch ist alles erlaubt, um sich vor der Sonne zu schützen: Von Putzlappen...

... über Schweißbrillen

... bis hin zu klassischen Regenschirmen jeglicher Farbe

Möchten Sie sich einen Reißverschluss übers Gesicht ziehen, nur um kreidebleich zu sein?

Jacken oder sogar Plastikflaschen) um dem pigmentfördernden Angreifer abzuwehren.

Jeder transsilvanische Graf mit spitzen Zähnen würde seine Traumfrau wohl in China finden – dank weißer Haut und einer angeborenen Abneigung gegenüber Sonne. So spaziert an sommerlichen Tagen mit Temperaturen von 40°C aufwärts und strahlendem Sonnenschein ein Geschwader kreide-bleicher Mädchen mit Schirmchen durch die Shoppingmeilen der Städte, immer mit der Angst, bei dem geringsten Sonnenstrahl auf die Haut zu Staub zu zerfallen. Als Besucher in China hat man jedoch eher stets mit der Angst zu tun, diese Farbenmonster von Sonnenschirmchen ins Auge gestochen zu bekommen. Deswegen der Geheimtipp: Sonnenbrille tragen! Schützt nicht nur vor chinesischen Sonnenschirmen und sieht cool aus, sondern – hach welch Zufall - schützt auch vor UV-Strahlung. Ansonsten richtet sich auch das allgemeine Leben zunehmend nach dem Sonnenstand und erste chinesische Golfclubs bieten sogar ein nächtliches Spielen bei Flutlicht an, damit die weibliche Quote, welche sich zum einlochen einfindet, gesteigert wird. Wenig verwunderlich erscheint in diesem Zusammenhang, dass die chinesische Stadtbevölkerung eine der weltweit niedrigsten Hautkrebsraten besitzt. Über die Höhe der Lungenkrebsquote schweigen wir an dieser Stelle – aus Höflichkeit.

Das nächste Schönheitsideal in China sind die Augen. Es scheint die Regel zu geben: Je größer, desto besser. Wir möchten ja nur ungern das alte Klischee aufgreifen, dass Chinesen Augen haben, die perfekt für jeden 16:9 Breitbild-Fernseher zugeschnitten sind ... nein ... aber ganz leugnen kann man es wiederum auch nicht. Um dem Abhilfe zu schaffen, bietet als erster nahe liegender Schritt so ziemlich jeder europäische Hersteller von Kosmetika aller Art (welche bereits heute schätzungsweise 80% des dortigen Marktes beherrschen) ein für den chinesischen Markt zugeschnittenes Produktportfolio an, von welchem sich die fernöstliche Lifestyle-Gesellschaft nur allzu gerne bezirzen lässt. Werbungen proklamieren Lidschatten, welche die Augen größer Wirken lassen und von Wimpernverlängerungen mit denen man sich selbst die Kopfhaut kratzen könnte. Und die junge Generation fällt drauf rein und (über-)schminkt sich manchmal bis zur Unkenntlichkeit.

Als nächsten „dekadenten" Schritt, bzw. Ausdruck des kranken Individualismusdranges sich dem westlichen Schönheitsideal anzunähern, kann man hier auch Schönheitsoperationen erwähnen. Während sich in Europa die Damen lieber die Brüste aufmöbeln lassen, damit die Männer größere Augen bekommen, läuft das in China genau andersherum: Die Frau bekommt große Augen verpasst und der Mann an ihrer Seite kann mit stolzer und erhobener Brust an ihrer Seite schreiten! In China kann man die ästhetische Chirurgie getrost als vollendete Industrialisierung des Körpers bezeichnen - eine *fleischgewordene* Kapitalanlage. Die Schönheitsbranche ist hier längst zum fünftgrößten Wirtschaftssektor geworden und nicht nur Augen werden vergrößert, sondern zum Repertoire eines jeden guten Schönheitschirurgen beim Straßengrill um die Ecke zählen Beinverlängerungen oder Nasen-Vergrößerungen (!).

Gerade im Gesicht hat Schönheit natürlich auch immer mit Symmetrie zu tun, wobei sich hier abermals deutliche Verknüpfungen zum Gemüsemarkt auftun. In China vertritt man die Meinung, dass das „Wassermelonenkern-Gesicht" (oftmals auch „Enteneier-Gesicht" genannt) die schönste Gesichtsform ist:

Oben breit und nach unten spitz zulaufend. Weniger ästhetisch wird die Gesichtsform oben spitz, unten breit empfunden, welche jedoch nicht „Cheopspyramidenform" sondern in China kulinarisch passend „Birnenform" genannt wird.

Festivitäten
Chinesisches Neujahr und kopiertes Weihnachen

Chinesischer Nationalfeiertag

Der Nationalfeiertag ist der größte Stolz des chinesischen Volkes. Ein Tag, an dem vierjährige Kinder mit roten Papierfähnchen durch die Straßen laufen und bereits um 4 Uhr morgens ca. 1 Million Menschen auf der Straße unterwegs sind. Man kann die Situation mit der Loveparade in Berlin vergleichen: Hunderttausende Körper befinden sich dicht gedrängt auf einer Straße, nur ohne Technomusik. Stephan ließ sich ein paar Tage nach seinem Antritt in China von chinesischen Arbeitskollegen überreden, den ach so zerebralen Nationalfeiertag am Platz des himmlischen Friedens zu feiern. Für Stephan war dies der erste richtige Ausflug in das Stadtinnere von Peking und dann sah er weder Tempel, noch Kultur oder alte Paläste – nur Millionen Menschen, die alle irgendwie ähnlich aussahen und ihn sonderbar musterten. Tja, und nun? Schon Goethe formulierte es in „Faust" sehr

Gibt's hier was umsonst?

treffend: „Da steh ich nun ich armer Thor und bin so klug als wie zuvor". Scheinbar gab es da in weiter Ferne eine offizielle Feier. Vielleicht hielt ein Abgesandter der kommunistischen Zentralpartei eine glühende Rede oder vielleicht gab es ja auch ein Buffet und Freibier oder Stripperinnen. Das Einzige was man jedoch sah, waren die Köpfe von abertausenden Menschen.

Irgendwann wurde in der Ferne die chinesische Fahne an einem Fahnenmast gehisst, alle begannen zu jubeln und klatschen und waren stolz wie Stephans kleiner Bruder nach dem ersten Haar auf der Hühnerbrust. Dann wurde am Eingang der Verbotenen Stadt ein riesiger Schwarm Vögel freigelassen, die gleich in den blaugrauen Himmel stiegen. Zugegeben, das sah ziemlich eindrucksvoll aus und gehörte wohl auch zum offiziellen Programm. Vielleicht haben auch ein paar Greenpeace-Aktivisten das Vorratslager eines chinesischen Restaurants geöffnet. Kann auch sein. Das weiß man nie hier in China.

Abgesehen von dem Vogelschwarm, der gehissten Flagge und abertausenden müden Menschen gab es jedoch nichts zu sehen. Stephan hat ja gehofft, dass es eine Militärparade oder ähnliches gäbe. Ein paar Fotos mit nuklearen Interkontinentalraketen hat schließlich nicht jeder im Fotoalbum kleben. Aber daraus wurde nichts. Das Militär zeigte sich jedoch trotzdem kurz und räumte nach der Fahnenzeremonie die Straßen vor dem Platz des himmlischen Friedens. Im Vergleich zu 1989 jedoch ohne Panzer und Geschütze, dafür aber mit einer Menschenkette, die sich friedlich an der Hand fassen und alles und jeden auf die Seite drängten… 2 Minuten später donnerten dann noch ein paar Reinigungswagen über die Straßen und der Nationalfeiertag war passé.

Wirklich beeindruckend an dem Tag nur, dass auf einen Schlag über eine Million Menschen in die U-Bahn drängten: Ein Bekannter von uns hielt in seinen Erinnerungen fest: „Wem es gelingt, am chinesischen Nationalfeiertag mit vollem Gepäck den Spießroutenlauf durch die Menschenmassen vor´m Tian´anmen zu überstehen und dann auch noch rechtzeitig seinen Bus zu erreichen, schafft es auch, 1 Jahr lang in die amerikanische Flagge gewickelt unbewaffnet durch den Irak zu hüpfen und zu überleben!" Besser kann man diesen Eindruck wohl nicht beschreiben!

Weihnachten

Weihnachten und China? Ja, Sie haben richtig gelesen. Man kann diese zwei konträren Wörter in einem einzigen Satz gemeinsam erwähnen ohne dafür von seiner Deutschlehrerin Punkteabzug für Sinnfehler zu bekommen. Weihnachten wird in China gefeiert, sogar ziemlich deutlich. Doch was bedeutet das genau? Schrill dekorierte Schaufenster, bunte Christbäume überall, Taxifahrer tragen rote Bommelmützen und im Radio konnte man sogar „Stille Nacht" hören – wohlgemerkt auf Deutsch. Wenn man jedoch bei den Chinesen mal hinterfragt was es eigentlich mit Weihnachten auf sich hat, so erhält man meist nur die Antwort: „Ein schönes Fest, bei dem man anderen Leuten was schenkt." Das ist zwar prima für die Volkswirtschaft, spiegelt aber wider, dass die Chinesen den religiösen Hintergrund nicht kennen. Für die Chinesen ist Weihnachten einfach „chic" und „in". Es kommt aus Europa, der Weihnachtsmann trinkt amerikanische Cola und folglich muss man es automatisch lieben. Überall blinkt es, die Bäume tragen so lustige farbige Golfbällchen. Geil! Doch Jesus? Wer ist Jesus? Auf diese Frage wussten die meisten von Stephans Arbeitskollegen keine Antwort: „Jesus? He is from Germany, right?" Und fragen Sie besser nicht nach den heiligen drei Königen – „Are they from a boyband?"

Die Grenzen des gesunden Menschenverstandes werden in den Wochen vor Weihnachten in China total überschritten. Weshalb soll man die Lichterkette nur für einen einfachen Tannenbaum verwenden, wenn man doch ein 200-Meter-hohes Bürogebäude damit komplett einwickeln kann? Warum beleuchtete Weihnachtssterne an Straßenlaternen hängen, wenn man doch komplette Hecken mit Glühbirnchen versehen kann? Wenn irgendwann ein Airbus auf einer kleinen Nebenstraße landet, weil sie stärker beleuchtet ist als der internationale Flughafen, so wissen Sie nun warum.

Sogar in der Lobby von Stephans Arbeitgeber wurde ein riesiger kitschiger Christbaum aufgestellt um ein wenig die deutsche Kultur an den Mann bzw. Frau zu bringen. An diesem traditionell geschmückten Bäumchen musste er jeden Morgen vorbeilaufen und dachte sich immer nur aufs Neue: „Oh mein Gott... wo bin ich hier nur gelandet? Ah, in China! Da war doch was... - aber wer bitte benützt in Deutschland neonfarbene Luftballons als Christbaumschmuck?" Ein leidvoller Unterschied zu Weihnachten in Deutschland ist, dass es hier keine Feiertage dafür gibt: Am 25. und 26. Dezember wird in China ganz regulär gearbeitet.

Stephan hat es an Weihnachten gleich doppelt hart erwischt. Zum einen trug die Trennung von Familie und Freundeskreis zu einer merklich depressiven Stimmung bei, zum anderen die wochenlange Folterung durch Weihnachtsbeleuchtung, kitschige Bommelmützen und pausenlosen „Merry Christmas"-Glückwünschen. Überstehen kann man solch einen Abend nur, wenn man sich für einen Abend komplett von der chinesischen Außenwelt isoliert und sich zurückzieht in seine kleine heile Welt. Stephan und sein Arbeitskollege Florian taten dies, indem sie sich einen kleinen Plastikchristbaum bei IKEA besorgten, sich vorab Glühwein aus Deutschland zuschicken ließen und über Internet deutsche Radiosender laufen ließen. Mit einer „stillen Nacht" wurde es jedoch auch dieses Mal nichts. Nachdem sich der Glühwein langsam im Wok erhitzte, schlug der Gasalarm in der Küche plötzlich Alarm. Dieser ließ sich erst abstellen, nachdem man den Rauchmelder mit dem Besen von der Decke schlug... - Oh, welch stille Nacht!

Neujahr, die Erste – auf europäische Art
Etliche Jahre lang hatte Stephan Silvester mit ein paar Böllern, Supermarktraketen und billigem Sekt mit viel Blubb gefeiert. Schöne Jahre mit alljährlichem Bleigießen, Fruchtbowle von Mutti und Ringelpietz mit Anfassen, wenn man wildfremde Leute auf der Straße umarmt. Nun stand er am 31.12. an der Promenade von Shanghai – einer Millionenstadt. Was musste das für ein Spektakel werden? China, das Land, welches dem Chinaböller erst seinen Namen gab. Das kann doch nur cool werden! Der

Zeiger der Uhr neigte sich unaufhaltsam Richtung Mitternacht und Stephan blickte gespannt auf die beleuchtete Skyline von Shanghai's Trendviertel Pudong.

23:59 Uhr: *Gleich müsste es doch los gehen.*

00:03 Uhr: *Vielleicht geht die Uhr ja etwas vor?*

00:07 Uhr: *Hat da nicht gerade jemand in 100m Entfernung eine Wunderkerze angezündet?*

00:10 Uhr: *Resignation!* - Super, da feiert man einmal in seinem Leben Silvester an einem Ort, der nicht nur 5.000 Einwohner hat, sondern gleich mit ein paar Millionen Einwohnern auftrumpfen kann und dann gibt es ein Feuerwerk, welches es nicht einmal mit dem 20 Euro Super-Böller-Pack aus dem Tante Emma Laden aufnehmen kann, das Opa schon seit dem Ende des 2. Weltkrieges alljährlich in den Himmel jagt. Vereinzelt schossen am Shanghaier Nachthimmel zwar ein paar Raketen in die Höhe, vermutlich wurden sie von ein paar verzweifelten Europäern abgeschossen. Doch worin liegt diese Feuerwerksignoranz am 31.12. begründet? Die Chinesen mögen vielleicht Weihnachten kopieren, gerne auch den Valentinstag am 14. Februar. Bei der Neujahrsfeier sind sie eigen. Der Neujahrswechsel wird gefeiert - und wie sogar! - jedoch ein paar Wochen später: Natürlich zu Anbeginn des chinesischen neuen Jahres:

Neujahr, die Zweite – auf chinesische Art

Das chinesische Neujahrsfest dauert offiziell nur eine Nacht an. Wohlgemerkt offiziell. Die Realität sieht natürlich gänzlich anders aus. Wochen vor und nach dem Fest werden die Nächte plötzlich taghell, weil Raketen und Böller in die Luft gejagt werden. Sind Sie schon einmal nachts

aufgewacht, weil sich eine gigantische bengalische Feuerwand vor Ihrem Schlafzimmerfenster auftürmt und faucht - wohlgemerkt im 3. Stock? Glauben Sie uns, da hängen Sie an der Decke vor lauter Schreck und denken, die Apokalypse hat eben begonnen. Und unten am Hauseingang lacht die alte Oma und zündet gleich noch drei weitere an.

Stephan hat das chinesische Neujahrsfest zusammen mit Arbeitskollegen in ihrer Appartementwohnung direkt im Stadtzentrum gefeiert (und dieses sogar überlebt) und kann die Geschehnisse der Nacht bruchstückhaft wiedergeben:

21:00 Ortszeit: Der Krieg ist ausgebrochen. Es muss Krieg sein! Straßen brennen von rot, grün und blau leuchtenden Sperrgürteln und brennenden Bodenraketen. Gigantische Feuerfontänen steigen in den Himmel. Laute Knalle und Lichtblitze zucken aus den Seitenstraßen. Und über dem Chaoyang Park steigt eine Rakete nach der anderen in die Höhe. Die Alarmanlagen der abgestellten Autos sind ununterbrochen ausgelöst...

Nicht nur Ihr Chef ist manchmal eine Knallkiste! Diese Schachtel hat es auch gewaltig in sich...

22:15 Ortszeit: Die Fenster im 29 Stock erzittern unter den dröhnenden Explosionen von nahe gezündeten Raketen. Über der Stadt legt sich ein Schwefelgeruch und es ist kein Smog. Doch nun schlagen wir zurück. Der Arbeitskollege Jörg „The Ballermann" himself – hat uns Waffen besorgt. Einen riesigen Karton voller Sprengutensilien. Bewaffnet begeben uns zum Schauplatz des Gefechts – den Straßen Pekings. Zerfetzte Raketen liegen auf den Straßen. Jörg legt eine der riesigen Raketenabschussbasen auf den Radweg und zündet sie. Sekündlich zischen neue Raketen gen Himmel und explodieren in blauen, roten und gelben Lichtkegeln. Lächeln macht sich auf unseren Gesichtern breit. Seit 22:15 Uhr wird zurückgeschossen!

Der Krieg hat begonnen! Und er macht Spaß! Ein Auto in unmittelbarer Nähe trägt einen Schaden davon, da eine Rakete quer fliegt und beginnt mit dem Auslösen der Alarmanlage auf uns aufmerksam zu machen. Die Tarnung ist aufgeflogen... wir müssen flüchten.

23:59 Ortszeit: Die Welt wie wir sie kennen hat aufgehört zu existieren. Gigantische Lichtexplosionen am Himmel bestimmen das Geschehen. Der Chaoyang Park erzittert unter den explodierenden Geschossen der aufsteigenden Raketen. Es ist ein gigantisches Lichtermeer über Peking entstanden. Ohne Pause steigen überall Raketen hoch und färben den Himmel taghell. Ein Schauspiel welches noch für Stunden anhalten soll... Die Welt ist nicht mehr dieselbe. Ein neues Zeitalter hat begonnen: Das chinesische Jahr des Schweins.

09:30 Ortszeit: Der darauffolgende Tag: Das staatliche Fernsehen in Peking berichtet von mehreren Menschen, die in der Nacht zum 25.02.2007 das Leben verloren haben und zudem von mehreren Bränden in der Stadt und von Schwerstverletzten... Weshalb verwundert uns das nicht?

Handywahnsinn
Sie werden es hören – Garantiert!

Eine typische Situation. Sie sitzen auf der Toilette und auf der Schüssel nebenan klingelt es: „Ni Hao?" Während das WC in Deutschland als „stilles Örtchen" bekannt ist und man jeden auch noch so kleinen Pups mit einem lauten Husten versucht zu überdecken, so wird in China die Thronsitzung gerne einmal dazu verwendet, neben dem Kacken seinem Telefonpartner die komplette Lebensgeschichte zu erzählen. Ob man nebenher noch laut vor sich hin knattert spielt keine Rolle. Szenenwechsel. Fliegen Sie einmal mit einer kleinen chinesischen Airline. Kurz nach dem Start bimmeln die ersten Handys und womöglich ist es sogar die Stewardess, welche hinter ihrem Rücken in das Mobiltelefon grölt und mit ihrer besten Freundin das Wochenende plant. Und schnell wird klar: China ist eine Handynation.

Wir haben von China immer das Bild des ärmlichen Reisbauern vor uns, welcher mit einem Ochsen die Reisterrassen durchpflügt. Ihn sich aber mit einem Mobiltelefon vorzustellen fällt uns zugegebenermaßen schwer, nicht wahr? Fakt ist jedoch, dass Ende 2007 insgesamt 547 Millionen Chinesen ein Handy besaßen. Das sind 41,6% der Gesamtbevölkerung des Landes. Mit dem Gerät versendete jeder Chinese durchschnittlich über 1.000 SMS pro Jahr, übrigens dreimal mehr als der bundesdeutsche Durchschnitt.

Das beeindruckende SMS-Aufkommen reflektiert nicht nur die hohen Telefonkosten in China sowie den zunehmenden Koordinationsaufwand. Das rasante Wachstum zeigt ebenso die Folge gesellschaftlicher Veränderungen. Neben hunderten Millionen Wanderarbeitern, die ihre Familien oft nur einmal im Jahr besuchen können, wächst auch die Einsamkeit derer, die mit ihrer Familie in einer der riesigen gesichtslosen Städte leben. Die Suche nach Gemeinschaft und grenzenloser Kommunikation eröffnet einen riesigen Wachstumsmarkt für Serviceangebote und erfordert Marken, die ihren Kunden Zugehörigkeit bieten. Individualitätsstreben wird in China eben etwas anders verstanden und gelebt. Es geht um Abgrenzung nach "unten" aber vor allem um Zugehörigkeit nach "oben". Diese Zugehörigkeit nach oben zeigt sich in hemmungslosen Klingeltonorgien.

Während unsereins in wichtigen Geschäftsmeetings sein Handy auf Vibrationsalarm stellt und in der Hosentasche versteckt, so wird in China das Handy zu Beginn des Meetings strategisch marketingwirksam auf den Tisch gelegt. Getreu dem Motto: „Hallo, alle mal herschauen, ich habe einen Blackberry, ich bin supergeil!" In Deutschland ist es ja eher so, dass flache Mobiltelefone angesagt sind. In China macht jedoch derjenige am meisten Eindruck, welcher das dickste Telefon auf den Tisch knallen kann. Den größten Eindruck machen natürlich PDAs oder Black-berrys. Vibrationsalarm? Fehlanzeige. Der Klingelton ist auf die höchste Lautstärke eingestellt – in Deutschland wäre das übrigens nahe der Schmerzgrenze – und am besten noch mit Beethovens 5. Symphonie als polyphonen Klingelton in Dolby Surround.

China ist ein Land, in dem es immer und überall klimpert und bimmelt und wenn das Telefon klingelt, so muss man natürlich lautstark in die Muschel schreien. Schließlich muss man seinem Umfeld ja auch mitteilen, wie wichtig man ist. Angerufen werden hat immer etwas mit Status zu tun. Man muss ja wohl wichtig sein, wenn man in der Minute durchschnittlich 3,2x angerufen wird, oder?

Und je mehr Accessoires der kleine ständige Begleiter hat, desto besser. Wir kannten einen Chinesen, der sein Firmenhandy mit schwarzem Plüsch einpackte und mit Sticker und glitzernden Steinen beklebte. Dieser Mensch war – man mag es kaum glauben - männlich und heterosexuell!

Kleidungsstil

Bauchfrei im Schlafanzug

Klarer Fall: Seine Mutter hat ihn nicht mehr lieb...

Lassen Sie uns ein kleines Spielchen spielen. Wir sagen Ihnen fünf Begriffe und Sie nennen mir denjenigen, welcher nicht dazu passt: „New York", „Paris", „London", „Mailand", „Peking". Und nun finden Sie den Fehler! Kleiner Hinweis: Es geht um die Modemetropolen dieser Welt, Vorzeigeorte für Haute Couture, Schickimicki-Püppchen und vollendete Kleiderästhetik. 99% der Leute sollten nun laut Peking rufen. Die restlichen 1% sind Analphabeten und haben sich das Buch nur wegen den schönen Bildern gekauft (trotzdem danke!). Peking. Wie kann man diesen Ort beschreiben? Ein Schmelztiegelchen von östlicher und asiatischer Kultur mit ein paar westlichen Einflüssen. Wie sehen da die Modetrends aus?

Enge Kleidchen die die Figur betonen? Hmmm… Bequem muss sie sein und zweckmäßig. Ein Schlafanzug erfüllt diese Bedingung perfekt. Seien Sie deshalb nicht verwundert, wenn Sie in den Abendstunden die ersten Männer in Schlafanzügen durch die Stadt laufen sehen. Das ist in den Großstädten ein Anblick, welcher doch des Öfteren vorkommt. Beim ersten Mal muss man sich noch ein Lachen verkneifen, beim zweiten Mal wird man skeptisch und beim dritten Mal fragt man sich: Warum denn eigentlich nicht?

Die abendliche Wampen-Show hat eben begonnen…

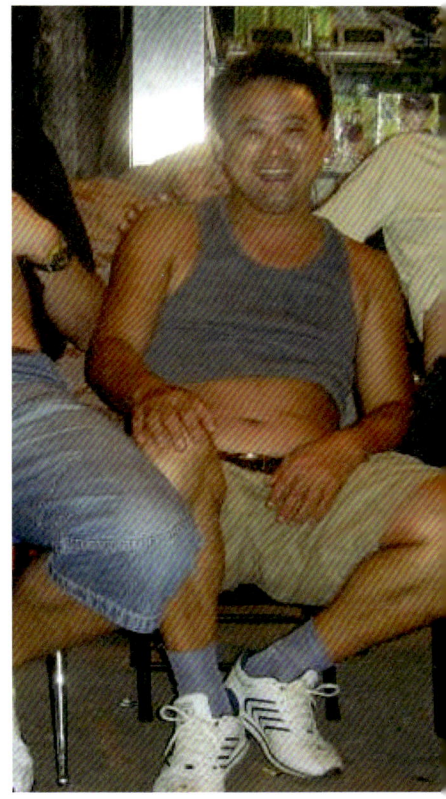

Beim Kleidungsstil muss man eine strikte Trennung zwischen Männlein (das sind die mit den kurzen schwarzen Haaren) und Weiblein (lange schwarze Haare) einhalten. Das ist auch in Deutschland so üblich. Männer können 20 Jahre lang das Batman und Robin T-Shirt tragen und finden es cool. Frauen hingegen finden ihr Outfit bereits 5,23 Minuten nach der Kasse nicht mehr trendy. Wahrscheinlich hat man auch deshalb das Rückgaberecht eingeführt. In China ist das ähnlich. Männer tragen eine Art Einheitskleidung, Frauen alles, was die Kleiderfirmen ausspucken.

Der typische Mann in China trägt schwarze Schuhe, eine dunkle Hose und einen schwarzen Gürtel mit dicker goldener Gürtelschnalle. Dazu ein Hemd, welches über die Wampe in die Hose gesteckt wurde und das ist es. Achten Sie in China mal darauf. Wird es wärmer als 15°C, so zieht man sich das Hemd hoch und klemmt es unter das Kinn. So kann man dann den ganzen Tag umherlaufen und den Kessel durch die Stadt schieben. Damit jeder auch sieht, „ui, der hat aber einen eindrucksvollen Bauchnabel".

Martin macht´s vor: Shirt hoch, Bierbauch (noch in Arbeit) raus

Die typische Frau in China … ui ui ui, jetzt müssen Martin und ich vorsichtig sein. Frauen und Mode ist ja ein sehr heikles Thema. Wir haben treffende Gründe recherchiert warum die Frauenwelt oftmals einen eher nicht so besonders ganz so „supi" Eindruck auf uns machte. Gemäß der Farbberatung der Brigitte tragen sehr viele Mädchen in China eine Mode, welche nicht zu ihrem Typ passt, sprich Wintertyp-Klamotten bei Frühlingsgefühlen und Endzeit-Kleidung beim Neujahrswechsel.

Grelle Neonfarben passen einfach nicht wirklich zu einem vornehmen Transilvanien-Hautton. Selbst im Kindergarten schminken sich viele Mädchen mit dem Malkasten besser als einige Mädchen in der Großstadt zum Wochenende. Dazu tragen sie Querstreifen bei Pullovern, wenn sie dick sind und Längsstreifen, wenn sie weniger als 30kg auf die Wage bringen. Ach, am besten sogar kreuz und quer. Wie gesagt, der Jojo-Effekt nach der Trennkostdiät schlägt vollends zu, aber man passt die Kleidung diesen neuen körperlichen Gegebenheiten natürlich nicht an. Am besten ist es, wenn die Shirts und Tops noch irgendein tolles Bildchen drauf haben. Das können süße Kätzchen mit überproportionalen Augen sein oder kleine chinesische Heinzelmännchen. Das mag sicher süß aussehen, ist aber im Büroalltag eher unpassend.

Wichtig ist jedoch zu wissen, dass Kleidung immer auch ein Zeichen von Status und Erfolg ist. Schließlich würden einfache Reisbauern niemals einen Anzug vom Schneider tragen, oder? So ist es auch in China. Feines Sacko, dazu noch eine Krawatte für 80 Cent vom Seidenmarkt und dunkle Schuhe anstelle der Gesundheitslatschen und Sie können sicher sein, dass jeder Taxifahrer Sie automatisch für den General Manager eines milliardenschweren Imperiums halten wird - sofern Sie Ausländer sind. In China ist es nämlich gar nicht so unüblich, dass sogar Staplerfahrer bei der Arbeit einen Anzug tragen. Schließlich zeugt das Staplerfahren auch schon von einem gewissen Grad an erreichtem Status, immerhin muss die Person nicht mehr auf dem Feld schuften oder sich die Hände besonders schmutzig machen.

Aberglaube

GZSZ auf Chinesisch (Gute Zahlen, Schlechte Zahlen)

Während in Deutschland eine schwarze Katze Pech bedeutet, so heißt das in China manchmal nichts weiter, als dass die Katze bereits zu lange auf dem Grill liegt. Da es noch einige weitere Unterschiede gibt, beschäftigen wir uns nun mal mit dem Aberglauben.

In China gibt es übrigens auch GZSZ! An alle vorpubertierenden Mädels: Nein, hierbei handelt es sich nicht um die altbekannte Fernsehserie „Gute Zeiten, Schlechte Zeiten" in chinesischer Sprachausgabe, sondern vielmehr um „Gute Zahlen, schlechte Zahlen". Die Chinesen sind abergläubisch, und dass sogar sehr. Sie glauben an alles Mögliche: An potenzsteigernde Nashornhörner, Götter mit 100 Armen, an Horoskope für ihre Goldfische und besonders aber an die magische Wirkung von Zahlen. In China bedeuten die Zahl „6" und die „8" Glück (Deswegen starten auch die Olympischen Spiele am 8.8.08). Wohingegen die

Zahl 4 für Pech steht. So ist es auch nicht verwunderlich, dass es sogar bei Handynummern preisliche Unterschiede gibt. So zahlt man für eine „glückliche" Handynummer, sprich diejenige, in welcher die Zahlen 6 oder 8 häufig vorkommen, deutlich mehr als für eine schlechte Handynummer. Eine Sexhotline á la „Ruf mich an, stöhn... 0190 und 444 444, lechz..." würde hier niemals jemand anrufen. Nicht nur aus reiner Geldnot, sondern vielmehr auch aus der Angst, dass vor lauter schlechten Zahlen dann der kleine Pullermann des Mannes nie wieder ein Lebenszeichen von sich geben wird. Und da ist man(n) natürlich lieber etwas vorsichtiger.

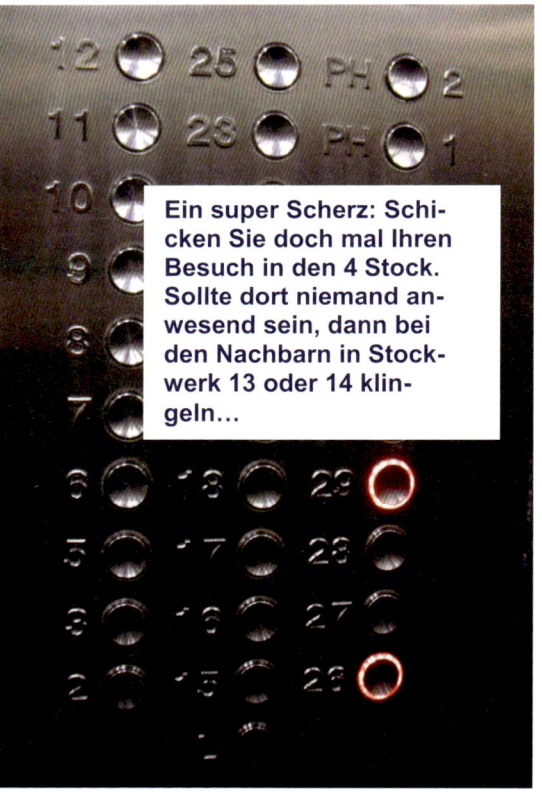

Ein super Scherz: Schicken Sie doch mal Ihren Besuch in den 4 Stock. Sollte dort niemand anwesend sein, dann bei den Nachbarn in Stockwerk 13 oder 14 klingeln...

Falls Ihr Hochzeitstag am 04.04. ist, so kann man Sie herzlich beglückwünschen. Ihre Ehe ist bei diesen Pechzahlen zum Scheitern verurteilt! Wenn Sie also ihren angetrauten Partner nach der Hochzeitsnacht möglichst schnell wieder loswerden möchten, so sollten Sie vielleicht ihren Hochzeitsurlaub in China verbringen.

Der Aberglaube an schlechte Zahlen begegnet einen immer und überall in China. Als wir einmal mit dem Aufzug gefahren sind, so stellten wir erstaunt fest, dass einfach ein paar Stockwerke fehlen. Klar, sie fehlen jetzt nicht direkt, jedoch wurden sie bei der Nummerierung einfach weggelassen. So kommt nach dem 3. Stock gleich der 5. Stock und nach dem 12. Stock landet man gleich im 15. Stock. Gut, die 13 ist auch in Deutschland eine

Pechzahl, aber deshalb lassen wir doch nicht gleich ganze Stockwerke im Nichts verschwinden, oder? Das macht höchstens David Copperfield. In China hat das jedoch andere Gründe. Das Zahlwort 4 hat Klangtechnisch eine wahnsinnige Ähnlichkeit mit dem chinesischen Wort für „TOD". Und wer möchte schon gerne in einem Stockwerk wohnen, an dessen Türen überall „Tod, Tod, TOD" steht? In Deutschland gibt es ja auch keine Straße die „Totengasse" oder „Allee der Toten" heißt. Und wenn, dann möchte ich dort nicht wohnen. Gut, wir haben zwar einen „toten Winkel", dass ist jedoch etwas anderes. Wobei den ja auch keiner brauchen kann.

Aber natürlich gibt es auch „gute Zahlen", die 1 zum Beispiel. Stephans Arbeitskollegin flippte einmal fast aus, als er ihr sein Zugticket nach Shanghai zeigte. Glückszahlen ohne Ende: Zugnummer Z1, Wagon 1, Abteil 1 und Bett Nr. 1. Eine 1a Sache! Für uns ist es lediglich ein Zugticket, andere bekommen ultimative Glücksgefühle nur vom Blick auf diesen bedruckten Fetzen Papier. Sie weigerte sich übrigens auch, einem weiteren deutschen Arbeitskollegen eine Handynummer mit drei Vieren zu besorgen, obwohl dieser die Nummer mochte, weil sie einfach zu merken war.

Chinesische Medizin
Rücken-Massaker, Aku(er)pressur und Potenzpenisse

Neben dem Tee ist „Wellness" ein klassisches geistiges Exportprodukt Chinas. Hier sieht das freilich etwas anders aus: Sie liegen auf einer Pritsche neben 6 anderen Chinesen, die während der Massage entweder lautstark telefonieren oder schnarchen. Dennoch: Wenn man eine gute Zeit erwischt, dann ist das Massage-Erlebnis in China unvergleichlich! Wo sonst bekommt man eine Stunde Fußmassage für 3,60 Euro oder eine Ganzkörpermassage für 6 Euro?

Martin möchte die Gelegenheit nutzen, an dieser Stelle, die chinesische Medizin zu bewundern und ausgiebig zu loben! Schon hierzulande konnte er sich von der Wirksamkeit der Akupunktur überzeugen: Er studierte an der Universität Witten/Herdecke, die eine erstklassige Ausbildung in traditioneller chinesischer Medizin anbietet. Seine Mitbewohnerin, eine Medizin-Studentin, bekam immer große Augen, wenn Martin von seinen Wehwehchen erzählte und sah ein gefundenes Trainings-Opfer. Er wurde oft von vielen Nadeln total durchlöchert, aber dafür um einige Verspannungen, Kopfschmerzen und sogar um seine Stauballergie erleichtert.

Nach 20 Jahren als Kunstturner witterte Martin nun die Chance, seine total verspannten Rücken- und Nackenmuskeln zu regenerieren und verschrieb sich selbst eine Massagekur (ist doch klar, wenn 5 Massagen dort in Summe soviel kosten, wie hierzulande allein die Zuzahlung für die Physiotherapie). Im Gegensatz zu den zarten Händen seiner Mitbewohnerin waren die dortigen Masseurinnen kleine Kampfbomber, wie man sie sonst nur von der chinesischen Schwimm-Nationalmannschaft kennt. Nicht dass sie unbedingt dieselbe Figur hatten, einige sahen wirklich zart und unschuldig aus, doch hatten sie in Ihren Unterarmen die Kraft eines Popeye (dem Seemann). Und wenn diese Kraft nicht reichte, so nahmen sie Füße und Ellenbogen zur Hilfe, um sie Martin ins Kreuz zu stemmen. Chinesische Massage ist nichts

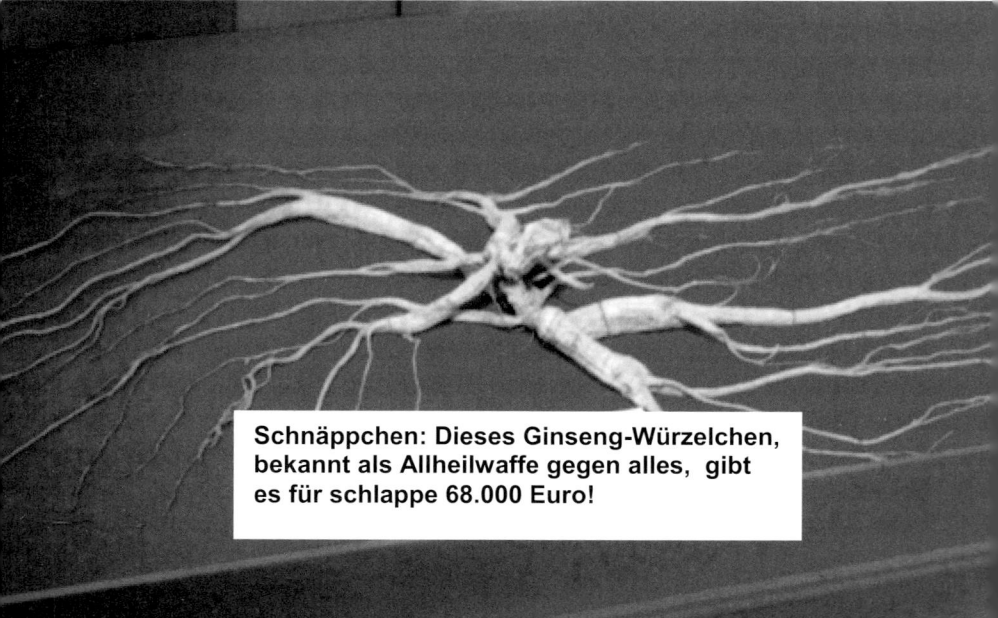

Schnäppchen: Dieses Ginseng-Würzelchen, bekannt als Allheilwaffe gegen alles, gibt es für schlappe 68.000 Euro!

für Weicheier und hat mit Entspannung so viel zu tun wie Pavarotti mit Technomusik. Eher verkrampfen sich die Gesichtsmuskeln während der Massage vor Schmerz. Doch eins ist sicher: Danach ist jede noch so zähe Verspannung ordentlich durchgeknetet und man fühlt sich wie ein neuer Mensch, selbst wenn der Kopf für die nächsten Stunden noch etwas schief hängt.

Am eindrucksvollsten ist das Gefühl, das diese einfachen und doch sehr gut ausgebildeten Menschen haben: Auf einer Reise durchs Hinterland wurde Martin bei einer Fußmassage gefragt, ob er starke Schmerzen im Nacken habe. Nach dem ganzen Rucksack-Reisen, traf das genau ins Schwarze! Wie nur kann man das an einem Schweißfuß erfühlen? Noch markanter war, dass drei Masseusen unabhängig auf eine Stelle in der Brustwirbelsäule klopften, wild gestikulierten und Martin deuteten, das da was nicht in Ordnung sei. Und tatsächlich, zurück in Deutschland lag Gewissheit vor: Eine lockere Bandscheibe! Schon komisch, wenn eine Chinesin in einer Massage für 8 Euro dasselbe diagnostiziert wie ein MRT-Röntgengerät für 800 Euro, die eine Untersuchung der Krankenkasse kostet.

Kunstbanausen!

Was zählt mehr: Die Malerei, oder die Kunst andere übers Ohr zu hauen?

Gerade im Zentrum Shanghais angekommen, wird Martin von zwei chinesischen Studentinnen begrüßt: Eine kleine lispelnde und eine, die schon etwas zuviel vom Wohlstandskuchen genascht hat. Sie weisen ihm den Weg zu seiner Herberge, halten ihn dann aber im Gespräch fest - sie seien Kunststudentinnen und hätten eine Ausstellung. Offen wie Martin ist, geht er mit.
Doch er ahnte es fast: Die Galerie war in einem einfachen Klassenraum eines ziemlich gruseligen Hinterhofgebäudes. Dort hingen die Wände voll mit Schriftrollen, bunten Pferde-, Enten- und Blumenbildern. Die Zeichnungen waren recht einfach, im typischen "Ausmalstil" mit tief schwarzen Konturrändern. Die lispeln-

de "Studentin" war sehr eifrig und erklärte die Symbolik jedes Bildes, und Martin lernte so zum Beispiel dass „100" für Perfektionismus steht. Das kam besonders übel auf einem Bild mit 100 kleinen Jungen zum Vorschein - die Perfektion schlechthin. Mädels: Sorry, Ihr seid in China leider nicht als perfekt angesehen! Die Symbolik der restlichen 80 Bilder mit Blumen, allerlei Getier und Schriftzeichen kann man zu 99% mit einer Bedeutung zusammenfassen: Die dargestellten Motive bringen Glück. Die erste intensive Begegnung mit einem zutiefst abergläubischen Volk: Wer in China im Aufzug ein 4. oder 13. Stockwerk findet, kriegt von uns ne Peking-Ente spendiert, doch dazu später mehr.

Natürlich waren die Bilder plötzlich auch zu kaufen - zu etwas für China ungewohnten Preisen. Handeln war nicht drin und Martin hatte eh zu viel zu schleppen. Also sagte er freundlich „nein", doch war gezwungen das ungefähr neun Mal zu wiederholen. Es nützte dennoch nichts, nun plötzlich fingen die beiden an penetrant zu werden: Martin solle sie unterstützten, sie würden fast verhungern, der Hamster hat die Vogelgrippe, der Opa sei schwanger und blah, blah, blub. Als ihre aufgesetzte weinerliche Mine nichts brachte, wurden sie plötzlich böse, und Martin musste auf einmal alle Fotos löschen, die er von ihren Bildern gemacht hatte. Bevor er endlich gehen durfte, wurde er noch mal ordentlich beschimpft - als Dank für sein Interesse an ihrer Kultur. Naja, das war seine erste Touristenfalle, Schwamm drüber.

Kapitel 7

Wirtschaft, Entwicklung, Politik

Seien Sie auf der Hut!
Gewinne bekommen und Nerven verlieren

Sie sind ein findiger Händler, gemütlicher mittelständischer Patriarch oder ein millionenschwerer CEO? Dann grübeln Sie wahrscheinlich schon seit längerem über der Frage, ob Sie nicht auch Ihre Produktion nach China schicken sollten (zusammen mit Ihrer Frau). Oder möchten Sie vom Wachstumsmarkt profitieren? In Ihren Augen leuchten schon die Absatzzahlen: +30%, +40%, +50% … pro Monat versteht sich. Doch bald trüben sich diese Wunschvorstellungen: Der Blick vernebelt sich und das Gefühl des grauen Star umschleicht Sie. Was ist passiert? Die Vorteile lagen doch so glasklar vor Augen. Warum haben Sie plötzlich das Gefühl, ein Blinder unter Taubstummen zu sein?

Wir möchten nur, dass Sie etwas vorsichtiger sind, wenn Sie Ihre Gewinnprognosen abschätzen (das kann nie schaden). Aufhalten wollen wir Sie nicht! Wenn Sie abenteuerlustig und frustrationstolerant sind, dann ist in China sicher einiges zu bewegen. Wenn Sie diplomatisches Geschick, Ausdauer, gute internationale Patentanwälte und die richtige Portion „Guanxi" haben, lohnt sich der Schritt nach China sicher: Die *Chance* auf Kosteneinsparungen und Gewinne mit chinesischen Kunden besteht gewiss! Doch es gibt sie zuhauf: Die Container, die nach drei Monaten Transportzeit endlich in Ihrem Lager ankommen und bei denen die Hälfte der bestellten Glasschreibtische in Scherben liegt! Und diese bringen Ihnen bei der Reklamation definitiv kein Glück mehr! Auch schon erlebt: Schranktüren, die so montiert werden, dass der Griff nach innen zeigt. Oder: Sie lassen als Verleger Bücher in China produzieren. Klar ist das billig. Aber: Der Mann an der Druckpresse weiß vielleicht gar nicht, wie lateinische Buchstaben „funktionieren". Da kann es schon mal passieren, dass der Buchblock verkehrt herum im Cover hängt. Sie hatten eine 5000er Auflage in Auftrag gegeben? Ups! Und während Sie sich noch vor Erstaunen am Kopf kratzen, kratzt ihr Unternehmen bereits am Konkurs.

Natürlich gibt es westliche Firmen die im Reich des Yuans dicke Gewinne machen. Angeblich schreiben ca. zwei Drittel der multinationalen Konzerne in China schwarze Zahlen. Nur: Sind sie ein multinationaler Konzern? Für den Mittelstand mit begrenzten Ressourcen (vor allem begrenzter Geduld) ist es wohl eines der letzten Abenteuer dieser Welt - der Eintritt in diesen riesigen Markt - einer der brutalsten und wettbewerbsintensivsten. Brutal, weil die einzige Spielregel zu sein scheint: „Es gibt keine Spielregeln"! Denken Sie an den Schutz von geistigem Eigentum. Sie haben allen ernstes die Hoffnung, nur weil der Norden des Landes jetzt schon ein wenig mehr – zumindest offiziell – für den Patentschutz tut? Selbst wenn Sie ein Patentschreiben haben, so wird dieses manchmal schlichtweg mit kopiert. Wir haben unsere Zweifel, dass sich die Lage langfristig signifikant bessert, nicht nur wegen diesem alten chinesischen Sprichwort: „Im Himmel gibt es Gesetze, aber auf der Erde gibt es immer einen Weg, sie zu umgehen."

Glauben Sie nicht, sie könnten im Land der Mitte die Spielregeln diktieren oder wie gewohnt Absatzzahlen vorgeben. Hoffen Sie nicht darauf, dass Sie mit Ihrer Visionärskraft, Mut, Charme und einem zweiwöchigen Kurs „Interkulturelle Kompetenz" an der Volkshochschule Villingen-Schwenningen etwas Gegenteiliges erlangen! Denn eigentlich haben Sie nur zwei Möglichkeiten: Mitspielen oder Zuschauen. Chancen darauf eigene Standards zu setzen oder Dinge auf individuelle Weise zu lösen haben Sie in dem konformen System kaum. Deswegen geben wir Ihnen einen Eindruck, was in diesem Spiel so alles auf Sie zukommt...

Schlaubi's Small-Talk-Fakt:

Das chin. Wirtschaftswachstum betrug 2007 11.6%. Zum Vergleich: D, A, CH lagen zwischen 2 und 3%. China ist bereits viertgrößte Volkswirtschaft der Welt und wird Deutschland´s „Bronze-Medaille" bald übernehmen: Das chin. BIP betrug 2007 bereits rund 2,33 Billionen Euro im Vergleich zu Deutschland mit 2,42 Billionen Euro. Eine Siegerehrung mit Prosecco und Blumen wird es dennoch auch in diesem Jahr nicht geben. Also braucht Sie dieses statistische Spiel nicht weiter zu beunruhigen.

Keine Frage: Die meisten Chinesen arbeiten hart für ihr täglich Brot! Doch mit regelmäßigem Gehaltsscheck sinkt die Motivation und steigt die Müdigkeit. Aber das ist nicht nur in China so...

Personal

Effizienzverluste

Chinesisches Personal: Mangelware Fachkräfte

Im Moment produzieren sie in China äußerst günstig. Doch das wird nicht so bleiben. Schon heute lohnt sich die Produktion nur dann, wenn Sie ein produktionslastiges Gewerbe haben und unheimliche große Stückzahlen Ihrer Produkte herstellen lassen. Ansonsten sind die Transaktionskosten einfach zu groß. Zudem steigen an der Ostküste Chinas, die Lohnkosten bereits stark - im Großraum Shanghai um die 20% pro Jahr. Da weichen viele Firmen ins Hinterland aus. Doch glauben Sie uns, Sie und Ihr Partner wollen nicht wirklich nicht drei Jahre nach Wuxi oder Chongping - es sei denn sie wollen Ihre Lebenserwartung um ebenso viele Jahre verkürzen! Darüber hinaus werden laut einer Studie von McKinsey die lokalen Fachkräfte immer knapper. Bildung und vor allem Menschen, die aktiv Mitdenken sind immer noch Mangelware in China, das

Die erste Krise kommt schneller, als Sie denken, wenn Dinge einfach nicht mehr an ihrem gewohnten Platz sind!

jedenfalls zeigt die Erfahrung unserer Kollegen und Freunde, die das Vergnügen hatten, sich das in den Firmen vor Ort einmal genauer anzusehen...

Erinnern sie sich an ihre Grundschulzeit: Als alles getobt hat, die Papierflieger durch den Klassenraum flogen, Schulmäppchen aus dem Fenster flogen und sie den kleinen Hans in den Mülleimer gesetzt haben, sobald die Lehrerin mal fünf Minuten aus dem Klassenraum war? So ähnlich können Sie sich die Organisation in einer chinesischen Werkshalle oder Büro vorstellen, sobald keiner hinguckt. Sie glauben ja nicht, wie amüsant sich die Kollegen austauschen können – stundenlang, ohne auch nur einmal auf den Bildschirm zu schauen. Und schlafen können Ihre schwarzhaarigen Kollegen ja sowieso an jedem Ort und in jeder Position: Im Stehen, auf dem Schreibtisch oder auf dem Holzstuhl, in Hochregalen oder versteckt im Treppenhaus, egal ob die Produktionsbänder nun unbeaufsichtigt laufen oder nicht...

Glauben Sie nicht, Sie können Ihren Mitarbeitern eine tolle Arbeitsumgebung mit westlichen Standards bieten. Diese ist ihnen relativ egal. Die drei wichtigsten Faktoren, auf die ein chinesischer Arbeiter schaut sind der Lohn, das Gehalt und die Bezahlung. Und sobald jemand auch nur ein paar Cent irgendwo mehr bekommt, ist er oder sie weg. Ja, weg! Einfach so. Freitag bei ihnen, Montag bei der Konkurrenz. Der Arbeitsplatz bleibt leer. Gesagt hat ihnen keiner was. Vertragliche Pflichten müssen erfüllt werden? Vergessen Sie es! Anrufen? Keine Chance. Telefonnummer geändert. Viel Spaß.

Zwischenfazit: Ohne den Einsatz von teuren westlichen Führungskräften können sie in China kein Werk aufbauen. Das Verständnis ist einfach zu unterschiedlich. Während wir in Deutschland gewisse Prozesse als selbstverständlich betrachten, z.B. Qualitätskontrollen, Sicherheitsvorschriften oder funktionierende Toilettenspülungen, so juckt das die Chinesen meistens wenig. Um dieselbe Qualität in China zu produzieren, welche wir aus Deutschland gewohnt sind, braucht man Leute an der Spitze, die dafür sensibilisiert sind. Doch auch mit diesen können Sie nicht in der gewohnten Weise kalkulieren:

Westliches Personal - Expats
Schicken Sie eine Top-Führungskraft nach China und sie wird dort nicht mehr 120% Leistung erbringen, sondern vielleicht nur noch 60%. Die Effizienzverluste sind riesig. Denken Sie an Kommunikationshürden, Bürokratie, unvorhergesehene Mehrkosten und kulturelle Unterschiede. Es ist schon wahnwitzig, was manche Personaler denken, die Auslandserfahrung verlangen, selber aber nie im Ausland waren. Man erwartet dieselbe Leistung wie hier – aber das unter ganz anderen Bedingungen. Die Expats, mit denen wir gesprochen haben, sind anfangs ganz hipp – geht es doch ins Wachstumsland China, doch bald kommen die Probleme: Von Deutschland bleibt der Druck, man fühlt sich unverstanden. Die Motivation sinkt. Neben dem kulturellen Fettnäpfchen und Arbeitsdruck fehlt oft der emotionale Halt. Oft fragt man sich „Warum zur Hölle sitzen meine Freundin, die Familie und alle Freunde nur über 9000km entfernt von mir?" Damit kann nicht jeder Ihrer Führungskräfte gleich gut umgehen. Aber das wissen Sie ja. Stephan kennt dieses Gefühl nur gut: Man geht morgens voller Elan in die Arbeit, nur um dann manchmal spätabends tief frustriert und kopfschüttelnd das Büro wieder zu verlassen. Mit Ihm haben viele Expats dieselben Erfahrungen gemacht:

- Warum verstehen die Chinesen den Sinn von Warnschildern nicht, die man vergangene Woche zum Schutz des Körpers aufhängen ließ, sondern nutzen diese als Kleiderständer?

- Warum organisiert man ein Meeting, bei dem 40% der Teilnehmer nicht erscheinen, 30% telefonieren oder SMS schreiben und die restlichen 30% einen nicht verstehen aber trotzdem nicken und lächeln?

- Warum sagen die Chinesen nicht einfach ein klares Nein, wenn sie etwas nicht verstanden haben oder wissen, dass sie eine Terminvorgabe zeitlich nicht erreichen können?

- Warum darf man in China einen Kollegen nicht kritisieren, wenn dieser fast ein paar Körperteile in der Maschine gelassen hätte oder einen kaputten Elektrostecker mit etwas Klebeband und Schrauben repariert?

- Weshalb riskieren Chinesen lieber ein paar Finger zu verlieren anstatt ihr Gesicht?

- Warum erscheinen selbst die Dinge unmöglich, welche wir in Deutschland als grundlegend selbstverständlich ansehen?

Willkommen in China! Planen Sie also in Ihren Kalkulationen einiges an zeitlichen Puffer ein. Ordern Sie schon mal die Familienpackung Baldrian und kaufen Sie im Großhandel den Wochenbedarf eines Kreiskrankenhauses an „Gute-Nacht-Tee". Damit werden Sie die ersten Turbulenzen halbwegs verkraften.

Schlaubi's Small-Talk-Fakt
In China haben sich bereits 3.200 deutsche Unternehmen angesiedelt. In Summe leben 16.000 Deutsche in China. Darunter sind 1.280 Studenten und 99 Wissenschaftler.

Der Chinesische Geschäftssinn
Ein Vergleich zur deutschen Bürokratie

Während uns die Arbeitsmoral an den Fließbändern und Produktionsstätten nur bedingt überzeugt hat, und selbst mancher Sachbearbeiter die Arbeitsabläufe „Tackern – Lochen – Wegheften" einzeln erklärt bekommen muss, gibt es auf der anderen Seite eine sehr bewundernswerte und für uns Deutschen schier unvorstellbare Eigenschaft: Den Pragmatismus. Das wollen wir anhand einer kleinen Fantasiegeschichte[1] verdeutlichen:

Angenommen, ein Chinese steht vor dem Brandenburger Tor in Berlin und über seinem Kopf ziehen plötzlich und unvorhergesehen dunkle, schwere Regenwolken auf. Der Chinese – nennen

Wohlstandskarosse im Tempel – Hier sieht man teilweise mehr Audis als in Ingolstadt

wir ihn einfach Mr. Legenschilm - würde nicht lang überlegen, in den nächsten Supermarkt laufen, soviel Regenschirme erwerben wie er und zwei angeheuerte Schulkinder tragen können um sie bei den ersten Regentropfen wieder an die Passanten verkaufen...

Identische Szene, 2m weiter rechts. Dort steht ein Deutscher. Es beginnt wie aus Kübeln zu schiffen und auch er hat eine ähnliche Geschäftsidee: Ein Regenschirm-Franchise-Unternehmen gründen. Er dreht sich um, geht aber nicht zum Kaufhaus, sondern in den Mediamarkt und läuft dann durch das Gewitter nach Hause, setzt sich an seinen Schreibtisch, installiert die für 149,- Euro gekaufte Software für Startup-Unternehmen und beginnt mit der Erstellung eines Businessplans für seine Geschäftsidee. Nach einer Woche Arbeit (der

---

[1] Inspiriert von einer Geschichte von Harald Geiger (www.visitchina.de)

Regen hat übrigens längst aufgehört) weiß er, wo er in 3 Jahren mit seinem Unternehmen stehen will, wie er es schafft innerhalb eines Jahres ein Gewerbe zu beantragen und wie er in Liechtenstein das Geld vor dem deutschen Fiskus verstecken kann. Nachdem er das zuständige Wetteramt noch um eine 10 Jahres Prognose gebeten hat, verschiedene Szenarien durchgespielt und 83 Meetings einberufen hat, muss er nach einem weiteren Jahr harter Planungsarbeit feststellen, dass das von ihm gewählte umweltfreundliche Hightechmaterial für die Schirme dem sauren Regen nicht standhält und endet als Hartz IV Empfänger.

Wir bewundern diesen Pragmatismus. Wie oft ergeht es uns wie diesem deutschen Regenschirm-Träumer – wir planen, rechnen und prognostizieren, während andere zur Tat schreiten. Sicher hat uns unsere Gründlichkeit und Voraussicht bisher weit gebracht. Doch in heutigen Zeiten ist mehr Risikobereitschaft und Flexibilität gefragt, um im globalen Wettbewerb stand zu halten. Da können wir uns echt was bei den Chinesen abschauen. Die Schnelligkeit, wie da dieser Umbruch vonstatten geht ist atemberaubend! In der kurzen Zeit, die wir in China waren, haben wir uns immerhin schon ein kleines Stück vom Pragmatismus abgeschaut, was uns persönlich sehr bereichert hat. Und so verging von der Idee bis zum Druck(!) dieses Buches weniger als ein halbes Jahr! (Wir bitten daher um Nachsicht für eingeschlichene Fehler ☺). Als wir den großen deutschen Verlagen dieses Ziel, bis zu Olympia das Buch veröffentlicht zu haben schüttelten diese die Köpfe: „Das schafft man nicht!" hieß es.

Geschäfte machen in China
Reich werden – zumindest an Erfahrung

„Ich kaufe billig in China und verkaufe teuer im Westen"
So schlecht fanden wir die Idee anfangs gar nicht. Bis Martin versuchte sie umzusetzen: Er wollte Geschäftsideen sammeln, und z.B. einen 10´er Pack MemoryCards oder iPods in Hongkong kaufen und zu Hause gewinnbringend verscherbeln. Wie leichtgläubig! Die Globalisierung war schneller als die Lufthansa-

Maschine mit Freigepäck. Inzwischen sind die Transaktionskosten schon so weit gesunken und die internationale Logistik so weit ausgebaut, dass man gar nicht mehr in kleinen Mengen denken kann: Elektronische Produkte, die gut handelbar sind, sind inzwischen in Deutschland oft günstiger zu bekommen als in China selbst, schon allein durch den günstigen Dollarkurs. Egal ob Handy oder Laptop - diese Produkte sind im Internet viel billiger und haben den Vorteil, dass man seine Garantie bei Elektronik-Meyer in Oberursel einlösen kann und nicht nach Guangzhou zurückfliegen muss. Internationale Markenartikel zu handeln ist genauso sinnlos, da diese dort drüben gut 10-15% teurer sind als bei uns. Zudem wäre die Frage mit den Import-Zöllen aufgekommen. Wir reden hier jetzt natürlich von Originalwaren. Sollten Sie mit dem Gedanken spielen, nachgemachte Ware (Rolex-Uhren, Sportartikel von Adidas, etc.) zu verhökern, so spielen Sie mit dem Feuer! Das sieht sowohl Vater Staat als auch die geprellten Unternehmen gar nicht gerne und ehe Sie sich versehen können sie die Qualität einer chinesischen Nagelfeile an den Gitterstäben der nächsten Justizvollzugsanstalt austesten…

Wer wirklich von dem Preisgefälle profitieren will, muss auf chinesische Marken und Produkte umsteigen und sich hierzulande selbst einen Markt dafür schaffen. Zudem sollte man dann gleich an den Produzenten herantreten – aufgrund der Kommunikationsbarrieren nur für Sprachkundige zu empfehlen. Die bessere Idee gab uns ein findiger polnischer Geschäftsmann: Es gibt riesige Importmessen, in denen Tonnen von vorproduzierter chinesischer Ware auf westliche Abnehmer warten. Man fliegt dorthin, sucht sich ein paar Produkte aus und regelt den Rest über einen hiesigen Importeur. Der frisst zwar ein paar Prozente, kennt sich aber mit den Gepflogenheiten besser aus.

„Ich senke meine Produktionskosten"

So einige Unternehmer mussten bei Ihrem Bemühen, durch den Bau einer Fabrik in China die Lohnkosten zu senken, böse Überraschungen hinnehmen. Die Wirtschaft ist dort immer noch Staatsangelegenheit. Und so wird man gezwungen, den Produktionsaufbau zusammen mit einem chinesischen Joint Venture aufzubauen, das oft noch vom Staat selbst vermittelt wird. Na toll. Was als „geringere Einstiegsbarrieren" verkauft wird ist nur bedingt ein besonderer Service Chinas, um *Ihre* Wirtschaft zu fördern, sondern über kurz oder lang die eigene. Durch die Beteiligung chinesischer Unternehmen am Aufbau Ihrer Fabrik sollen Know-how und Kompetenzen aufgebaut werden. Sie bilden Arbeiter aus, vermitteln Ihnen wichtiges Wissen und beschäftigen - wenn es ganz dumm kommt - menschliche Fotokopierer, die sich später gern Ihr erworbenes Wissen von der Konkurrenz gut bezahlen lassen.

So berichtet der Spiegel (35/2007) von einem deutschen Investor, der im Nordwesten des Landes ein Joint Venture einging. Es ging auch alles ganz schnell und die neue Fabrikanlage stand. Nur wunderte er sich nach einiger Zeit, dass er immer neue Gesichter in seiner Fabrik sah. Er beschloss der Sache auf den Grund zu gehen, verabschiedete sich eines Tages ganz normal zum Feierabend und legte sich hinter dem nächsten Hügel auf Lauer. Was jetzt kommt, gleicht einer typischen Filmszene aus einem schlecht gemachten Krimi: Ein kleiner Bus fuhr vor, 8 Chinesen sprangen heraus und wurden kurzerhand gegen 8 andere Arbeiter ausgetauscht. Der Unternehmer verfolgt den Bus dann bis zum – nein wer hätte es gedacht – zum nächsten Werk, einer Fabrikhalle, die im Detail seiner eigenen nachgebaut wurde. Ohne sein Wissen und ohne seine Gewinnbeteiligung versteht sich. Der Ärmste ist nun ruiniert – nicht nur finanziell. Sie können sich sicher vorstellen wie es ist, wenn man einen Familienbetrieb mit 200 Mitarbeitern mit Leidenschaft und aus gutmütiger Überzeugung führt und dann so etwas erlebt??

Um es auf den Punkt zu bringen: Wirtschaften in China ist sportlich. Aber nicht weil Fairness und Spielregeln im Vordergrund stehen, sondern eher Vergleiche mit einer Art von chinesischem Rugby angebracht wären. Oder nehmen Sie Fußball, Kampfjodeln oder Extremschach – es würde wohl nach einem ähnlichen System ablaufen: Stellen Sie sich vor, sie sind ein guter Rugbyspieler, der einen super Vertrag in China angeboten bekommt. Sie gehen also für eine Saison in die chinesische Pampa, um die

Mannschaft „FC Reisbaua" zu unterstützen. Doch dort werden weniger Ihre Qualitäten als Spieler gefragt, stattdessen finden Sie sich in der Rolle des Trainers wieder. Sie werden genau beobachtet. Jeden Schritt den Sie tun - jede Bewegung, die Sie formvollendet vollführen, wird imitiert, kopiert und protokolliert. Man fragt Sie über Ihre Trainingsmethoden aus und sie müssen Ihr Trainingstagebuch offenbaren und täglich eisgekühlte Urinproben abliefern. Und man schaut Sie genau an: In der Umkleidekabine und unter der Dusche, werden sie haargenau beobachtet und jedes auch noch so kleine Detail (keine Anspielung!) festgehalten. Wenn Sie dann trotz vollen Einsatzes den Vertrag in der nächsten Saison verlängern wollen, wird ihnen jegliche Unterstützung entzogen. Ihre Mitspieler reagieren noch ausweichender auf Ihre Fragen als vorher. Die Verantwortlichen sind nicht mehr aufzufinden. Keiner weiß etwas. Nach einer Weile resignieren Sie und fliegen zurück. In der Zwischenzeit hat man sie 1:1 nachgebaut – in der neuen Saison wird es einen Spieler geben, der Ihre Größe, Spielstärken, Geschicklichkeit und denselben Morgenurin hat. Er hat Ihre breiten Schultern, dieselben stämmigen Beine. Nur hat er jetzt schwarze glatte Haare, sonnengeschützte enge Augen und ein Dauergrinsen auf den Backen.

Was mit Ihnen passiert ist, nennen wir das „Judo-Prinzip". Judo ist bekanntlich eine asiatische Sportart, bei der die Kraft des Gegners ausgenutzt wird, um ihn selbst zu schlagen. Wenn sie also mit voller Kraft auf Ihren Gegner zulaufen und Ihn verletzen möchten, macht dieser einen Schritt zur Seite und Ihr Schwung läuft ins Leere – mehr noch, sie bekommen von hinten noch eins auf den Allerwertesten, so dass sie an die nächste Wand knallen. Der Verteidiger hat Ihren Krafteinsatz verstärkt und gegen Sie verwendet. (Das war auch das Prinzip, das den kleinen Bruce Lee so übermächtig gegenüber seinen kraftstrotzenden Gegner machte.) Ähnlich ist es also beim Wirtschaften: Sie wollen eine Produktions- oder Markteroberungsattacke auf den chinesischen Markt starten und eh sie sich versehen können, liegen sie selbst blutend am Boden.

Wenn Ihnen dieses Spiel zu hinterrücks ist, sollten sie sich lieber andere Spielkameraden suchen - Osteuropa ist z.B. auch nicht allzu fern.

List und Tücke
Wie man anderen so richtig ans Bein pinkelt

Wo wir gerade beim Thema „Berechenbarkeit und Moral der Geschäftspartner" sind: Haben Sie das Buch „Die 36 Strategeme für Manager" von Harro von Senger gelesen? Sollten Sie tun! Der Sinologe argumentiert, dass List und Tücke in China eine tief verwurzelte Tugend seien, die als Zeichen von Klugheit ausgelegt werden. Oder einfach gesagt: Wenn Sie Ihre Geschäftspartner mal so nach Strich, Faden und Zwirn übers Ohr gehauen haben, sind Sie in Ihrem chinesischen Freundeskreis ein Held! Dieser Hinterlistigkeit entrinnen Sie nur, wenn Sie zu selbigem Beziehungsnetzwerk gehören – oder auf Chinesisch: „Guanxi" haben. Guanxi wird Ihnen auf den ersten Blick wahrscheinlich nichts sagen, man kann es salopp mit dem deutschen Begriff „Vitamin B" (B= Beziehungen) gleichsetzen. Wobei „Guanxi" weit mehr als nur ein Vitamin ist – es ist der Lebenssaft aller Chinesen!

In China sind Beziehungen mindestens genauso wichtig wie der Vertrag den man schließt. Formale Regeln und Abmachungen haben einfach nicht den Wert wie bei uns. Wenn Mr. Lee eine andere Chance wittert, will er diese auch umsetzen. Ihr Vertrag? Den konnte er wahrscheinlich eh nicht lesen und hat nur unterschrieben, weil Sie Ihn drängten und es ein kostenloses Geschäftsessen gab. Selbst wenn der Vertrag verstanden wurde, in der chinesischen Geschäftskultur ist der hieb- und stichfeste Vertrag eines deutschen Juristen überhaupt erst der Ausgangspunkt für Verhandlungen (oder sagen wir die weitere Verbiegung der vertraglich festgehaltenen Abmachungen – zu Gunsten des chinesischen Vertragspartners versteht sich). Ihre Rechtsmittel? Begrenzt. Denken Sie daran: Sie sind in China, nicht in Europa!

Juristen dort sind im Zweifel immer auf der chinesischen Seite – oft ohne es zu merken – sie sind eben auch Chinesen. Besser, Sie wären mit Mr. und Mrs. Lee mal öfter in die Karaoke-Bar gegangen. Zwar hätten Sie sich da vollkommen zum Affen gemacht, aber manchmal hilft das. Chinesen finden so etwas witzig, vor allem nach 5 Bier und drei Flaschen Reiswein. Und wenn man die Menschen zum Lachen bringt, wird man irgendwann auch in Ihr Herz geschlossen. Leider dauert das unheimlich lange. In China dauert es sogar noch etwas länger.

Doch kommen wir zurück auf diese Strategeme – ein altes System der List-Weisheiten und „Übers-Ohr-Hau"-Techniken. Es gibt mehr als 50 Bücher, die sich dort auf diese Strategeme beziehen und Comics, Spielkarten, Kalender und sogar Fernsehserien, die diese erklären. Neugierig geworden? Hier sind ein paar dieser Redewendungen, die uns nachdenklich gemacht haben (darunter haben wir diese einfach mal frei interpretiert):

- *„Ausgeruht den erschöpften Feind erwarten"*
  Wollen Sie damit andeuten, besser nicht mit Air China zu einem Geschäftstermin zu fliegen...?

- *„Das Wasser trüben, um die der klaren Sicht beraubten Fische zu fangen"*
  Ist der Smog also in etwa politisch gewollt? Oder ist es der Grund, warum Sie Unmengen an Reisschnaps bei wichtigen Geschäftsessen wegkippen müssen?

- *„Einen Weg durch Yu für einen Angriff auf Guo ausleihen (um danach Yu ebenfalls zu erobern)"*
  Wir verstehen: China leiht sich unser Know-How, um das Land von der Armut zu befreien und schlägt uns dann mit unseren eigenen Ideen und Produkten.

- *Das Strategem des leidenden Fleisches*
  Eine Selbstverletzung mobilisiert den Samariter-Reflex des Gegners oder das Mitleid des Publikums? Oder geht es hier gar um die Kochkünste von diversen Straßenhändlern?

🕷 „Mit dem Messer eines anderen töten"

Nicht die feine englische Art. Aber bevor man seinen eigenen Ruf (sprich sein Gesicht) verliert, schiebt man die Schuld lieber auf einen anderen. Ne dass ist doch mal ein Strategem, dass sich hierzulande schon bestens etabliert hat!

Und im Alltag? Wo haben wir diese Strategeme gemerkt? Wo wurden wir nach Strich und Faden übers Ohr gehauen, abgezockt und hintergangen? Um ehrlich zu sein: Fast gar nicht! Klar gibt es Taxis die um die halbe Stadt fahren und für den Heimweg 20min länger brauchen nur um das Doppelte zu verlangen, bis man Ihnen auf der Karte zeigt, wo sie eigentlich lang gefahren sind. Aber das gibt es überall. Wir hatten nicht das Gefühl, dass man uns zwangsweise über das Ohr hauen will. Im Gegenteil! Wenn wir uns mal wieder mit dem Geld verzählt hatten, gaben die Verkäufer freiwillig das Restgeld heraus – wir hätten gar nichts gemerkt! Fahren Sie dagegen mal nach Vietnam oder zum Skifahren nach Tirol. Dann wissen Sie, wie man als Tourist leiden kann!

Fazit: Mit ein paar Ausnahmen (die üblichen Touristenfallen) sind wir oft sehr herzlich empfangen worden und haben uns ehrlich behandelt gefühlt. Sicher zahlt man anfangs einen vielfachen Preis und ärgert sich später darüber. Aber nach dem fünften Mal Socken kaufen an einer der vielen Fake-Märkte kennt man den Preis und lacht mit den Verkäuferinnen über den Amerikaner, welcher gerade für eine 5 RMB Socke über 30 RMB bezahlt hat. Nach ein paar Monaten kennt man die Taxifahrer im Revier, erklärt ihnen sogar den kürzesten Weg und wird herzlich begrüßt. Und ehe man sich versieht hat man selbst ein wenig „Guanxi"!

Kopier-Mentalität
Wenn die Putzfrau Gucci trägt...

Ein chinesisches Sprichwort sagt: „Der Dumme lernt aus seinen Fehlern, der Kluge aus den Fehlern der anderen." Und Chinesen halten sich für sehr klug. Sie kopieren und kopieren, als würden

Sie in einer studentischen Bibliothek arbeiten und besäßen eine Kopierkarte ohne Limit.

In den westlichen Medien erscheint das Reich der Mitte als ein mega-turbokapitalistischer Markt ohne jeden Respekt vor geistigem Eigentum. Einer vorsichtigen Studie zufolge sollen zwischen 2% und 7% des chinesischen Außenhandelsvolumens mit Plagiaten und Markenpiraterie erwirtschaftet werden. Es lässt sich somit kaum leugnen, dass China sich mehr und mehr zum weltgrößten Copyshop entwickelt.

Sie haben etwas Tolles entwickelt, ein brandneues Produkt mit lauter innovativen Ideen? Sie können fast sicher sein, dass es irgendein findiges Schlitz-Ohr aus China bereits kopiert. Das berühmte „Chocolate"-Handy von LG war als chinesische Fälschung bereits früher auf den chinesischen Markt gelangt, als das Original. Jenes wurde später von einigen Konsumenten sogar für eine Fälschung gehalten.

Ein paar deutsche Kollegen von Stephan wohnen in dem recht „europäisch" anmutenden „CPD District" in Peking. Wir haben jetzt die These aufgestellt, dass

Neuer „Toyoda" gefällig? Stephan war mit der Qualität, Ausstattung und Größe des Fahrzeuges jedoch nicht zufrieden!

diese Abkürzung nicht Chaoyang Park District bedeutet, sondern „**C**opy and **P**aste **D**istrict.

Es ist nicht einmal abwegig, dass Chinesen ganze Häuser, Straßenzüge und Städte kopieren. Das ist wie bei Star Trek, nur diesmal in echt: Stadt in England hoch beamen und in irgendeiner kleinen Provinz in China wieder runterknallen lassen. Kopieren, Einfügen, Fertig! So ist es mit dem englischen Örtchen Dorset geschehen: Ein kleines beschauliches Idyll mit Häuschen im viktorianischen Stil, einer neugotischen Kirche, Pubs und einer wundervollen Bronzestatue von Winston Churchill. Und genau diese steht nun auch im chinesischen Ort „Thames Town" (Themse Stadt), so wie alles andere auch, was sich im Umkreis von 5km um die Originalstatue in Dorset befindet. Eine komplette englische Kleinstadt inmitten von China. Perfekt kopiert. Das das in England natürlich auf Ärger stößt, ist nicht verwunderlich. Die Inhaberin der Kneipe „Rock Point Inn", welche nun auch in der Parallelwelt Chinas zu finden ist, fühlt sich von den kopierenden Chinesen zu einer Witzfigur degradiert – „ich wurde regelrecht shanghaisiert". Die chinesischen Architekten können indes die Aufregung natürlich gar nicht verstehen: „Wenn wir von anderen lernen, sollten wir nichts verbessern oder verändern". Diese Einstellung ist in der chinesischen Kultur tief verwurzelt: Erst den Meister perfekt imitieren, dann erst darf man einen eigenen Stil finden. Und während sich alle Welt über diese dreiste Vorgehensweise aufregt, so wundern sich die Chinesen sogar noch darüber. Weshalb aufregen? Die Europäer haben in der Vergangenheit doch auch schon von China kopiert. Das Schießpulver wurde angeblich in China erfunden. Diese ballerten es in Form von farbigen Raketen in den Nachthimmel, die Europäer sich gegenseitig um die Ohren – wohlgemerkt nachdem sie es geklaut haben. Wären wir damals nicht so dreist gewesen, so hätten wir in unserer Schulzeit keine Böller in die Damentoilette werfen können und es gebe keine Raketen. Stellen sie sich das einmal vor, keine Raketen! Die NASA hätte es niemals auf den Mond geschafft. Und hat das Kaubonbon MAOAM nicht auch was mit Mao Zedong zu tun? Was wollt ihr dann? MAO-am, MAO-am!

Mittlerweile hat ja die ganze Welt eine regelrechte Paranoia vor der Kopierlust von China. Sogar der chinesische Drucker im Büro vieler deutscher Großraumbüros hat eine Kopierfunktion. Oh Gott, dass hat doch sicherlich was zu bedeuten! Der Rechner im Büro ist für 1,34 Millisekunden nicht im Blickfeld und schon wurde er kopiert, inklusive dem Kaffeefleck auf der Tastatur. Aber angenommen wir drohen China zu sehr und sie drehen den

Spieß um und boykottieren uns? Plötzlich gibt es im Supermarkt keine Frühlingsrollen mehr und wir haben 12 Monate im Jahr Winter. Na das sind ja mal tolle Aussichten. Und auch das Chinesisch Süß-Sauer ist bis auf weiteres gestrichen, da alle nur noch sauer auf uns sind. Na Prost Mahlzeit! Aber dieses böse Wort „Raubkopien" - in China-Slang ausgesprochen heißt es ja nur noch „Laubkopien" und verwelkte Blätter sind ja nun mal nicht patentiert, oder?

Über die Qualität der Waren

Werden wir wieder ein wenig ernster und kommen auf die Qualität der Waren zu sprechen. Martin, der so weit östlich aufgewachsen ist, dass er fast einen polnischen Vornamen kriegen sollte, kennt noch die gelegentlichen Grenzgänge nach Polen und den Umweg über Tschechien, um die Apotheke dort zu plündern. Was dort an Klamotten feilgeboten wurde, hatte ungefähr den Style eines Büffelkleides in Mintgrün und den Geschmack eines Gangster-Hip-Hop Videos aus Miami. Wenn man das Zeug nur ansah, ging es schon kaputt. Das ist in China anders. Die Sachen sind oftmals von derart guter Qualität, dass diese Originale sein müssen. Klar, wurde ja auch in einem „Fachgeschäft" gekauft. Langsam dämmert es, dass das Zeug tatsächlich echt sein kann, weil es ja ALLES HIER produziert wird. Da fängt der Ökonom im Köpfchen an zu rechnen: Keine Transportkosten, keine Importeur-Gebühren, kein westlicher Handel, der nochmal 100% draufschlägt... Das kommt hin. Und wenn man ein paar Stoffreste aufsammelt, diese geschickt zusammennäht oder die Maschine einfach noch ein paar Minuten länger laufen lässt, so kann es eine originale Gucci-Tasche durchaus auch in den hintersten Marktstand schaffen.

Innovation aus Fernost

Doch nicht nur die Qualität der Kopien ist erstaunlich gut geworden, China bemüht sich zunehmend auch um Innovationskraft. Die Regierung ist bestrebt, den Wechsel von einem reinen Produktionsstandort zu einem der führenden Innovationsstandorte zu entwickeln. Nach absoluten Zahlen liegt das Land inzwischen bezüglich der Aufwendungen für Forschungen und Entwicklungen in der Spitzengruppe der FuE-Nationen (FuE = Forschung und Entwicklung). Die Frage, die wir uns deshalb stellen müssen ist folgende: Wie lange dauert es noch, bis der Wechsel von „Made in China" zu „Innovated in China" vollzogen wurde?

Marketing

Wie übersetzt man „Lindt Sprüngli" auf Chinesisch?

Nach so viel düsteren Geschichten und Ermahnungen zur Vorsicht muss es doch auch etwas Positives geben. Etwas, das sie wieder hoffnungsvoll in die Zukunft schauen lässt. Und das gibt es gewiss. Sogar 1.344.735.987 Mal (grobe Schätzung). Dieser Hoffnungsschimmer ist der chinesische Konsument.

Der chinesische Konsument ist im Durchschnitt 32 Jahre alt, der Traum für jeden einzelnen Markenhersteller, der von der Überalterung der westlichen Märkte bedroht ist. Wer will schon Snickers einem Siebzigjährigen verkaufen? Das ginge doch nur in Kooperation mit einem Gebisshaftkleber. Und was ist wenn die deutsche Oma plötzlich Prada trägt? Das Image der italienischen Luxusfirma wäre ruiniert! Und so gieren die westlichen Firmen nach China, dem größten Absatzmarkt weltweit. Westliche Markenartikel sind gern gesehen – und zwar die Originale: So lassen sich die chinesischen Superreichen ihren Mercedes oder Porsche direkt aus Deutschland importieren. Während sich bereits einige westliche Firmen auf dem chinesischen Markt etablieren konnten, wie „Nestea" (macht ja auch Sinn bei den Dauer-Tee-Schlürfern) dürften besonders Luxusmarken im Kommen sein. Die neue Elite hat vor allem ein Ziel: Ihren Reichtum zeigen! Man will sich abgrenzen von der elendigen Vergangenheit, die man selbst erlebt hat. Während Westler auf den Billigmärkten fleißig die „Rolex" für 15 Euro kaufen, blättern neureiche Chinesen dafür 10.000 Euro für ein echtes Schmuckstück hin und blicken lächelnd auf die Touristen herab. Und so dürfen wir uns auch in Europa auf die steigende Zahl internationaler chinesischer Touristen freuen: Welcher Chinese möchte schon nach seinem Italien-Einkauf stolz eine Florentiner Nobelmarke mit dem Etikett „Made in China" seinem Freundeskreis präsentieren?

Während vor einigen Jahren strategisches Marketing in China noch ein Buch mit 27 Siegeln war, gibt es inzwischen eine Reihe wertvoller Erfahrungen und Literatur. Sie müssen also nicht mehr vollkommen blind auftreten sondern können auf das Wissen anderer zurückgreifen. Die ist die gute Nachricht. Die schlechte: Man muss nochmals rechnen: Die kaufkräftige Mittelschicht beträgt 300 Millionen, Tendenz steigend. Doch über 800 Millionen Chinesen leben auf dem Land und im Hinterland – logistisch und kommunikativ nicht nur schwerer zu erschließen sondern auch bettelarm. Marktforscher gehen davon aus, dass zumindest ca. 200 Millionen Einwohner ein verfügbares Einkommen haben – das sind immerhin noch ca. ¾ der USA!

Beachten sollte man vor allem, dass China bei weitem kein einheitlicher Markt ist. Es gibt viele regionale Besonderheiten und auch verschiedene Mentalitäten. Denken Sie auch daran, dass es in China ungefähr 55 Minderheiten gibt, auch wenn diese „nur" 6% der Bevölkerung ausmachen. Eine noch größere Herausforderung dürften die verschiedenen Sprachen und Dialekte sein: In Hongkong und dem boomenden Pearl-Delta schreibt man zwar mit denselben Schriftzeichen, doch spricht eben „Kantonesisch" und nicht „Mandarin". Linguistisch sind die Unterschiede so groß wie zwischen Deutsch und Englisch (oder wie zwischen Bayerisch und Hochdeutsch)!

Auch die Namensgebung ist ein Abenteuer: Unsere westlichen Sprachen sind phonetisch, Chinesisch codiert aber keine Laute, sondern Bedeutungen. Das macht die Übersetzung schwierig. Man muss zwischen zwei Strategien wählen: Entweder man übersetzt die Markennamen so, dass sie ähnlich klingen (und noch halbwegs Sinn machen) oder man gibt den Klang auf und übersetzt den Sinn. Doch Chinesen sind sehr phantasiereich, und so gelingt es manchmal, beide Strategien zu vereinen: Coca Cola heißt hier z.B. „Ke-kou Kele", das klingt nicht nur ähnlich sondern heißt auch soviel wie: „Schmeckt und macht fröhlich". BMW heißt „Bao-ma" (Edles Pferd) und Siemens kennt man in China als „Xi-men-zi" was „Tor zum Westen" bedeutet.

Zudem gibt es Stimmen (damit meinen wir nicht die in unserem Ohr) die sagen, dass die extreme Verwestlichung der asiatischen Märkte bald vorbei sein könnte. Es wird immer wichtiger den Leitsatz „Denke global – handle asiatisch" zu beherzigen: Firmen müssen sich immer stärker lokalen Gegebenheiten wie Sprache, Arbeitskul-

Kinder (und Marketingabteilungen) dürfen sich freuen: Zwei Eltern, vier Großeltern mit immer dickerem Portemonnaie

tur oder Ästhetik anpassen und können nicht mehr ohne weiteres westliche Werte Mitarbeitern und Konsumenten überstülpen. Dies wiederum erfordert viel Vertrauen in die chinesischen Mitarbeiter und die Investition in diese. Nur sie können kulturelles Feingefühl einbringen, um Marken Sympathie zu verleihen. Die Zeiten der „Banana-Boys" sind wohl auch bald vorbei (so nennen sich selbst die stark nach Westen orientierten Chinesen, die wie eine Banane innen weiß und außen gelb sind). Westliche Lebensweisen werden sich stärker mit verschiedenen auch neu aufkommenden chinesischen Lebensstilen und Philosophien vermischen. Schön daran ist, dass die nach neuer Identität suchenden Chinesen dabei Neurungen viel schneller in ihren Alltag integrieren als Europäer.

Schlaubi's Small-Talk-Fakts

1972 importierte Deutschland Waren für 175 Millionen Dollar aus China, 2006 waren es rund 49 *Milliarden* Dollar. Deutschland ist damit mit Abstand Chinas größter europäischer Handelspartner. Auf der anderen Seite exportierten deutsche Unternehmen Waren für 27 Milliarden Dollar! Ein Indiz, dass wir vom hungrigen Drachen profitieren!

Wohin führt Chinas Entwicklung?

Überlegungen zur Zukunft

Wir sind keine Kaffeesatzleser und können Ihnen natürlich keine definitive Antwort auf diese Frage geben. Ein volkswirtschaftliches System ist einfach zu komplex, um es präzise zu prognostizieren. Die Studie des Club of Rom z.B. versuchte zu Beginn der 70er Jahre, die Entwicklung der Weltwirtschaft vorherzusagen. Nach deren Prognose kollabierte das System. Die Forscher entwickelten ein Weltmodell mit 99 Variablen zu den fünf Bereichen und fütterten die Daten ihrem Computer. Die Resultate waren ernüchternd: Alles geht schief und die Industrie bricht zusammen. Dann sinkt die Nahrungsmittelproduktion, während die Weltbevölkerung weiter wächst und wir letztendlich alle sterben müssen. Düster, nicht wahr? Aber eigentlich nichts Neues: Schon der berühmte Nationalökonom John Maynard Keynes sagte: „Auf lange Sicht sind wir alle tot!". Vielleicht leitete diese Annahme das Modell. Eine andere Begründung verriet Martin einmal ein Professor an der Universität St.Gallen: Bei der Datenauswertung wurden wohl zwei Formeln falsch übertragen! Vielleicht wurde damals ja ein Plus-Zeichen durch ein Multiplikationszeichen von einem Praktikanten vertauscht. Und schon macht es BOOM. Alle tot. Schade.

Naja, jedenfalls haben wir uns die ganze Arbeit gespart ein ähnliches Modell zu bauen – das Buch wäre wohl erst im Jahr 2136 entstanden. Und wir wollten den Erscheinungstermin schließlich noch erleben. Dennoch wollten wir unseren Senf zu den ganzen Prognosen dazugeben und wie Nostradamus eine Prophezeihung machen. (Der ist nach ca. 500 Jahren gar nicht so tot, wie er tut: „Nostradamus" war laut „Google Zeitgeist" Suchwort Nr.1 im Jahr 2001). Deswegen nun eine kleine „Krengel-Kargsche"-Analyse:

Wenn man über die Entwicklung eines komplexen und dynamischen Systems philosophiert, sollte man besser in Szenarien sprechen. Beginnen wir beim pessimistischen Szenario in dem die Krise kommt - mit allen möglichen Ausprägungen: Von einer neuen Kulturrevolution über ein Rentenproblem bis hin zur Vogelgrippe und Reisknappheit. Vielleicht beschließen die Chinesen auch, die „Ein-Kind-Politik" abzuschaffen, dass käme dann sicher der düsteren Prognose von Malthus´ „Grenzen des Wachstums" nach, der im 19 Jahrhundert annahm, dass die Explosion der Weltbevölkerung zu einer Nahrungsmittelknappheit führen würde. Tatsächlich futterten unsere chinesischen Erdenbürger schon so viel, dass die Preise für Milcherzeugnisse 2007 spürbar hierzulande angehoben wurden – und Bauern nun brachliegende Flächen wieder bewirtschaften. Ist etwa das Ende der EU-Agrarsubventionen in Sicht? Dank der Hilfe von Millionen knurrenden chinesischen Mägen?

Statuen am Platz des Himmlischen Friedens: Weisen Sie den Weg in Chinas Zukunft?

Und schon kommt das Zittern: Was ist, wenn die Chinesen auf einmal alle Biosprit tanken wollen? Werden dann die Allnatura- Ökoprodukte noch teurer? Was ist, wenn ein Flügelschlag eines Schmetterlings (auch wenn es dank Smog nicht sonderlich viele Schmetterlinge geben sollte) ein Fahrrad umfallen lässt, dieses wiederum ein Fahrrad umwirft und wie bei einem chinesischen „Domino Day" letztendlich einen Super-GAU auslöst? Fragen über Fragen…

Um uns gleich wieder aus der pessimistischen Sackgasse heraus zu navigieren sagen wir lieber vorweg: Wir glauben nicht an ein pessimistisches Szenario. Auch nicht an ein „Normalszenario". Wir glauben, dass es einige Anzeichen dafür gibt, von einer optimistischen Entwicklung Chinas auszugehen:

Zunächst wird dies gespeist von den vielen Eindrücken, die wir vor Ort bekommen haben. In den Städten wird so wahnsinnig viel gebaut. Und wir reden hier nicht von ein paar Häuschen hier und da sondern von einer enormen Anzahl an Gebäuden! Wie ein Monopoly Spiel, bei dem man 1.000 Mal über „Los" gehen darf um dann ein paar Hotels und schicke Buden zu bauen. Gebaut wird in einer derart schnellen und – zumindest von außen so erscheinenden – effizienten Art und Weise, das man nur mit dem Kopf schütteln kann. Während man sich in ostdeutschem Lauchhammer schon freut, wenn man es geschafft hat, ein Autohaus im brachliegenden Gebewerbegebiet anzusiedeln, so entstehen hier neue Häusermeere, die die Skyline von Frankfurt am Main zu einer netten Schrebergartensiedlung degradiert. Kurz: China ist die größte Baustelle der Welt.

Gut, die Jungs sind etwas überschwänglich, werden Sie sagen. „Von so ein bisschen Baugewerbe" entsteht noch keine neue Weltmacht. Doch die Wirtschaftsdaten sind auf unserer Seite und deuten auf ein solides Fundament der chinesischen Wirtschaft: Die Sparquote und die Investitionen sind hoch, die Produktivitätszuwächse üppig. Die Immobilien- Kapital- und Arbeitsmärkte werden eng von der Regierung überwacht und gesteuert. Massive Bestrebungen im Bildungsbereich und die strategische Umstrukturierung in höherwertige und wissensintensive Bereiche sind weitere gute Indikatoren für eine nachhaltige Entwicklung Chinas.

Die Kontrolle, die die Regierung über die wirtschaftliche Entwicklung hat, ist nicht zu unterschätzen. Dazu zählt auch der Renminbi (Yuan). Solange sich die Regierung weigert, die Währung aufzuwerten, bleiben ausländische Importe im lukrativen Absatzmarkt teurer und chinesische Importe billig. Solche Eingriffe in das Wirtschaftssystem sind für den (noch) amtierenden Exportweltmeister Deutschland bitter. Ein weiterer Diskussionspunkt ist der soziale Bereich. Gibt es vielleicht Veränderungen im Gesellschaftssystem, dass das Wachstum beeinträchtigen könnte? Kaum. Zwar wird mehr Wohlstand zum Wunsch nach mehr Mitbestimmung und Freiheit in der Bevölkerung führen, wie schnell und wie stark dieser Wunsch jedoch geäußert wird, sei einmal dahingestellt. Nach 2000 Jahren konfuzianischer Prägung ist der Kommunismus wohl noch die beste Gesellschaftsform. Was hart klingt, ist gar nicht so weit hergeholt. Wir schluckten auch, als uns diese Erkenntnis ein intellektueller Chinese näher legte: Konfuzius predigte vor über 2000 ein System von Beziehungen und Obrigkeit, dass der Sohn dem Vater und der Schüler dem Lehrer zu gehorchen habe. Dieses teilweise extreme hierarchische Denken ist tief in das kollektive Unterbewusstsein eingedrungen. Für einen Chinesen, der nie gelernt hat, sich eine eigene Meinung zu bilden ist ein offenes politisches System und vollkommene Wahlfreiheit wohl die blanke Überforderung! Sicher ist die Demokratie nach unserem Werte- und Gesellschaftsideal der Gipfel aller Staatsformen, doch wir müssen auch akzeptieren, dass sich andere Völker mit Monarchien, Patriarchen oder eben auch kommunistisch geprägten Führer manchmal ganz wohl fühlen. Vielleicht ist so ein riesiges Land ohne eine zentrale Steuerung auch gar nicht zu regieren.

Man kann dabei nur hoffen, dass der Globalisierungsdruck und der zunehmende internationale Austausch – denken wir an die Olympischen Spiele 2008 in Peking oder die Weltausstellung 2010 in Shanghai - den Dialog zwischen Westen und Fernost befruchtet; dasa China toleranter wird, ein wenig menschenrechtsfreundlicher und ein wenig umweltfreundlicher. Man darf nicht vergessen, dass dieses Land schon gewaltige Sprünge nach vorn gemacht hat und sich sehr wohl der verheerenden Wirkungen von möglichen sozialen, wirtschaftlichen oder umwelttechnischen Missständen bewusst ist... „%&+*ψζ☖!" Herrje, das ist mal wieder typisch chinesisch. Die überraschen einen immer wieder. Kaum äußert man sich etwas hoffnungsvoll und zuverlässig, schon kommt der nächste Paukenschlag, diesmal in Form der Tibet-Unruhen. Keine schöne Geschichte, Sie kennen ja die Details.

Für alle, denen mulmig bei dem Gedanken ist, das wir bald nicht mehr Exportweltmeister sind und China laut einer Studie im Jahr 2041 die wirtschaftsstärkste Nation sein wird, wollen wir ein wenig psychologischen Trost spenden. Lassen sie uns der Realität ins Auge sehen, wir können wenig ändern: Es ist der Lauf der Dinge, dass sich die Führung in der Welt abwechselt. Denken Sie an die großen Weltreiche, Cäsar's Rom oder das von Alexander dem Großen. Sie kamen, siegten und zerfielen. Mit der Industrialisierung hatte England die Nase vorn und Kolonien auf der ganzen Welt, seit dem zweiten Weltkrieg stritten sich die USA und die Sowjetunion um die Vormachtstellung in der Welt, bis die USA durch den Zerfall des Ostblocks die Oberhand gewann. Volkswirte und Politologen nennen dass „leapfrogging" – in etwa „das Überspringen eines Landes des Nächsten". Historisch gesehen gibt es keinen eindeutigen Sieger – nur Perioden der Führung. Wir glauben (und hoffen) aber, dass sich dieses Muster ändern wird. Die Grenzen werden verschwimmen: Die USA wird trotz jüngster Rezensionsängste stark und militärisch führend bleiben und Europa wird vielleicht zusammen mit dem Eurokurs erstarken.

Mal ehrlich: Wir finden es gut, dass China so rasant wächst. Sicher futtern die uns nun die Haare vom Kopf, schnappen uns Rohstoffe in Afrika vor der Nase weg und boomen ohne Ende, während wir weiter unsere Sozialleistungen kürzen müssen. Doch profitieren wir von dem asiatischen Wachstum: Nicht nur, dass wir uns mehr Produkte durch die günstigen Preise leisten können, auch unsere Arbeit wird durch die Konsumnachfrage und das chinesische Wirtschaftswachstum gestützt. China, nicht mehr Japan, ist heutzutage Deutschlands wichtigster Handelspartner in Asien. Und die zunehmende Verflechtung der asiatischen Börsen untereinander beschert den Börsianern eine willkommene Abwechslung zu der ewigen Abhängigkeit der hiesigen Börsen von den Vorgaben aus New York. Heute schon gibt es börsianische Regentage in New York während auf dem Handelsparkett in Shanghai oder Hongkong noch die Sonne scheint.

China wird weiter wachsen. Das ist einem so großen wie auch noch armen Land ja auch kaum zu verübeln. Es wird sich hoffentlich noch stärker westlichen Standards anpassen (Rechte an Eigentum, Menschenrechte, Toleranz). Eines zeichnet sich auch schon deutlich ab: Die Gesellschaft wird facettenreicher: Der chinesische Kunstmarkt boomt und erst kürzlich gab es in London eine Ausstellung zu chinesischem Design. Zwar sind wirkliche chinesische Weltmarken noch nicht vorhanden, am Horizont leuchten aber bereits die Elektrohersteller Haier und der Laptop-Gigant Lenovo.

Schlaubi's Small-Talk-Fakten

Das Bruttoinlandsprodukt verrät den Stand Chinas in der Transformation von einem Agrar- in ein Industrieland: Nur noch 11% sind Landwirtschaft, 57& des BIP stammen aus der Industrie und bereits 32% aus Dienstleistungen.

Kommunismus, wo bist du geblieben?
Eine Spurensuche

China ist kommunistisch. Sagt man. Doch ist China wirklich kommunistisch? Hmm. Man muss schon zweimal hinschauen, um das zu glauben. Martin hat als Alt-Ossi natürlich noch ein paar schummrige Vorstellungen, was "kommunistisch" heißt: brave Pionierkleidung, begrenztes Supermarktsortiment mit einem leichten Bananendefizit und monotone Plattensilos als urbane Wohnghettos. Wir wollen an dieser Stelle nicht von ganz China sprechen, sondern beschränken unsere Spurensuche auf Peking. Doch was wir hier sehen, gleicht eher einem Mix aus

Fahnenappel in Peking: „Jetzt fliegen gleich die Löcher aus dem Käse, und nun geht sie los, unsere Polonäse..."

moderner Großstadt (erkennbar an modernen Fassaden, fünfspurigen Straßen mit übermannsgroßen Reklametafeln) und einem Entwicklungsland - erkennbar an ärmlicher Kleidung, halb zerfallenen Fressbuden und spärlichen Wohnverhältnissen der Nebenstraßen.

Dennoch: In diesen Mix schleicht sich ein Gefühl des übergöttlichen, des weiten, uniformen, gleichgeschalteten, kurz: des Sozialistischen. Doch woher kommt dieses Gefühl? Ist es nur eine Zuschreibung, die wir treffen, weil wir wissen, dass es so sein sollte oder ist es tatsächlich so, dass die Straßenzüge und die Menschen etwas "kommunistisches" an sich haben? In der Tat haben wir einige Anzeichen und Rudimente des Sozialismus gefunden - inmitten der modernen Shoppingvierteln und geschäftsumtriebigen Chinesen:

Gibt es sozialistische Lampenschirme?

Zuerst ist da natürlich der Platz des Himmlischen Friedens. Der Name des Platzes war nicht immer ganz passend, da noch in den 80er Jahren mutige Chinesen mit Einkaufstüten versucht hatten, heranrollende Panzer aufzuhalten. Heute ist dies der größte Platz auf Erden (Wenn sie einmal herum gehen, haben sie ihr Fitnessprogramm für den Tag absolviert; die Kantenlänge beträgt ca. 2,8 km) und ein typisches Zeichen sozialistischer Symbolik: Nicht nur, dass für die Ausdehnung des Platzes sämtliche Kolonialbauten platt gemacht wurden und der Platz mit pompösen Museen (welche die "Glory" Chinas darstellen) verziert wurden. Da sind noch die Lampen. Diese verdammten Lampen: Was auch immer es ist - diese Lampen sind eindeutig "sozialistisch" - ohne eine Ahnung zu haben, warum.

Im Zentrum der Mitte

Wenn wir von Symbolik sprechen, so könnte diese eindeutiger nicht sein: China ist das Reich der Mitte. In dieser Mitte zählt Peking als das Zentrum. Und in dessen Herzen steht die Verbotene Stadt und direkt davor eben jener Platz des ach so himmlischen Friedens. (Nur zum Verständnis – wir sprechen hier vom Zentrum des Universums aus chinesischer Sicht!) Und was befindet sich in der Mitte dieses Mega-mittigen Platzes? MAO! Ein riesiges, eckig-kaltes, mit Soldaten verziertes Ma(o)usoleum ziert den Mittelpunkt dieses riesigen Platzes. Vor dem stehen täglich tausende chinesische Pilger und neugierige "Langnasen" Schlange, um Maos tiefgekühlten und rundlichen Körper anzusehen. Mao selbst kann man nur von einer Seite betrachten - der Durchgang dauert nur 30 Sekunden. Man wird in dem Menschenstrom schnell weiter getrieben - offenbar hat man Angst, dass man zu nah hingucken könnte. Man munkelt sogar, sein rechtes Ohr wäre bereits abgefallen!

Polizei- und Militärpräsenz

Ein weiteres Charakteristikum ist sicher die unheimliche Polizei- bzw. Militärpräsenz in der Stadt: Überall stehen sie, meistens in Dutzenden und marschieren im strammen Gleichschritt um den Block. Es ist schon komisch: Von weiten sehen die schmalen

Männchen aus wie Zinnsoldaten, die der nächste Wind umwehen könnte. Doch die gigantische Zahl, mit der diese auftreten, ist manchmal schon etwas unheimlich.

Zentralistisches Gastronomiegewerbe

Während Exil-Ossi Martin enttäuscht durch die Straßen Chinas schlurfte in der Hoffnung ein nostalgisches Kommunismusgefühl zu erhaschen, so war für Stephan alles kommunistisch was nicht blau-weiße Farben hatte und „Humptata" aus Alphörnern oder Kuhglockenbimmeln als Geräusch von sich gibt. Eine Sache fand er besonders amüsant: Die Schichteinweisung von chinesischen Restaurants: Da müssen die Mitarbeiter in Reih und Glied vor dem Restaurant antreten und stehen dann stramm wie eine deutsche Eiche und warten. Nach 10 Minuten kam ein Kerl mit steifem Schritt und fieser Miene raus. Fluchend und wild gestikulierend grölte der Oberchef (zumindest trug er die dickste Mütze) die ängstlich dreinblickende Belegschaft an. Dann gibt's den Plan für den 12-stündigen Arbeitstag und alle marschieren an Ihre Position.

Dann wird es aber auch schon echt dünn mit unseren Beobachtungen. Es gibt sicher einige Mutmaßungen über die Konformität und die Nicht-Erfahrung mit dem eigenständigen Denken, doch das mit Beispielen zu unterlegen, ersparen wir uns an dieser Stelle. Eins ist sicher: China wird sich nicht aufhalten lassen, was die wirtschaftliche Entwicklung betrifft. Die Menschen werden zunehmen individueller und auch auf Ihre Mitbestimmungsrechte nicht verzichten wollen. Und sollten eines Tages wieder Panzer auf den Platz des himmlischen Friedens zurollen, so wird es sicher wieder mutige Bürger geben, die sich ihnen in den Weg stellen – samt Einkaufstüten von Louis Vuitton und Prada!

Schlaubi's Small-Talk-Fakten

Die Armee Chinas ist die zahlenmäßig Stärkste der Welt: über 2,2 Millionen Chinesen stehen täglich stramm, das ist mehr als die Einwohnerzahl Sloweniens. Zusätzlich stehen knapp 5 Millionen Reservisten für den Notfall zur Verfügung.

Visitenkarten
Man fühlt sich so nackt ohne...

Noch ein scheinbares Detail, dass Sie aber wissen sollten, denn in China kommt man zweimal auf die Welt: Das erste Mal bei der Geburt und das zweite Mal beim Drucken der ersten Visitenkarten. Der Austausch der Kärtchen reflektiert das Spiel um Status, Hierarchie und Anerkennung. Wenn man es zu einem schönen Titel gebracht hat, ist man wer und kann die Brust vor stolz anschwellen lassen. Da wundert es nicht, dass man auch mal ein wenig nachhilft: Ein Taxifahrer drückte uns seine Visitenkarte in die Hand, auf der stand: „Chief Executive Travel Manager".

Besser Sie haben eine: Ohne Visitenkarten existieren sie de facto nicht in China

Haben Sie keine Businesskarten, lassen Sie sich besser schnell welche drucken. Ansonsten sind Sie so verdächtig, als wenn Sie in Amerika keinen mittleren Namen haben. Am besten drucken Sie sie zweiseitig: Einmal in Chinesisch und

auf der Rückseite in Englisch. Wenn Sie in einem multinationalen Konzern sind, machen Sie sich doch gleich einen Visiten-Würfel, dann haben Sie Platz für 6 Sprachen (unser Prototyp ist noch in Entwicklung). Überreichen Sie die Karten am besten beidhändig, das signalisiert besonderen Respekt. Und gewöhnen Sie sich ab, die Karte wie üblich beiläufig zu nehmen und in Ihr Hinterteil (die Hosentasche) zu stecken. Das ist nicht sehr höflich. Studieren Sie die Karte eingehend, nicken Sie ein paar Mal anerkennend, und legen Sie die Karte in Ihrem Jackett in der linken Brustinnentasche ab – nah am Herzen. Eine Warnung, wenn Sie länger in Asien bleiben: Wenn Sie beim Besuch Ihrer Mutter ihr als erstes Ihre Business-Karte überreichen, ist irgendetwas aus dem Lot geraten!

Special: Olympia
So macht sich Peking fit für die Olympiade

Die Olympischen Sommerspiele 2008 sollen für die Welt unvergesslich werden. Mit einer Show der reinen Superlative will China auch sein oftmals negatives Image in der Welt abschütteln. Geld spielt hierbei keine Rolle: Nicht weniger als 39 neue Wettkampfstätten wurden für Olympia neu errichtet, darunter architektonische Meisterleistungen wie das Olympiastadion, welches wie ein Vogelnest aussieht, oder die Schwimmhalle – ein riesiger „Wasserwürfel" in bläulich schimmernder Außenhaut. Auch in die Infrastruktur wird ohne Ende Geld gepumpt. Hier und da ein paar neue U-Bahn-Linien für 400 Millionen Euro, dazu die Räumung ganzer Stadtviertel. Bis zum August 2008 werden über 1,5 Millionen Menschen umgesiedelt worden sein, ob sie wollen oder nicht. Eine sportliche Leistung.

Auch Martin macht sich fit für Olympia...

Doch nicht nur das Antlitz der Stadt möchte man ändern, sondern am besten auch die Menschen selbst. 12 Millionen Menschen sollen sich benehmen lernen, nach vorgegebenen westlichen Idealen. Spucken? Verboten! Drängeln? Verboten! Englisch Kenntnisse? Am besten fließendes Oxfordenglisch mit feinem Akzent. Die ältere Gesellschaft fragt sich schon, ob es sich hier um eine Sportveranstaltung handelt oder um einen landesweiten Intensiv-Sprachkurs. Und dann ist da natürlich noch das leidige Thema mit der Umwelt:

Einmal blauer Himmel - für 12,3 Milliarden!

Unglaublich, aber wahr. Ganze 12,3 Milliarden US-Dollar hat Peking alleine für Luft- und Umweltverbesserungsmaßnahmen locker gemacht. Bis heute wurden bereits über 100 Fabriken geschlossen: Schlüssel abziehen, in die Luft sprengen und fertig. Eine der weltgrößten Stahlfabriken wird gerade verlegt. Während die Post in Deutschland für ein Päckchen von Kiel an den Bodensee manchmal Wochen benötigt, so verlegt man in China einfach mal ganze Fabriken – wahrscheinlich sogar schneller als das Päckchen. Was ist mit den restlichen Firmen in und um Peking, die ihre Abgase in die Luft blasen? Auch hier hat die Regierung wieder einen Masterplan zur  Hand: Während der Spiele sollen alle Fabriken im Umkreis von 120 Kilometern ihre Produktion einstellen. Zudem sollte ein 125 Kilometer breiter Waldgürtel zum Schutz vor den Sandstürmen der Wüste Gobi angelegt werden. Und was ist mit der üblichen Rush-Hour in den Straßen der Metropole? Die wird es so wohl auch nicht geben. 1,5 Millionen Autos werden stillgelegt und die Regierung hat den Pekingern sogar 16 Tage olympischen Sonderurlaub geschenkt. Und alles nur für ein einziges Ziel: Blauen Himmel zu sehen. Wie schon im Kapitel „Umweltsch(m)utz" erwähnt, werden sogar Raketen in den Himmel geschossen, die Regen erzeugen und so den Himmel reinwaschen.

Wenn man sich all diesen Aufwand vor Augen hält, so hat China in einer Disziplin sicherlich die Goldmedaille verdient: Fanatischer Gigantismus! Wie sonst soll man das neue Terminal 3 am Pekinger Flughafen vom Stararchitekten Sir Norman Foster erklären, das mit 1,3 Millionen Quadratmetern das größte Gebäude der Welt sein wird? Oder das in Peking derzeit das größte U-Bahn-Netz der Welt gebaut wird, dass mit einer Streckenlänge von 560 Kilometern im Jahr 2020 sogar London übertreffen soll? Bemerkenswert ist dabei, dass das Netz derzeit (2007) nur eine Länge von 115 Km hat. Bis Olympia 2008 sollen bereits drei neue Linien fertig sein. Zusammen dürfte „Olympia 2008" eines der ehrgeizigsten Chinesischen Großprojekte seit dem Bau der chinesischen Mauer sein. Hut ab!

Andererseits könnte man mit auch sagen, dass „die Stadt bloß herausgeputzt wird, um nicht der Weltöffentlichkeit zu zeigen, wie es in China wirklich aussieht". Das schlussfolgert jedenfalls ein anderer zugesteckter Reisebericht. Und eigentlich finden wir nun auch, dass es nun Lobes genug ist - unsere zynischen Zungen lassen es sich abschließend nicht verkneifen, über weitere Veränderungen im Zuge der Olympiade zu spekulieren - über neue olympische Disziplinen zum Beispiel:

- **Schnellkopieren**: Wer die meisten Handtaschen in einer Stunde nähen kann, hat gewonnen.

- **Wettspucken:** In vier Klassen; Weite, Geschwindigkeit, Lautstärke und Treffsicherheit.

- **Hunde-Rennen:** Die Hunde laufen weg, die athletischen Köche hinterher.

- **Moderner Gladiatorenkampf:** Titelhalter Donald Trump aus New York gegen chinesische Baulöwen.

- **Wettblitzen:** Wer bekommt die meisten Leute auf ein Foto (Unser Tipp: China im Finale gegen Japan).

- **Luftanhalten:** Wer schafft es am längsten im Smog?

- **Staustehen:** Ein Motorenhauben an Motorenhauben Rennen gegen die Delegation aus dem Ruhrpott.

- **Speerwerfen:** In diesem Jahr mit Stäbchen.

- ⍙ **Fechten:** In diesem Jahr mit Kung Fu-Säbeln und kopierten Schweizer Taschenmessern.

- ⍙ **Mauerbau:** China gegen Ostdeutschland und Jerusalem.

... und wer wird neuer Guinessbuch-Rekordhalter im Dauergrinsen?

Kapitel 8

Sonderteil: Tibet
Zu Gast auf dem Dach der Welt

Tibet ist etwas ganz Besonders. Es ist eine eigene Kultur innerhalb des chinesischen Riesenreiches, welches mit ihm auf den ersten Blick nur wenig gemeinsam

hat. Wir haben Tibet deswegen ein eigenes Kapitel innerhalb unseres Chinabuchs gegeben, um die Einzigartigkeit der Natur, Kultur, Menschen und Religion zu würdigen. Wahrscheinlich waren wir unter den Letzten, die Tibet für lange Zeit nur „halbzensiert" sehen durften. Wir wollen uns an dieser Stelle nicht in die politische Debatte über Tibet einmischen. Vielmehr waren unsere Eindrücke so überwältigend, dass wir einige mit Ihnen teilen wollten. Wir lassen dafür zunächst Stephan mit einem Reisebericht über seine Eindrücke aus Lhasa und Umgebung zu Wort kommen, Martin legt dann nach mit seiner Reise zum Mount Everest...

Tibet halbzensiert
Auf dem Dach der Welt

Schnauf! Keuch! Hust! „Stephan, du solltest echt was für deine Fitness tun", dachte ich mir, als ich nach über 2 Tagen Zugfahrt endlich aus dem Eisenbahnwagen stieg. Ein kleiner Schritt für die Menschheit, aber ein großer Schritt für mich. Was hat wohl Neil Armstrong gefühlt, als er das erste Mal auf dem Mond stand? Sicherlich keine so stechenden Kopfschmerzen. Von nahezu Meeresspiegelhöhe in Peking auf über 3.700 Höhenmeter in Tibet, das ist schon eine Umstellung.

Wow, da bin ich also. Das sagenumwobene Tibet! Was habe ich von diesem Ort geträumt. Seit ich den Film „Sieben Jahre in Tibet sah" (sehr empfehlenswert), trieb es mich in Gedanken an diesen fernen Platz und nun stand ich also da – in einem funkelnden und nagelneuen Bahnhof. Ist das Tibet oder muss ich noch 4 Stationen weiterfahren? Hmm, nein, doch richtig…

Gut, laut den Vorschriften der chinesischen Partei darf ich mich in Tibet nicht ohne Reiseführer bewegen, geschweige denn pupsen oder sonstwas. In der Bahnhofshalle erwartet er mich mit einem Schild, auf dem mein Name steht. „Welcome to Tibet!", sagt mein Führer für die nächsten Tage und ich bekomme ein weißes Seidentuch um den Hals gelegt, was mir Glück bringen soll. Minuten später sitze ich in einem knatternden Kleinbus und hänge wie elektrisiert an der Fensterscheibe.

Auf jedem der Dächer der Häuser sind farbige Gebetsfahnen angebracht. Die gläubigen Buddhisten gehen davon aus, dass die aufgedruckten Mantras (Gebetsformeln) durch den Wind aktiviert werden und so ihre positive Wirkung entfalten. Aufgemalte Skorpione an Hauswänden sollen die Insassen vor möglichem Unheil schützen, erklärt mir der Fahrer. Ich sauge die Worte über Kultur und Mentalität in Tibet in mich ein und erfahre auch, weshalb der Reiseführer so eine verdächtige Bierfahne hat. „Sorry, we are celebrating new year today and I'm totaly drunk!" Oha! War nicht vor über zwei Monaten der 31. Dezember und vor ein paar Tagen die chinesische Neujahrsfeier? Und nun ist schon wieder Silvester? Ja, ich feiere das dritte Mal in diesem Jahr Neujahr. Die Tibeter haben nämlich abermals einen eigenen Kalender.

Nur eines weiß ich ganz sicher. Ich befinde mich an einem geheimnisvollen Ort. Einem Ort, der über Jahrtausende von der Welt nahezu abgeschottet war, an dem sich die höchsten Berge der Welt türmen, Menschen noch per Luftbestattung von der Welt scheiden und Vergangenheit auf Zukunft trifft.

Was bin ich gespannt auf die Eindrücke der nächsten Tage…

Auf geht's zur großen Tibet Entdeckungstour

Tags darauf stehe ich frühmorgens und einer viertel Packung Aspirin später an den Stufen des sagenumwobenen Potala Palastes. Dieser war bis 1959 Sitz des Dalai Lama und zählt zu den beeindruckendsten Bauwerken dieser Erde. Zu Hunderten pilgern die gläubigen Buddhisten die heiligen Stufen hinauf und spenden Geld an einer der vielen Stupas der verstorbenen Lamas oder huldigen Göttern mit Yak-Butter, die in einer der unzähligen Lampen verbrannt wird. Das war für westliche Nasen sehr schwierig zu ertragen. Die normale Yak-Butter hat ja schon einen penetranten Geruch, aber wenn tausende Gläubige einen meterhohen Berg von ihr auftürmen und an allen erdenklichen Ecken Dochte hineinstecken und anzünden, so müffelt es schon recht stark. Naja, andere Länder, oh Verzeihung, andere chinesische „Sonderverwaltungszonen", andere Sitten. Wer in Deutschland denkt, Weihrauch sei schrecklich, der soll sich mal

Der heilige Yamdrok See in 4000m Höhe

in einen Raum begeben, in dem ca. 3,76 Tonnen reinste Yak-Butter vor sich hin brennt. Das verfolgt einen noch die nächsten Wochen in seinen Träumen. Luft anhalten und weiter geht's.

Ich laufe durch die altehrwürdigen Räume des Palastes und frage mich plötzlich eines: Wo sind eigentlich all die Mönche hin? Der Reiseführer kennt die Antwort: Während die Klöster Tibets früher tausende Mönche beherbergten, so sind es in der Gegenwart nur noch wenige Hundert. Deren Anzahl ist streng begrenzt und wird von der chinesischen Regierung von Peking aus vorgeschrieben. Wer hätte es vermutet?

Faszinierende Landschaft...
An einem der folgenden Tage wage ich einen Aufstieg auf einen der benachbarten 5000 Meter hohen Berge. Die Luft ist dünn und der Aufstieg gestaltet sich anstrengend. Jedoch lässt der Blick vom Gipfel die aufgenommene Mühe schnell vergessen. Das kristallblaue Wasser des heiligen Yamdrok Sees – einer der vier heiligen Seen Tibets – liegt mir zu Füßen. Nicht bewegen, einfach nur genießen. Am Horizont kann ich die strahlend weißen Berge des Himalayas ausmachen, die sich mit ihren über 7.000 und 8.000 Metern weit in den strahlend blauen Himmel erstrecken. Und in der Ferne sehe ich den Kyi Chu, einen Ne-

benfluss des Yarlung Zangbo (Brahmaputra), in dessen Tal sich Lhasa befindet. Tibet ist Geburtsort der größten Flüsse Asiens: Jangtse, Mekong, Gelber Fluss, Brahmaputra und einiger Zuflüsse des Ganges – die spätere Lebensader (und Toilettenspülung) für Millionen Menschen in Indien.

Atemlos stehe ich da und verspüre ein ungewohntes Erlebnis: absolute Stille! Kein Motorenlärm, keine Menschen, nichts. Ich befinde mich auf dem „Dach der Welt" und alles was in diesem Moment noch stören könnte liegt weit unter mir zurück. Welch ein intensives Erlebnis mit Mutter Natur. Und wenn man nachts aus dem Fenster schaut und das schimmernde und strahlende Funkeln tausender Sterne am klaren Firnament und die im Mondlicht leuchtenden Bergspitzen sieht, so erahnt man, wie Lhasa zu seinem tibetischen Namen kam: „Götterort".

Faszinierende Menschen

Ausländische Menschen sind für einen Großteil der tibetischen Bevölkerung immer noch ein fremder Anblick. In einem Land, welches seit Menschengedenken an einem der unberührtesten Orte der Welt liegt, erwecke ich mit meinem europäischen Aussehen natürlich Aufsehen. Andauernd werde ich mit "taschi deleg" angesprochen, was in tibetischer Sprache für „Hallo" steht. Ich frage mich, was diese Menschen von mir denken? Vielleicht: „Noch so ein planloser Tourist", „Komische Haarfrisur"; „Zum Glück nicht noch ein Chinese". Nein, um ehrlich zu sein, glaube ich nicht, dass die Menschen auch nur im entferntesten so etwas denken. Sie strahlen von innen eine Herzensgüte aus, die mich packt. Ich möchte mehr über diese Menschen wissen...

So verrückte Leute hat die 91-Jährige noch nie gesehen

...alte Greise und Mönche betrachten neugierig meine Digitalkamera, lachen mich an und berühren mich an der Schulter. Kinder springen aufgeregt umher, nachdem ich ein Foto von Ihnen gemacht habe und es ihnen zeige. Innerhalb von Minuten verwandeln sie sich in kleine Models und zeigen ihre besten Posen. Freundliches Lachen und Offenheit scheint geradezu allgegenwärtig. Ich erwische mich dabei, wie ich über meine Heimat nachdenke. Gibt es so etwas in Deutschland? Empfangen wir ausländische Menschen mit ebensolch einer offenen und herzlichen Art? Traurig senke ich meinen Kopf, und genieße diese Situation.

Es gibt unzählige solcher Momente, die sich in mein Gedächtnis brennen. Was für wunderbare Menschen. Ehe man sich versieht ist man dank der unglaublichen Gastfreundschaft Teil einer tibetischen Hochzeitsgesellschaft und feiert mit. Oder man wird eingeladen und sitzt Minuten später in einer einfachen Unterkunft und trinkt mit der einheimischen Bevölkerung den traditionellen Yak-Butter-Tee.

Besonders beeindruckt haben mich die Pilger. Während wir in der christlichen Religion den Jakobsweg entlangwandern, am besten noch in nagelneuen thermoaktiven Laufschuhen und darüber dutzende Bücher schreiben, so legen Tibeter hunderte Kilometer von ihren Heimatorten nach Lhasa zurück. Dabei haben Sie ein zunächst seltsames Ritual: Sie werfen sich immer wieder zu Boden und vollführen eine Art Liegestütz. Auch vor den Tempeln werfen sich die Menschen immer wieder auf den Boden und stehen auf. Dieses Verhalten soll sie irgendwann vom ewigen Kreislauf des Leidens (Samsara) befreien. Es ist also nicht direkt

eine Götteranbetung wie wir es kennen – eher ein beachtliches Fitnessprogramm auf einer Durchschnittshöhe von 4.000 Metern. Aufstehen, nach vorne werfen, aufstehen… ich könnte 2 Millionen Seiten so füllen... Ich habe übrigens auch eine Erleuchtung erhalten, bereits nach 2 Minuten Zusehen: Gut das ich katholisch bin! Da muss ich nur zum Beichten gehen, drei Vater-Unser beten und schon bin ich mehr oder weniger reingewaschen und darf in den Himmel. Als Buddhist müsste ich dafür bestimmt auf dem Zahnfleisch vom Bodensee bis nach Hammerfest am Nordkap kriechen…

Schlaubi's Small-Talk-Fakt:

Nach Schätzungen der Exilregierung leben 6 Millionen Tibeter und 7,5 Millionen Han-Chinesen im historischen tibetischen Kulturraum. Dieser ist einiges größer, als das Gebiet des heutigen Tibets und reicht weit in „China" hinein. Ca. 110.000 Tibeter leben im Exil.

Das Mount Everest Base Camp

Das absolute „High"-Light

Wer möchte nicht einmal am höchsten Berg der Welt stehen? Nun, bis zum Schluss war Martin nicht sicher, ob er es wirklich will. Lassen wir Ihn erzählen, wie seine Reise nach Tibet war:

Ich hatte Herzklopfen und Schwindelgefühl:
Es war Liebe auf den ersten Blick,
dennoch waren das keine Liebessymptome!

Dass ich so schnell nach Tibet kommen würde, hätte ich nie geträumt. Im Hinterkopf hatte ich es mal als ein Reiseziel gespeichert - nach einer atemberaubenden Reportage der BBC. Doch nun ging es alles sehr schnell: Noch 8 Tage vor der "Golden Week" hatten wir noch keinen Fluchtplan. Richtig gelesen. Meine Freundin, die in Peking arbeitete, wollte mit mir aus China flüchten, denn die "Golden Week" Anfang Oktober ist die Woche der chinesischen Feiertage, die einzige Zeit im Jahr - neben chinesisch Neujahr, an dem 1.3 Milliarden Chinesen Urlaub haben und durchs Land reisen. Wem das nicht bedrohlich erscheint, dem empfehle ich, zur Rushhour einmal in Hongkong, Shanghai oder Peking in einen Bus einzusteigen - nur um eine ungefähre Ahnung zu bekommen, wie sich geprellte Rippen anfühlen können. Da meinte Stephan: "Fahrt doch nach Tibet!". Geniale Idee. Das liegt in China, aber Chinesen brauchen eine extra Einreiseerlaubnis (wir übrigens auch, für schlappe 90 Euro pro Nase für die Staatskasse Chinas bekommt man einen Lappen, den dann keiner sehen will). Acht Tage, unzählige

E-Mails, Telefonate und ein geschlachtetes Sparschwein später saßen wir im Flieger nach Lhasa. Jippieh. Herzklopfen. Aufregung.

Tibet war geil. Tibet war schmerzvoll.

Als die Tür des Flugzeugs sich öffnete und wir von Bord stiegen wurde mir plötzlich ganz schön schwindelig und es fühlte sich an als wenn man 3 Bier im Liegen getrunken hat und dann aufsteht. Es kam, was kommen musste, wenn man von 0 auf 3700m springt - trotz der tibetanischen Wurzeltabletten, die wir schon eine Woche vorher gegen die Höhenkrankheit gefuttert hatten: Mir wurde hundeelend, stürmte in die nächste Apotheke und kaufte in Summe 8 Sauerstoffflaschen. Krass, da ist man an einem der unberührtesten Orte der Welt – Natur pur! – und man bekommt weniger Luft als im versmogten

Man(n) versucht immer eine gute Figur zu machen, selbst wenn er an der Sauerstoffflasche hängt!

Peking. So hing ich mit der Kanüle in der Nase am ersten Abend im Restaurant mit rot unterlaufenen Augen, pochendem Schädel und machte Geräusche wie Darth Vader mit Asthma. Mir gegenüber Claudia, meine Freundin. Ihr ging es als Läuferin zwar besser aber dennoch war sie nicht gerade quietschlebendig. So hingen wir da im Steakhaus herum, stocherten in unserem Salat und zu aller Ironie kam dann Gloria Gaynor's **"I will Survive"** durch die Lautsprecher. Typisch: Wenn man eine Videokamera braucht, hat man keine. Jetzt wäre der ideale und ironischste Clip dabei herausgekommen!

Vorsicht! Kinder auf der „Straße"!

Eine Nacht und drei mal übergeben später ging es dann zum Potala-Palast. Wie fies, einen in dem Zustand die steilen 200m auf den Palastberg hinaufzujagen. Ich wollte den Ausflug um 2 Stunden nach hinten verschieben, und Claudia versuchte mit dem Reiseführer zu verhandeln, während ich mich noch neben-an mal wieder übergab - die Höhenkrankheit ist kein Spaß! Doch der Reiseführer kannte keine Gnade. Er jagte uns den Berg hoch, doch als er dann meinte, wir hätten nur 1 Stunde um den Palast anzusehen rebellierten wir. In meinem desolaten Zustand musste ich mit ihm verhandeln - denn Claudia hat er nicht ange-schaut. Das wurde im Laufe der Woche immer nerviger – Clau-dia stellte Fragen um Fragen. Der tibetanische Reiseführer ant-wortete aber nur mir. Als Frau ist man in Asien immer noch in einer anderen Rolle als in Europa.

Auf dem Weg zum Gipfel der Welt
Normalerweise braucht man 2-3 Tage um sich in Lhasa zu ak-klimatisieren. Wir hatten aber nicht einmal einen Tag, denn Clau-dia musste ja wieder arbeiten und wir hatten für die ganze Reise nur 6 Tage. Und wir wollten ja zum Everest. Einmal Reinhold Messner spielen und den Yeti kraulen. Ca. 600 Kilometer klingen nicht viel aber sie kennen ja die Straßen nicht dort drüben! Am zweiten Tag ging es also schon weiter. Wie gemein: Man hat gar keine Chance, denn sobald man sich etwas erholt hat, schon

geht es auf den nächsten Pass, täglich legten wir an Höhenmetern zu, so dass man nachts auch so schlecht schlafen konnte: Ständig hat man das Gefühl, keine Luft zu bekommen und dazu diese hämmernden Kopfschmerzen! Ich kannte diesen Schmerz von einer Stirnhöhlenvereiterung, die damals in einer Not-OP endete. Auch diesmal fürchtete ich, mir würde gleich der Schädel platzen. Und auch bei Claudia waren die Kopfschmerzen nicht vorgetäuscht. Schmerztabletten? Die haben in der Höhe auch nicht geholfen. Wie auch immer, du wachst nachts ständig auf, klammerst dich an deine Sauerstoffflasche und hoffst, dass du es bald geschafft hast...

Die Fahrt zum Mount Everest war dennoch spannend: Zunächst besichtigten wir einen See auf 4.700m Höhe - holla, den eisigen Windzug dort oben vergisst man nicht mehr so schnell! Dann meinte unser Reiseführer - trotz massiven Protesten – uns durch das volle Programm prügeln zu müssen. Individualismus und Flexibilität sind hier Fremdworte. Aber sicherlich war er einfach nur stolz auf sein Land und wollte uns alles zeigen.

Deswegen mussten wir eine "Abkürzung" von ca. 60km Länge nehmen – wohlgemerkt die schmerzhaftesten 60km meines Lebens! Jetzt wusste ich warum wir einen Jeep gebraucht hatten und keinen Corsa, denn die Sandpiste war echt übel. Und unser Fahrer jagte uns da mit 70km/h durch und lachte! Im Jeep selbst wurde es so staubtrocken durch die aufgewirbelte Luft, dass wir kaum atmen konnten, dazu die allgegenwärtigen pochenden Kopfschmerzen, die sich mit jeder Bodenwelle potenzierten. Ich verbannte kurzerhand den Reiseführer nach hinten und setzte mich auf den besser gepolsterten Beifahrersitz. Denn seit meinem spektakulären Abgang vom Hochreck beim Turnen vor zwei Jahren hatte ich meine Bandscheiben nicht mehr in dieser Intensität gespürt! Ich hing fast an dem Griff dran, um wenigstens ein wenig Dämpfung zu haben.

Immer diese Touristen! (Im Hintergrund: Der Mount Everest – noch in weiter Ferne)

Zwei Stunden später hatten wir es endlich geschafft. Der Reiseführer meinte nun, uns schnell zum Tempel jagen zu wollen – weil die angeblich sonst dicht machten. Keine Chance: Meine Muskulatur hatte sich so verkrampft, dass ich regelrecht aus dem Jeep heraus kroch. Der Reiseführer schaute mich abwertend von oben herab an, genauso wie mein damaliger 2m Offizier bei der Bundeswehr-Grundausbildung. Das war einer der Momente, in denen mir klar wurde, warum ich so gern auf eigene Faust durch die Gegend reise. Ich brauchte ungefähr ne halbe Stunde, bis ich wieder halbwegs gerade stehen konnte. Der Tempel hatte natürlich viel länger geöffnet, die ganze Aktion war mal wieder blinder Aktionismus. Aber was uns nicht umbringt härtet uns ab. Und diese Abhärtung sollten wir noch brauchen...

Am vierten Tag war es dann endlich soweit.
Nachdem wir von einem Pass auf 5.500m gekommen waren - den höchsten Punkt auf dem gesamten Trip - sahen wir **den hochgelobten, allseits gerühmten und den höchsten Berg der Welt – den Mount Everest.** Wenn vorerst auch noch aus der Ferne! "What an Emotion" hörten wir eine Italienerin verzückt rufen - "What a pain" dachte ich mir. Doch dieser Anblick hat sich echt schon gelohnt. Das Hotel, indem wir

heute schliefen, erinnerte mich sehr an DDR Jugendhotels - mit einem alten, geschmacklos-öde eingerichteten riesigen Speisesaal, überteuerten Preisen und schlechtem Essen. Das wär ja noch okay gewesen, aber das Zimmer hatte keine Heizung. Ungünstig, wenn man auf fast 5.000m Höhe ist und die Temperaturen nachts auf Null Grad runter gehen.

Der nächste Morgen war gigantisch
Zum Abfahrtszeitpunkt standen wir zwei Murmeltiere tatsächlich pünktlich um 7 Uhr zum Abmarsch bereit - dicht eingepackt in unsere orangenen Teletubbi-Outfits (unsere neuen 30-Euro Skijacken vom Seidenmarkt in Peking, die wir extra für den Trip gekauft hatten). Mal schauen ob die „Originalware" diese extremen Witterungsverhältnisse aushält.

Nun erwartete uns eine 2,5-stündige Fahrt durch eine der atemberaubendsten Landschaften die ich je gesehen hätte: derart unberührt die „karge" (Grüße an Stephan,☺) Natur. Derart arm an Fauna und Flora (Gestrüpp und Getier) und dennoch wunderschön, lieferte diese raue Umgebung tatsächlich einigen Menschen und zwei Dörfern dort oben anscheinend genügend zum Überleben. Es war wirklich wie in einer anderen Welt: Die dunklen, eingefallenen strengen Gesichter die einem dennoch freundlich und neugierig ansahen. Die Arbeit auf dem Feldern, von der man spüren konnte, wie sehr sie in die Knochen geht. Die einfachen Hütten mit Ihrem Zaun aus Lehm, damit die paar Viecher nicht wegrennen konnten. Allein dafür war es die kurvenreiche Fahrt über den Pass wert gewesen.

Doch nun endlich...
...hielt der Jeep und wir waren da: Am Fuße des Mount Everest, der sich heute schüchtern in Wolken vergrub. Etwas taub und müde aber dennoch aufgeregt stiegen wir aus dem Taxi und warteten eine Zeit lang auf unsere Pferdekutsche, die uns atemnotgeplagten Touristen den Weg zum Base Camp ebnen sollte. Ich schrieb noch schnell zwei Karten (für schlappe 3,50 Euro pro Stück) vom höchsten Postamt der Welt und dann ging es los. Tief eingegraben in unsere Kapuzen, aus denen nur zwei Son-

nenbrillen rausguckten fuhren wir dem himmlischen Anblick entgegen...

Auf zum letzten Gefecht
Typisch chinesisch – oder um fair zu bleiben asiatisch – war,
dass man uns erst jetzt darüber informiert hatte, dass wir gar
nicht ins Base Camp selber rein durften. Natürlich stand dies in
unserem Programm, aber keiner sagte natürlich, dass man es
nur aus der Ferne sehen durfte. Tolle Geschichte. Wir waren
enttäuscht. Angeblich muss man sogar eine 200 Dollar Strafe
zahlen, wenn man dennoch den kontrollierten Bereich des Base
Camps betritt. Tatsächlich mussten wir dort oben dann unsere
Pässe zeigen, bevor wir den Aussichtshügel erklimmen durften.
Davon wurde uns vorher auch nichts gesagt. Nur durch Zufall
hatten wie sie dabei. Solche Informationsarmut als Reisender,
Gast oder Angestellter erlebten wir oft. Für uns planende und
vorausdenkenden Deutschen eine Schmach. Doch das war nun
alles egal. Und so erklommen wir ächzend den kleinen Hügel,
von dem aus es zu sehen sein sollte.

Heftig
...wehte der Wind uns ins Gesicht und die kleinen Gebetsfahnen
flatterten eifrig bei unserer Ankunft. Wie Oma und Opa auf dem
letzten Gang zum Abendmahl, tippelten wir sauerstoffarmen
Flachlandmenschen Schritt um Schritt den kurzen, aber steilen
Hügel hinauf. Trommelwirbel. Innerer Jubel... Fallende Kinnlade!
Was ist das? Wo ist es? Wir sahen nichts. Nichts als eine graue,
steinige Ebene. Wo war dieses verdammte Base Camp denn
nun? Wir sahen nichts.

**Pferdewagenrennen am Mount Everest: Martin
ist es kotzübel aber er schlägt sich wacker...**

Jemand meinte es wäre erst hinter dem nächsten Hügel, den keiner betreten durfte. Wir fühlten uns ganz schön reingelegt. Mir machten dennoch dutzende Fotos von uns mit dem Everest im Hintergrund und fühlten uns dabei so richtig chinesisch: Martin und Everest. Everest und Martin. Claudia und Everest. Everest und Claudia. Martin und Claudia vorm Everest. Everest in der Mitte. Links, dann rechts, oben und unten. Wir hätten ewig dort bleiben können, so aufregend war das. Uns war klar, dass so ein Moment wahrscheinlich nie wieder kommt. Leider hatten wir aber nur 30 Minuten Aufenthaltsgenehmigung, das müffelnde Pferdetaxi wartete. Und der eisige Wind dort oben lud auch nicht wirklich zum Kaffeetrinken ein. Zu deutsch: Uns war schweinekalt. Also machten wir uns auf den Rückweg.

Zelthotel Everest
Wieder zurück an unserem Ausgangspunkt, schlüpften wir ins "Hotel Everest" - einem größerem Zelt, in der sich eine Gruppe amerikanischer Bergfreunde befand.

Pferdchen hui!

Verdammt windig hier oben!

Zimmer frei!

Diese klärten uns erst einmal darüber auf, dass die ganzen Bergsteiger im Mai Ihre Zelte am Everest aufschlagen um das enge Wetterfenster für den gefährlichen Aufstieg zu nutzen. Ich dachte mir, dass doch im Reiseführer stand, dass uns um diese Jahreszeit (Ende September) dort noch gut 500 Zelte erwarten könnten. Pustekuchen: Kein einziges Zelt war mehr dort. Keine legendären Everest-Partys. Keine Begegnungen mit zähen Bergsteigern. Kein Yeti, keine Heidi und auch keine lila Milka Kuh. Nun ja, immerhin maßen diese Bergfreunde mit einem tollen Gerät unsere Sauerstoffabsorptionsquote, gaben uns darauf Atemtipps und mir getrocknetes Yak-Fleisch zum kotz-äh kosten.

Auch wenn das Base Camp nicht belegt war, haben wir nun Gewissheit: Wir waren da oben, in der eisigen Kälte, wissen wie sich der stürmische Wind in die Hautporen bohrt und wie schwindelig sich 40% weniger Sauerstoff im Blutkreislauf anfühlen. Wir haben nun einen wahnsinnigen Respekt vor Reinhold Messner!

Kein Yeti, aber dennoch genauso furchterregend wie beeindruckend!

Endlich geschafft!

48 Stunden Zugfahrt – besser als jedes Fernsehen!

Es fährt ein Zug nach nirgendwo

Transchinesische Eisenbahn: Segen oder Fluch?

„Eine Zugfahrt die ist lustig, eine Zugfahrt die ist schön". Im Hinblick auf Tibet trifft dieses Kinderlied nur bedingt zu. Der Eröffnungszug aus Peking stellte am 1. Juli 2006 das offizielle Ende des größten Eisenbahnbauprojekts des 21. Jahrhunderts dar. Die „Lhasa-Bahn" ist mit einem Scheitelpunkt von 5.072 Metern die höchstgelegene Bahnstrecke der Erde. Die Personenwagen haben Doppelverglasung und die Scheiben sind gegen die hohe ultraviolette Strahlung geschützt. Die Wagen sind mit Anlagen ausgerüstet, die zusätzlichen Sauerstoff liefern und für Druckausgleich sorgen. Die Reise von Peking nach Lhasa dauert knapp 48 Stunden und führt einmal quer durch China. 48 Stunden, die die komplette Vielfalt Chinas zeigen: Von grünen Reisfeldern, über versmogte Industriestädte, durch Steppenlandschaften, an Salzseen vorbei, durch Wüsten bis hin zur tibetischen Hochebene, umgeben von den Berggiganten des angrenzenden Himalaya.

Sicher, es ist eine tolle Möglichkeit in dieses ferne Gebiet der Welt zu kommen, welches vor einigen Jahren noch gar nicht für die Weltöffentlichkeit zugänglich war. Man setzt sich im Millionen-Moloch Peking in einen bequemen Zug und 2 Tage später landet man an einem der entlegensten Orte der Welt. Für uns bedeutete diese „Öffnung" eine super Möglichkeit auf das „Dach der Welt" zu kommen. Und nicht nur für uns, sondern auch für zig Andere. Tibet ist also längst nicht mehr so schwer erreichbar

– zumindest für die Chinesen. (Als Ausländer hat man im Moment ja gar keine Chance mehr.) Was wollen die Chinesen damit bezwecken? Jahr für Jahr steigen die Besucherzahlen. Wird das Dach der Welt systematisch zu einer Aussichtsplattform für die Massen umgewandelt? Eine erschreckende Vorstellung. Nicht dass wir es den Leuten nicht gönnen, doch die Gefahr besteht, was überall auf den schönen Orten dieser Welt passiert ist: die ursprüngliche Kultur wird inszeniert und nur noch durch die Touristen am Leben gehalten. Dabei ist es gerade das angenehme und schon fast sehenswert, dass es nicht überall auf der Welt einen Starbucks oder McDonalds gibt! (Selbst in der Verbotenen Stadt in Peking gab es einen Starbucks!!! – Immerhin haben die Chinesen inzwischen gelernt und haben im Herbst 2007 die Filiale wieder dicht machen lassen). Nicht das wir Starbucks nicht mö-

gen – ganz im Gegenteil. Aber an einigen Stellen haben manche Firmen einfach nichts zu suchen – aus Respekt!

Hätten die Kollegen damals geahnt, was wir mal für ein unerhörtes Buch schreiben, hätten Sie Martin wohl gleich behalten!

Wir halten uns hier fern von der politischen Debatte, aber natürlich machen wir uns unsere Gedanken. Man darf nicht vergessen, dass Tibet durch seine Abgeschiedenheit immer auch ein Ort der Projektion für westliche Sehnsüchte und Vorstellungen war. Es ist sicher kein Paradies – oder könnten Sie sich Ihr Leben lang von Yak-Fleisch, Yak-Butter und Yak-Butter-Tee ernähren? Früher blieb den Menschen hier oben fast keine andere Wahl. Das Land war abgeschieden und hielt sich weitestgehend aus dem politischen Weltgeschehen heraus. Es war ein extrem rückständiges Agrarland. Die erste Teerstraße entstand 1951 – nach der Besetzung durch die Chinesen. Ja, man darf nicht grundsätzlich auf die Chinesen schimpfen und alles verurteilen. Sie haben natürlich auch positive Einflüsse nach Tibet gebracht. Aber unschön und unstrittig ist, dass diese auf die Kosten der Religion und der lokalen Kultur gingen. Und das lässt sich sicher vermeiden.

Genug kritisiert. Bekanntlich können Chinesen ja nicht gut mit Kritik umgehen. Warum eigentlich? Ihr (Chinesen) meckert doch auch, nur weil Frau Merkel den Dalai Lama empfängt. Wir meckern eben, wenn Ihr das nicht tut. Wo ist da der Unterschied?

244

85% der tibetischen Bevölkerung sind Bauern und Hirten. Und sehr stolz darauf, wie dieses Foto beweist...

Kapitel 9

Resumé

Lassen Sie uns zurückblicken. Wir haben Sie durch verschiedene Bereiche der chinesischen Kultur begleitet und geschildert, wie sich das Leben und Überleben in unseren Augen in China abspielt. Sicher haben wir manchmal etwas über einen Kamm geschert, das eigentlich eine individuellere Frisur verdient hätte. Ein paar Leser warfen uns Dinge an den Kopf wie „Ihr übertreibt" (Zugegeben, manchmal. Aber weniger als Sie denken!). „Ihr spinnt!" (Ja, aber nicht immer), „So kann das doch niemals sein!" (Oh doch, es kann. Glauben Sie uns!). Genau das ist der Punkt: Bisherige Beschreibungen von China sind uns immer ein wenig zu korrekt und rücksichtsvoll. Wir wollten Ihnen **das ungeschminkte Bild** präsentieren; nachvollziehbar machen, wie es ist, aus einem 5.000 Einwohner Ort in eine 12 Millionenmetropole zu kommen. Wir wollten diese frische Erfahrung des Neuen, Überwältigenden einfrieren und die Gefühle und Gedanken des Erstkontakts festhalten. Bevor wir uns selber irgendwann denken: „Habe ich das wirklich erlebt?"; „War das wirklich so krass?"; „Haben wir nur geträumt?" ... Nein! Haben wir nicht! Wir haben es aufgeschrieben. Damit wollten wir das „alte" China einfangen, bevor es verwestlicht, angepasst und übermodernisiert wird. Damit wir gewappnet sind für den Moment, in dem uns unsere Enkel fragen werden: „Du Opppaaa? Wie war dat damals, als die Chinesen noch nicht Weltmacht Nr.1 waren?", so können wir den Bälgern unser Buch auf den Tisch knallen und sagen „Da! – lies und lass mich gemütlich an meiner Pfeife weiterrauchen..."

Auf unserer Reise durch das Alltagsleben hatten wir natürlich auch Klischees im Gepäck. Einige davon haben wir bestätigt gefunden, andere wurden entkräftet. Manche Klischees haben wir dennoch hin und wieder bedient – weil es Spaß macht. So wie wir immer noch über Ossis, Blondinen und die Bayern lästern, weiß eigentlich jeder, dass es nicht so gemeint ist (zumindest bei den ersten beiden). Schon Freud bezeichnete das als „den Narzissmus der kleinen Differenzen" – man lästert halt weil es Spaß macht, oder man sich selbst etwas besser fühlen kann. Für uns sollte es aber kein Lästern sein - für uns ist **Humor das beste Rezept**, um mit Anpassungshürden, Fettnäpfchen und dem Kulturschock klar zu kommen: Über sich und den anderen Lachen. Das Ganze nicht so ernst nehmen. Dann wird es schon einiges leichter!

Wir finden es dennoch schade, dass man immer nur einen **kleinen Ausschnitt** präsentieren kann. Es gibt natürlich große Unterschiede zwischen den Menschen, Regionen und Mentalitäten, die einen differenzierten Umgang erfordern würden. Dies würde aber aus einem lebendigem Text ein totes Lexikon machen. Deswegen haben wir uns bewusst für einen Ausschnitt auf Augenhöhe entschieden, um konkreter und greifbarer zu sein. Dennoch glauben wir gewisse „Tendenzen" in den Begegnungen identifiziert zu haben, von denen einige mehr oder weniger stark auf einen Großteil der Chinesen zutreffen - auch wenn wir nicht jeden der 1,4 Milliarden Chinesen persönlich interviewt haben. Lassen Sie uns also zum Ende noch ein paar Gedanken festhalten:

Fazit 1: Wer zu hohe Erwartungen hat, wird manchmal enttäuscht werden.
China ist anders als man denkt. Egal was man erwartet, verlassen Sie sich drauf, dass sie überrascht werden! Wer hier als Geschäftsmann, Wissenschaftler, Student oder auch nur als Tourist herkommt und gewisse Erwartungen hat, wie man sich „so und so" zu verhalten hat, ist hier an der falschen Adresse. Oft erwartet man bei uns schon zu viel von Kindern, Freunden und Partnern, ohne dass diese erahnen können, was wir genau von Ihnen erwarten. Wie bitte, sollte man Verhaltenserwartungen in die Menschen einer anderen Kultur legen? Menschen, die mit ganz anderen Konzepten, Denkweisen und Problemen aufgewachsen sind? Erwarten Sie also nicht, dass der Hase hier genauso läuft wie bei uns. **Erfreuen Sie sich lieber an den Unterschieden.** Lernen Sie etwas über sich, Ihre eigene Denkweise und Kultur!

Wenn wir die Frage „Was ist China?" beantworten sollten, so treten uns Schweißperlen auf die Stirn... Doch was wir mit Sicherheit sagen können ist:

Wir haben es in keinem Land der Welt gesehen, dass Gegensätze so stark in ein Gesellschaftssystem integriert werden, wie hier. Hier vereinen sich:

✂ **Tradition und Moderne:** Schon mal einen Ferrari vor der Verbotenen Stadt parken gesehen? Dann wissen Sie, was wir meinen...

✂ **Kommunisten und Kapitalisten:** Das Land hat bald mehr „Sonderwirtschaftszonen" als normale...

✂ **Öffnung und Kontrolle:** Man kann ganze Firmen problemlos nach China verlegen, jedoch keine regimekritischen Dinge beim googeln finden.

✂ **Vielfalt und Uniformität:** Unzählige Minderheiten, aber nur eine Partei. 4 Klimazonen, aber nur eine Zeitzone!

✂ **Östliche Kultur und westliche Produkte:** Wir denken an interessante Fusionen wie z.B. das „Greentea-Ice-Latte" vom Starbucks.

✂ **Reichtum und Armut:** Auf Straße schlafende Bauarbeiter, die millionenschwere Villen/ Prestigeprojekte bauen...

✂ **Stadt und Land:** Millionenstädte treffen auf ländliche Barackensiedlungen aus dem Mittelalter.

✂ **Konformität und Individualismus:** Wie wird die neue Generation das Streben nach Entfaltung im konfuzianistischen System bewerkstelligen?

... und nicht zu vergessen die mysteriöse **Ente Süß-Sauer**

Tasächlich scheinen in China einige Gegensätze nicht so stark wahrgenommen zu werden, wie wir das tun. Was für uns ein

„Entweder-Oder" darstellt, wird hier ein „Sowohl-als auch". Damit zeigen uns die Chinesen abermals, dass alles zusammengehört und tatsächlich Ying & Yang ausbalanciert werden können.

Fazit 3: Was wir über uns selbst gelernt haben
Wir blicken mit angenehmen Erinnerungen in eine manchmal turbulente, witzige, zum Nachdenken anregende und oft überwältigende Zeit zurück. Ja, wir haben bekommen was wir wollten: Martin hat seinen Kulturschock bekommen und ist inzwischen auf dem Weg der Besserung (☺), wir haben zweistelliges Wachstum und die Transformation eines Schwellenlands gesehen, dass wohl zukünftig die größte Volkswirtschaft der Erde sein wird. Stephan hat wertvolle interkulturelle Erfahrungen gesammelt und viele Freunde vor Ort gelassen. Und auch seine Mama ist beruhigt – Zwar kam er mit einer Freundin zurück, aber die hatte er auf einen Zwischenbesuch in Deutschland kennen gelernt (an den befürchteten Babys wird noch gearbeitet...).

Doch ist nun alles wieder im Lot? Naja. Ein weiterer Kulturschock erwartete uns in Deutschland. Das Phänomen ist als „Re-Entry"-Schock bekannt: Plötzlich ist alles wieder so normal, man erlebt nicht mehr täglich neue Abenteuer, lacht über keine Fettnäpfchen und staunt nicht mehr, wenn man um die Straßenecke geht. So oft hat man sich in China gewünscht, wieder in Deutschland zu sein und nun ist alles normal, ruhig, bekannt, derselbe Trott, schon (fast) langweilig.

Das ist die eine Seite, die andere ist, dass man sich tatsächlich ein wenig verändert hat – man hat seine Erwartungen, sein Denken und sein Verhalten angepasst. Und so erscheint nun einiges verwunderlich, worüber man sich früher keine Gedanken gemacht hat:

> 🐾 Kaum auf dem Flughafen angekommen bemerkt man gleich die steifen Gesichter der Menschen. Kaum ein Lächeln auf den Lippen, das Lachen verstummt.

🐾 Alles ist so sauber und strukturiert. In einem perfekt aus-gerichtetem 90°-Winkel stehen Müllcontainer, die den Müll nach PET, Tetrapack, Grünen Punkt, Weißblech, Buntglas, Altpapier und uranhaltigen Abfällen trennen. Manche mögen sagen, wie umweltorientiert wir Deut-schen doch sind. Doch auch die Detailorientierung und Überstrukturierung wird deutlich.

🐾 Plötzlich kann ein klares „Nein" für einen Deutschen, der nach einem Jahr aus China zurückkommt, eine funda-mentale Zerstörung seines Selbstbildes sein... Sicherlich ist es nicht immer effizient, wenn die Chinesen kein kla-res Nein sagen. Jedoch kann man auch darüber streiten ob ein „Hr. Meier, dass ist doch alles Scheiße was sie hier machen" ein besseres Ergebnis liefert.

Damit kommen wir zu...

Fazit 4: Ja, natürlich ist China doch nicht so schlecht!
Wir haben versucht, dass an einigen Stellen zu betonen, z.B. als wir von der Chinesischen Medizin oder den niedlichen Gärten geschwärmt haben. Dann, wenn wir von dem Pragmatismus und dem Fortschrittstreben gestaunt haben, oder als wir die Land-schaft und kulturellen Relikte und Sehenswürdigkeiten bewun-dert haben. Natürlich gab es andere Stellen, wo unsere Wert-schätzung nicht ganz so deutlich war oder ein wenig gebraucht hat, um sich zu formen (und wir haben hier ja nur unsere ersten Eindrücke festgehalten). Deswegen wäre es im Gegenzug auch gerade einmal interessant zu erfahren, wie die (nach Schätzun-gen 40-55 Millionen) Auslandschinesen weltweit ihr Leben in der Fremde erfahren. Hier kommen teilweise junge chinesische Stu-denten an, die haben gerade mal einen Koffer und ein Zulas-sungsschreiben der Uni unter dem Arm. Das war's! Sie können noch weniger Deutsch als wir Chinesisch (10 Wörter) und schaf-fen es doch, hier in 8 Semestern einen besseren Studienab-schluss hinzulegen als der deutsche Durchschnittsstudent mit seinen 13 Semestern (bis zum Vordiplom). Also nochmals ein Aufruf,

An die lieben Chinesen, die dieses Buch lesen:
Wir wollten niemanden beleidigen auch wenn wir natürlich mal auf den Pudding gehauen haben oder den einen oder anderen Seitenhieb verteilt haben. Das macht man hier halt so – Lachen ist unsere Art, Dinge zu verarbeiten, emotionelle Spannungen zu bewältigen und auch um wohlwollende Kritik zu üben. Wir vermitteln hier unsere eigene Meinung, nicht die der Medien, Politik oder der Gesellschaft. Wir wurden weder bestochen oder gefoltert. Dieses Buch ist unser Angebot zur Debatte…

... wir wollten damit auch ein unzensiertes Spiegelbild den Chinesen vermitteln, wie wir als Ausländer ihre Kultur erleben. Es wäre interessant, ein ähnliches Buch zweier Chinesen zu bekommen. Vielleicht du Wu Yang oder Ji Wei, oder warum nicht ihr, liebe Lei und Han Han? Wie fühlt Ihr Euch hier im barbarischen Teutonenland? Wie nehmt Ihr uns wahr? Sind wir rücksichtslos, selbstsüchtig, penetrant, überkorrekt, spießig? Wie findet Ihr unsere Weißwurst, wie schmecken Euch Spreewaldgurken? Könntet Ihr Euch mit dem Gedanken anfreunden, Semmeln oder Schrippen zum Frühstück, Bretzen oder Berliner zum Café zu essen oder typische andere deutsche Gerichte wie Döner oder plastikartige Glasnudeln? Sagt es uns – ungeschminkt!

Fazit 5: China ist immer noch ein Entwicklungsland.
Viele Dinge, die wir erlebt haben, resultieren aus der Tatsache heraus, dass China ein riesiges Land in einem gewaltigen Umstrukturierungsprozess ist. Man darf dabei nicht vergessen, dass China immer noch ein Entwicklungsland – oder besser gesagt ein sogenanntes **Schwellenland** ist. Während einige Ecken und Städte eine wahr gewordene Zukunftsvision sind (denken wir an den Transrapid in Shanghai oder die modernen Fabriken im boomenden Shenzhen) gibt es immer noch Ecken im Land, in denen die Menschen noch nie Kontakt mit einem Ausländer gehabt haben oder noch nie im Internet gesurft haben. Wie auch sollte man 1,4 M_I_L_L_I_A_R_D_E_N - Chinesen auf einen Schlag modernisieren und aus der Armut befreien? Sicher schafft man es, den Wohlstand mittelfristig beträchtlich zu heben.

Doch das Denken und Handeln eines Großteils der Bevölkerung
– der älteren Generation und der breiteren Masse wird man nicht
auf die Schnelle ändern können. Da hilft kein Englischlern-
Programm, keine Anti-Spuck-Kampagne, keine Toilettenmoder-
nisierung. Das schafft man nicht in 2 Jahren, nur weil da mal
eben Olympia ist.

Wir wünschen den Chinesen auf Ihren Weg in den Wohlstand
alles Gute und hoffen, dass sie notwendiger Weise entstehende
Spannungen friedlich aushalten können. Es ist immerhin *die*
Chance, knapp ein Fünftel der Weltbevölkerung aus dem Elend
zu einem angenehmeren Lebensstandard zu bringen.

Wir holen letztmalig aus...

Die Vergangenheit, die Gegenwart und die Zukunft überschnei-
den sich in China. Jahrtausend Jahre alte Tempel lassen sich in
derselben Straße finden, in der es McDonalds gibt und Hochhäuser, die in den Himmel ragen. Es gibt Momente, da wird man
erschlagen von Sinneseindrücken. Man saugt China geradezu in
sich hinein. Man kann sich im Reich der Kontraste niemals satt
sehen.

Die Augen der Welt sind seit geraumer Zeit auf China gerichtet.
Ohne sich vielleicht wirklich der Rolle bewusst zu sein, so wird
China in Zukunft eines der einflussreichsten Länder der Welt
sein. Die Frage ist nur, was China aus dieser Situation machen
wird. China macht vielen von uns heute noch Angst, weil es so
anders ist. Doch wir kennen es einfach nicht. Genauso wenig
kennen viele Chinesen unsere Denkweise, die ja auch nicht
zwingend die Optimale sein muss. Wichtig ist, dass man einan-
der anschaut. Wir sehen China nun anders. Nicht als Arbeits-
platzräuber sondern als Chance. Nicht als ein großes fremdes
Etwas, sondern als ein Land mit einer faszinierenden Kultur und
wirklich netten Menschen.

Kein Kulturschock und kein Heimweh konnten daran hindern,
dass der Abschied nicht doch schwer fiel. Eine letzte Umarmung
mit den chinesischen Freunden. Im Taxi zum Flughafen ein letz-

ter Blick zurück auf die Stadt, welche zwölf Monate die Heimat war. Der Eintritt ins Flugzeug vollzieht endgültig den Wechsel von der Realität zu Erinnerungen.

Danke China für eine lebhafte Zeit!

Stephan Karg & Martin Krengel

Schlaubi's Hinweis
Gefallen Ihnen unsere Bilder? Sie können diese und viele weitere zu einem sehr fairen Preis (auch für kommerzielle Zwecke) von uns erhalten. Schreiben Sie uns einfach!

Stephan-Karg@gmx.de   Martin@Studienstrategie.de